A Jornada Ágil

- ROBERTO MOSQUERA - CLAUDIA PIRES -
- MARCO SANTOS - MARIA AUGUSTA OROFINO -

A Jornada Ágil

um caminho para a inovação

www.dvseditora.com.br
São Paulo, 2022

A Jornada Ágil
um caminho para a inovação

DVS Editora Ltda. 2022
Todos os direitos para a língua portuguesa reservados pela Editora.

Nenhuma parte deste livro poderá ser reproduzida, armazenada em sistema de recuperação, ou transmitida por qualquer meio, seja na forma eletrônica, mecânica, fotocopiada, gravada ou qualquer outra, sem a autorização por escrito dos autores e da Editora.

Design de capa e diagramação: Bruno Ortega

Projeto gráfico e diagramação: Joyce Matos

Primeira Revisão: Fábio Fujita

Segunda Revisão: Hellen Suzuki

Dados Internacionais de Catalogação na Publicação (CIP)
(Câmara Brasileira do Livro, SP, Brasil)

A Jornada ágil : um caminho para a inovação / Roberto Mosquera...[et al.]. -- São Paulo : DVS Editora, 2022.

Outros autores: Claudia Pires, Maria Augusta Orofino, Marco Santos
ISBN 978-65-5695-039-6

1. Administração geral 2. Criatividade 3. Inovação 4. Liderança 5. Planejamento estratégico 6. Negócios I. Mosquera, Roberto. II. Pires, Claudia. III. Orofino, Maria Augusta. IV. Santos, Marco.

21-70754   CDD-658.4063

Índices para catálogo sistemático:

1. Inovação : Administração de empresas   658.4063

Cibele Maria Dias - Bibliotecária - CRB-8/9427

Nota: Muito cuidado e técnica foram empregados na edição deste livro. No entanto, não estamos livres de pequenos erros de digitação, problemas na impressão ou de uma dúvida conceitual. Para qualquer uma dessas hipóteses solicitamos a comunicação ao nosso serviço de atendimento através do e-mail: atendimento@dvseditora.com.br. Só assim poderemos ajudar a esclarecer suas dúvidas.

Às vezes a gente tem de ser meio louco mesmo, extremamente obstinado, porque a loucura funciona — desde que exista disciplina, um objetivo muito claro, pé no chão e a humildade de saber que a gente vai errar muito, vai aprender com os erros e continuar.

Leila Velez, CEO e cofundadora do Instituto Beleza Natural.

Prefácio

Agilidade para inovação

Sempre tivemos grande preocupação com a agilidade, pois observávamos que, quanto mais uma empresa crescia, mais ela criava barreiras e processos que dificultavam a agilidade.

A obra A Jornada Ágil — um caminho para a inovação aponta caminhos necessários para que uma empresa, seus líderes e toda a equipe possam traçar a estratégia mais adequada à sua realidade, para internalizar um modelo de gestão ágil.

Esse modelo ágil é fundamental para ser incorporado à cultura das empresas. No início da década de 1990, fomos pioneiros adotando, lá em Franca, uma medida simples e que mais tarde tornou-se moda até os dias de hoje: derrubamos todas as paredes do escritório, que era repleto de salas e divisões.

Com isso, criamos uma comunicação olho no olho, eliminando barreiras como comunicados formais, incentivando as pessoas a sair de sua mesa e resolver qualquer questão de maneira ágil, diretamente com os outros departamentos, sem necessidade de reuniões ou agendamento de encontros formais, valendo isso para qualquer cargo ocupado.

Foi uma revolução criar essa cultura da agilidade, pois cada vez mais ela se fez necessária e tornou-se um diferencial com a evolução da tecnologia e do pensamento digital. Não existe mais espaço para organizações lentas e burocráticas, ainda mais no varejo, que é uma atividade dinâmica por natureza.

As empresas que têm conseguido grande destaque nesta época do pensar digital são as startups, justamente por terem a cultura digital de velocidade com qualidade. Não vale mais a máxima de nossos avós, que diziam para fazer devagar para fazer bem feito; agora é necessário fazer com velocidade e com qualidade. É lógico que, nesta situação, falhas podem acontecer, mas o mais importante é redirecionar rapidamente quando detectamos essa falha, pois o medo de falhar não pode servir como um obstáculo, mas sim como lição de aprendizado para que falhas semelhantes não sejam cometidas novamente.

Estes são exemplos de atitudes para acelerar os processos e a comunicação, mas a leitura do livro A Jornada Ágil, de Roberto Mosquera, Claudia Pires, Marco Santos e Maria Augusta Orofino, certamente trará a você, leitor, diversas reflexões de como você e a sua empresa conseguem atender rapidamente um consumidor em constante transformação.

Boa leitura!

Luiza Helena Trajano
Presidente do Conselho de
Administração Magazine Luiza

Vivemos em uma época de mudanças aceleradas. Parando por alguns minutos e observando a nossa volta, facilmente notamos como nossa vida é diferente de 5, 10 ou 20 anos atrás. Nós nos comunicamos com pessoas e empresas através de plataformas que até pouco tempo não existiam. Dirigimos pelo trânsito caótico das grandes cidades com o auxílio de aplicativos que nos ensinam a rota e nos informam o trânsito. Consumimos mídias e compramos produtos de maneiras muito mais fáceis e rápidas do que jamais vimos.

A evolução tecnológica das últimas décadas induziu empreendedores a criarem modelos de negócios extremamente disruptivos, mudando o cenário empresarial global. Empresas líderes de mercado perderam sua posição e, muitas vezes, deixaram de existir. Indústria a indústria, temos observado o surgimento e o crescimento de empresas de tecnologia dominando o cenário competitivo. A origem desse fenômeno passa por diversas alavancas, como uso intensivo de tecnologia de ponta, modelos econômicos de baixo custo, abundância de capital focado no empreendedorismo, entre outros. Mas, acima de tudo, o que essas empresas têm em comum é uma enorme obsessão pelo cliente. De forma genuína e eficaz, investem todos seus esforços em criar soluções que atraiam consumidores, que encantem as pessoas e que sejam de fácil adoção. Esse enorme foco, associado ao poder trazido pelas mídias sociais, trouxe um empoderamento maior aos consumidores, que agora conseguem dar voz a suas experiências, expondo aquelas de boa qualidade, assim como aquelas que trazem frustração no dia a dia.

Toda essa mudança fomentou o surgimento de produtos dos quais jamais imaginamos precisar. A experiência do cliente no uso de produtos tradicionais deu lugar a algo mais sofisticado, mais ambicioso: a criação em escala de novos produtos, baseados em experimentações e testes de hipóteses em volumes gigantescos. Milhões de ideias são testadas todos os dias, dando chance à criatividade para encontrar seu caminho e gerar valor para as pessoas.

A Jornada Ágil nos traz alguns dos segredos por trás de todo esse mecanismo. Afinal, como as empresas de tecnologia entregam valor? Como criam produtos inovadores, gerando verdadeiros laços fortes na relação com seus clientes? De forma clara e objetiva, os autores descrevem uma série de ferramentas fundamentais para operarmos neste maravilhoso mundo da inovação. Seja em uma pequena startup, em uma empresa de tecnologia já robusta ou mesmo em empresas tradicionais que estejam percorrendo a jornada de transformação digital, o uso do ferramental aqui exposto é capaz de agregar muito valor em direção ao modelo de inovação hoje vigente. É necessário sempre lembrar que a adoção destas soluções deve buscar a excelência em seu uso; o uso superficial traz complexidade sem os ganhos inerentes.

Por fim, e talvez o mais importante, é o papel da liderança nesta jornada. É fundamental que os líderes das empresas compreendam a mudança cultural inserida no contexto desses novos modelos de negócio. Que eles saibam empoderar os times para que ganhem velocidade na tomada de decisão e, dessa forma, consigam criar novos produtos e surpreender clientes com soluções incríveis.

Convido o leitor a aprender, experimentar e usar tudo que o livro nos expõe. A jornada de aprendizado constante requer curiosidade e resiliência em enfrentar os obstáculos, nunca desistindo da busca pela criação de produtos diferenciados. É na profundidade do conhecimento e na obsessão por sempre evoluir que conseguimos criar um mundo cada vez melhor para as pessoas.

Ricardo Guerra
CIO do Itaú Unibanco

Autores

ROBERTO MOSQUERA

Especialista em Organizações Ágeis, consultor e facilitador de workshops e treinamentos, provoca reflexões sobre a aceleração exponencial do mundo e seus impactos na sociedade, nas conexões sociais e empresariais.

Desenvolve soluções modernas nos processos para lidar com os antigos problemas e com as pessoas, a fim de encarar o mundo em constante mudança e atuar em ambientes ambíguos e complexos, utilizando novos métodos de aprendizado em inovação, tecnologias disruptivas, Scrum, Lean Startup, OKR e Planejamento Estratégico Ágil.

Liderou projetos de transformação organizacional, excelência operacional, inovação e desenvolvimento de líderes e equipes em grandes empresas dos setores aéreo, varejo, tecnologia, serviços, agronegócio e financeiro.

Agile coach, Scrum master, Mestre em Planejamento Ágil pela FIA/SP, economista com especialização em Administração e Marketing de Serviços pela FGV/SP e Extensão em Modelos de Negócio e Design Thinking pela ESPM/SP.

LinkedIn: www.linkedin.com/in/roberto-mosquera/

CLAUDIA PIRES

Especialista em *mindset* ágil, produção de conteúdo digital e novas tecnologias educacionais.

Consultora, designer e facilitadora de workshops e treinamentos. Desenvolve conexões entre o autoconhecimento, a criatividade, a inspiração e as pessoas, para gerar um mundo de novas possibilidades.

Formada em Comunicação Social com MBA em Marketing de Serviços e extensão em Design Thinking, Modelos de Negócios, Design Educacional, *Coaching* e *Mentoring*.

Liderou diferentes projetos de transformação organizacional, desenvolvimento de pessoas, comunicação corporativa e experiência do cliente, conectando as mentalidades da nova cultura ao aprimoramento dos processos para gerar uma performance mais sustentável para as empresas.

LinkedIn: www.linkedin.com/in/clauepires/

MARCO SANTOS

Especialista em Inovação, Excelência Operacional e Criatividade, com experiência como consultor e facilitador de treinamentos, apoiando organizações e pessoas na transformação do conhecimento em resultados práticos e sustentáveis.

Capacita pessoas para atuação através de treinamentos de inovação, criatividade, melhoria contínua de processos, métodos ágeis e liderança. Combina e desenvolve treinamentos para preparar pessoas e organizações a superar os desafios apresentados diariamente, estimulando a cooperação e criatividade.

Liderou projetos de desenvolvimento organizacional, gestão do conhecimento, transformação digital, excelência operacional e inovação em grandes empresas do setor financeiro e de seguros, com projetos em áreas como Marketing, Finanças, Pessoas e Operações.

MBA em Gestão de Negócios – FGV/SP, CEAG – Especialização em Administração com ênfase em Marketing – FGV/SP, pós-graduação em Banking – Mackenzie/SP, Engenharia Civil – Mackenzie/SP., Reaprendizagem Criativa e Técnicas de Criatividade, Master Black Belt, Design thinker e Scrum master. É ator pela Escola de Teatro Macunaíma e músico pela EM&T.

Site pessoal: www.marcosantospro.com.br

LinkedIn: www.linkedin.com/in/marcosantospro/

MARIA AUGUSTA OROFINO

Autora do livro *Liderança para a Inovação*, editado pela Alta Books. Coautora dos livros *Business Model You*, *A Jornada Ágil* e *Estrategista Visual*. Autora do site www.mariaaugusta.com.br e do canal no YouTube Maria Augusta Orofino. Autora do canal de *streaming* Ideias em Movimento, disponível em todas as plataformas digitais.

TEDx talker, palestrante, pesquisadora, educadora corporativa nas áreas de Inovação, Liderança e Metodologias Ágeis. Professora da ESPM, HSM, FGV, Fundação Dom Cabral e Sustentare. Conteudista e apresentadora de programas de capacitação na UOL Edtech, Grupo Ânima e HSM University.

Foi coordenadora do programa INOVA-SC entre 2011 e 2013, responsável pela implantação de 13 polos de inovação em Santa Catarina. É consultora na área de implantação de ecossistemas de inovação, com experiência aplicada em diferentes cidades de Santa Catarina e no Espírito Santo.

É mestre em Gestão do Conhecimento com cursos de extensão realizados na Duke University e UC Berkeley – USA e Universidade de Barcelona – Espanha.

LinkedIn: www.linkedin.com/in/mariaaugustaorofino/

SUMÁRIO

1. AS ORGANIZAÇÕES PRECISAM MUDAR
Pág. 20

- O que está acontecendo com o mundo?
- O mundo está mais ágil
- Os problemas estão mais complexos
- Organizações ambidestras
- A transformação digital e o ambiente ágil

3. O LÍDER E O TIME NA JORNADA ÁGIL
Pág. 70

- A liderança ágil
- Os times ágeis

4. AS FERRAMENTAS ÁGEIS
Pág. 148

2. A JORNADA ÁGIL COMEÇA PELA MUDANÇA DE MINDSET
Pág. 40

- Modelos mentais relacionados ao crescimento pessoal e profissional
- Protagonismo e atitude de mudança
- Forma de pensar ágil
- Querer mudar é o princípio do pensar ágil
- O eterno aprendiz
- As novas competências
- A cultura ágil
- Inovação aberta e alinhada com a cultura organizacional

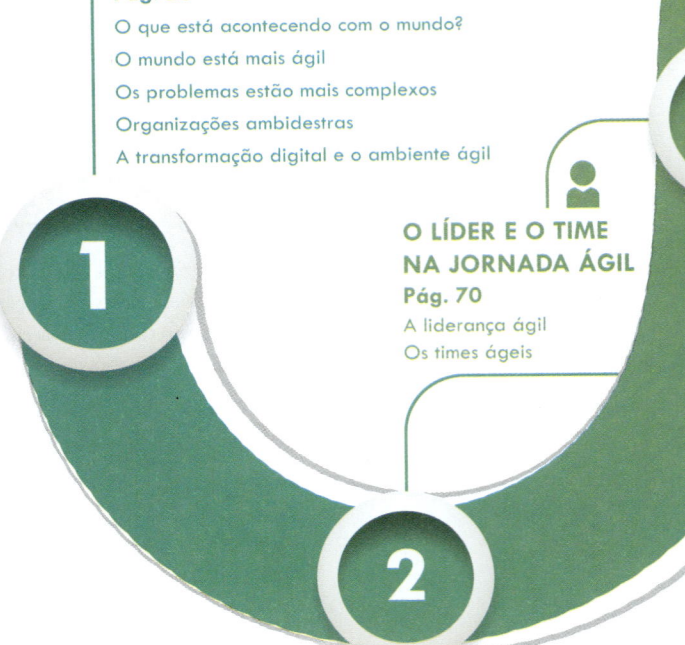

O PLANEJAMENTO ESTRATÉGICO ÁGIL
Pág. 110

O framework OKR
(Objectives and Key Results)

Mapa da jornada de aplicação do OKR

HORIZONTE 2 – INOVAÇÃO EM MODELOS DE NEGÓCIO
Pág. 200

Design Thinking
Novos modelos de negócio
Lean Startup
Projetos ágeis com Scrum

HORIZONTE 3 – INOVAÇÃO DISRUPTIVA
Pág. 300

O que é uma organização exponencial?
Sprint exponencial
Canvas das organizações exponenciais

FERRAMENTAS ÁGEIS IDENTIFICAÇÃO DE OPORTUNIDADES DE APLICAÇÃO
Pág. 324

C.O.M.O. – Canvas de Objetivos e Mapeamento de Oportunidades

HORIZONTE 1 – INOVAÇÃO EM PROCESSOS
Pág. 154

Evento *kaizen*

Mapa da jornada de aplicação do evento *kaizen*

REFERÊNCIAS BIBLIOGRÁFICAS
Pág. 346

Apresentação

No mundo atual, o espaço disponível para empresas com modelo de gestão e atuação tradicional está diminuindo de maneira acelerada, tornando urgente a necessidade de uma transformação organizacional que faça frente às rápidas mudanças que os mercados vêm sofrendo.

As organizações precisam encontrar formas de avançar rapidamente e oferecer produtos e serviços com mais assertividade aos seus clientes e, ao mesmo tempo, fornecer internamente a estrutura e os estímulos para promover uma cultura organizacional que consiga responder às necessidades das pessoas. De modo bem objetivo: as organizações precisam se tornar ágeis.

Agilidade é a capacidade de uma organização perceber as mudanças ambientais e reagir a isso de forma rápida e efetiva.

Chamamos de organizações ágeis aquelas que buscam encontrar um equilíbrio sustentável entre as mudanças que acontecem a todo instante e uma ordem para lidar com as transformações, e que possibilitem aos executivos, líderes e equipes se adaptarem às múltiplas demandas em constante evolução, à criação de novos produtos e serviços e às altas expectativas dos clientes.

Para promover a agilidade na organização, não basta apenas capacitar os profissionais nas ferramentas ágeis, como o Design Thinking e o Scrum, por exemplo. A capacitação técnica é só uma das frentes de atuação que podem levar uma empresa a se tornar ágil. É fundamental avaliar a forma como cada indivíduo (líderes e equipes) pensa sobre as suas atividades, como reage aos estímulos do dia a dia e fazer os ajustes necessários para que a mentalidade ágil se torne parte de seu *mindset*.

Como os benefícios do modelo de organizações ágeis são significativos, as empresas estão explorando outras possibilidades de mudar as formas tradicionais de trabalho, por exemplo, o gerenciamento de projetos e do ciclo de vida, para modalidades mais ágeis, utilizando Scrum, *kaizen*, OKR, entre outras ferramentas.

Elas também adotam novos padrões culturais que podem ser atraentes, como tomadas de decisão aceleradas, aprendizado e inovação mais rápidos e envolvimento entre empresas.

Dentro dessa realidade, é possível destacar a importância do tema "a jornada ágil" para o ambiente corporativo, pois é cada vez mais necessário que as empresas não só convivam com essa nova configuração, mas que também sejam parte dela e do processo de mudança.

A jornada ágil ajuda a entender qual é o caminho lógico que as empresas, os líderes e as equipes podem trilhar para aumentar a assertividade na adoção do modelo ágil de pensar e agir. Ela oferece uma visão geral do processo de implementação do modo ágil de atuar, dividindo-se em duas etapas: *mindset ágil* e *ferramentas ágeis*.

Visando ampliar o entendimento sobre o tema, abordamos nesta obra os conceitos e caminhos sobre os quais está estruturada a jornada ágil, itens fundamentais para o perfeito entendimento e para a boa implantação das metodologias ágeis em uma organização.

Analisamos o que está acontecendo no mundo, como ele está se tornando mais ágil a cada dia, a transformação digital pela qual estamos passando e como as organizações precisam mudar para se adequar a essa nova realidade. Abordamos também o conceito de organização ágil, quais são seus benefícios, as ferramentas utilizadas, e destacamos as mudanças necessárias na cultura de uma organização para que ela se torne ágil.

Ressaltamos a inovação como fator primordial para a permanência das empresas em um mundo em evolução constante e avaliamos o papel da cultura organizacional no alinhamento empresarial para enfrentar novos desafios e ampliar horizontes. Destacamos a maior agilidade das equipes, o compartilhamento do conhecimento e o desenvolvimento de um ambiente criativo, sempre buscando criar valor para o cliente.

Trabalhamos no desenvolvimento de uma mentalidade ágil em toda a organização, incentivando o investimento em novas competências e usando modelos mentais relacionados ao crescimento pessoal e profissional.

Apresentamos ainda os passos necessários para o desenvolvimento de uma liderança ágil e inovadora, ressaltando a importância do papel do líder e das equipes em uma cultura ágil, que possibilita rapidez nos processos e resultados obtidos, por meio de atividades fluidas, substituindo o tradicional modelo hierárquico de comando e controle.

Uma das grandes ameaças às iniciativas de inovação está relacionada à cultura organizacional vigente, que normalmente não está preparada para essas transformações e costuma ter mais dificuldade para lidar com ideias externas e mudanças.

Para alcançar o sucesso nesse objetivo, é preciso não apenas ter a mente aberta, mas também uma estrutura que incorpore a flexibilidade e a dinâmica do Manifesto para Desenvolvimento Ágil de Software.[1] É necessário também alinhar a cultura organizacional a uma disposição para experimentar o novo, por meio de um movimento conhecido como **inovação aberta**[2] – que, a partir de parcerias externas à organização, traz novas formas de incorporar tecnologias e produtos, levando em conta a integração de departamentos da empresa. Esse conceito tem ainda como objetivo abrir a ideia de inovação, para a criação de novos produtos e serviços, de forma que haja mais colaboração entre empresas e indivíduos. A busca neste momento deve ser por uma inovação aberta e alinhada com a cultura organizacional.

É a partir desse ponto, dentro da jornada ágil, que devemos dar atenção ao modo de pensar de executivos, líderes e equipes, e preparar a mentalidade das pessoas para a transformação ágil. Seja qual for o perfil dos colaboradores, para implantar o método ágil, a empresa precisa preparar as pessoas para essa transformação — ou seja, estimular em seus colaboradores o *mindset* ágil, que tem como características principais o respeito pelo outro, a colaboração, a busca por melhorias, a aprendizagem, o orgulho de fazer parte, o foco na entrega de valor agregado e, especialmente, a capacidade de adaptação às mudanças. É esse o tipo de mentalidade que permite cultivar equipes de alta performance e entregar maior valor aos clientes.

---

[1] Documento criado por uma comunidade de profissionais de TI, cujo objetivo era o desenvolvimento enxuto e eficiente de softwares. Disponível em: https://agilemanifesto.org/iso/ptbr/manifesto.html. Acesso em: 9 jan. 2021.

[2] A inovação aberta, ou *open innovation*, é um termo criado por Henry Chesbrough, pesquisador da Harvard Business School. Falaremos mais sobre esse tema nos próximos capítulos.

> E é papel do líder buscar desenvolver e integrar esses fatores, formando uma equipe ágil de verdade.

Com a liderança estimulada a pensar de modo ágil, temos o sinal verde para convidar as equipes a "surfar a onda" da agilidade.

E é papel do líder buscar desenvolver e integrar esses fatores, formando uma equipe ágil de verdade.

Com equipes e líderes sensibilizados sobre a importância da cultura ágil, da inovação aberta, dos seus desafios comportamentais e técnicos para se tornarem líderes e equipes ágeis, avançamos para a etapa de ferramentas da jornada que, além de produzir contribuições tangíveis do modelo de atuação ágil para o resultado da organização, ainda estimula a adoção do *mindset* ágil na prática do dia a dia.

Destaque especial é dado para às ferramentas que podem ajudar o processo de transformação. O caminho para a adoção das ferramentas ágeis que sugerimos é aquele criado pelos autores Baghai, Coley e White, e apresentado na obra *A Alquimia do Crescimento*.[3] Os autores defendem que as empresas precisam, em seus planejamentos estratégicos de crescimento sustentável, manter o fluxo contínuo de iniciativas de geração de negócios, paralelamente à manutenção da lucratividade dos negócios existentes com mais sucesso (estratégia semelhante à preservação dos produtos e serviços no quadrante "vaca leiteira" da matriz BCG).

Porém, o grande desafio é que os executivos e líderes precisam focar, com o mesmo nível de dedicação e atenção, os negócios existentes e o desenvolvimento do *pipeline* de iniciativas de novos produtos, serviços ou canais de venda. Ou seja, o desenvolvimento de uma habilidade ambidestra de gestão dos negócios.

O modelo dos três horizontes fornece uma estrutura para as empresas avaliarem possíveis oportunidades de crescimento sem negligenciar o desempenho no presente. Conforme observado na figura a seguir, cada horizonte representa um estágio distinto no processo de criação e desenvolvimento das organizações, exigindo iniciativas, habilidades e ações radicalmente diferentes.

---

[3] Mehrdad Baghai, Stephen Coley e David White. *A Alquimia do Crescimento: os segredos das 30 empresas que mais crescem no mundo*. Trad. Vera Joscelyne. Rio de Janeiro: Record, 1999.

OS 3 HORIZONTES DA INOVAÇÃO

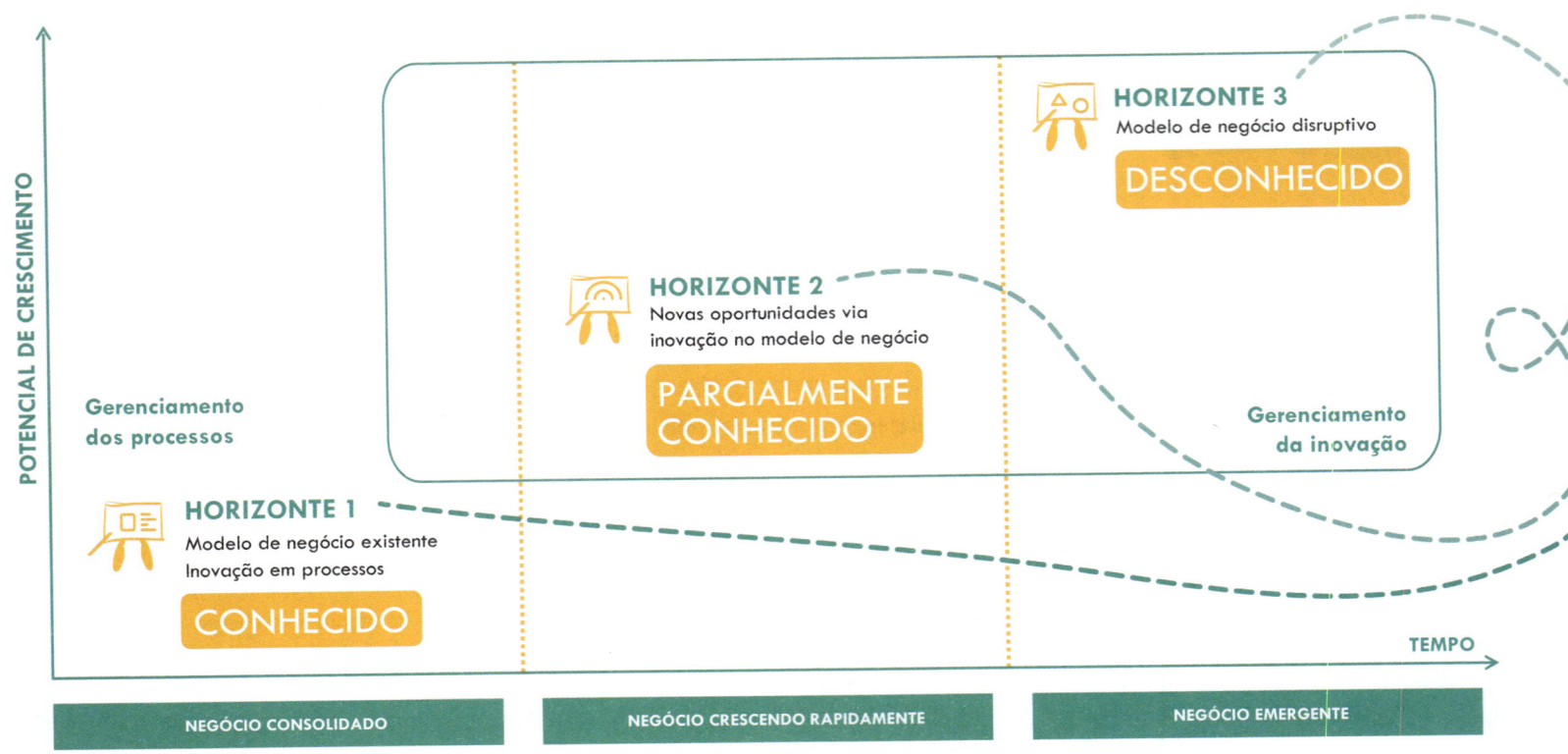

FONTE: Inspirado em Baghai, Coley e White (1999).

Horizonte 1: operações de base. O objetivo é fortalecer o negócio principal da empresa e maximizar o valor presente.

Horizonte 2: construção de novos negócios. O objetivo é desenvolver novas oportunidades para a empresa, buscando a criação de novas fontes de renda.

Horizonte 3: de olho no futuro. O objetivo é descobrir ou criar ideias disruptivas e opções viáveis para um crescimento lucrativo no futuro.

Baghai, Coley e White defendem que um *pipeline* cheio e saudável é o elemento fundamental para o crescimento sustentável em empresas bem-sucedidas. Não deixa espaços entre o declínio de uma atividade e a ascensão de outra, possibilitando administrar as suas fontes de crescimento e reabastecê-las precisamente no momento adequado para manter um crescimento lucrativo.

As diversas iniciativas espalhadas pelos três horizontes apresentarão resultados em períodos de tempo distintos e se relacionam menos com o momento que exige atenção dos líderes do que com a maturidade do desenvolvimento de cada produto ou serviço, já que a dedicação e a atenção dos líderes a todos os horizontes devem ocorrer de forma paralela (referente ao conceito de organizações e líderes ambidestros). Em resumo, o sucesso das organizações nesse ambiente incerto e volátil depende de:

→ Amplitude e proteção dos geradores de lucros atuais no horizonte 1.

→ Simultaneidade na construção das ações do horizonte 2, que, potencialmente, se tornarão propulsores do aumento de receita e lucratividade da empresa no médio prazo.

→ Promoção de opções e apostas no horizonte 3 que garantam o futuro da organização no longo prazo.

À medida que as empresas amadurecem, com frequência enfrentam declínio no crescimento, justamente por não manter a geração reiterada de novas iniciativas. Com o objetivo de atingir níveis consistentes de crescimento, as empresas devem atender às demandas existentes, enquanto ainda consideram as áreas que podem crescer no futuro. Ou seja, devem inovar nas suas atividades básicas enquanto constroem novas alternativas que viabilizem o crescimento futuro.

Os 3 horizontes da inovação

Steve Blank,[4] em artigo que aborda ações concretas para estimular a inovação corporativa, explora o caminho das empresas pelas três etapas dos horizontes e reforça as diferenças entre empresas tradicionais e as *startups*.

Para as empresas tradicionais, que vivem seus mercados por muito tempo, o caminho natural no modelo de crescimento e inovação é ter sucesso no horizonte 1, inovando em processos, procedimentos e custos. Em seguida, no horizonte 2, em busca de novas oportunidades em seu modelo de negócio existente (experimentando um canal de distribuição diferente, usando a mesma tecnologia com novos clientes ou ofertando novos produtos ou serviços para clientes existentes), a partir dos recursos já disponíveis, e gerenciar o negócio por meio de reconhecimento de padrões e experimentação dentro do modelo de negócio atual. E, por fim, no horizonte 3, criar novos modelos de negócio disruptivos, operando com velocidade e urgência para encontrar um modelo de negócio repetitivo e escalável por meio de uma divisão operacional que permita criar seus próprios planos, procedimentos, políticas, incentivos e KPIs diferentes dos utilizados no horizonte. Assim que o *pipeline* de iniciativas estiver completo, os três horizontes são gerenciados em paralelo, como em uma organização ambidestra.

Para *startups* e empresas tradicionais que já tiveram sucesso nos horizontes 2 e 3, as iniciativas amadurecem, ganham autonomia e são incorporadas no horizonte 1. Afinal já possuem destacada participação no faturamento e na lucratividade da organização, suportando novas iniciativas que estejam encubadas no *pipeline* do horizonte 2, reiniciando um novo ciclo de inovação disruptiva, como proposto por Steve Blank,[5] e conforme observado na figura a seguir.

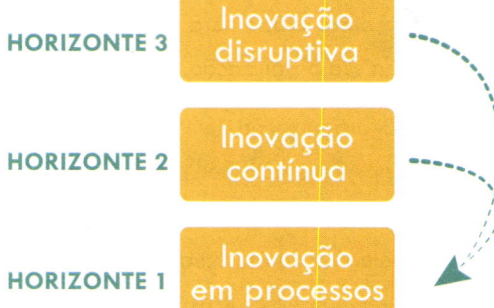

---

[4] Steve Blank. Lean Innovation Management: making corporate innovation work. *Site de Steve Blank*, 26 jun. 2015. Disponível em: https://steveblank.com/2015/06/26/lean-innovation-management--making-corporate-innovation-work/. Acesso em: 9 jan. 2021. Blank é um empreendedor em série e acadêmico de empreendedorismo, reconhecido pelo desenvolvimento da metodologia Customer Development, que lançou as bases para o movimento Lean Startup.

[5] Ibidem.

Finalmente, identificamos as oportunidades de aplicação da jornada a objetivos estratégicos, que levam uma organização a avançar no processo de se tornar cada vez mais ágil, promovendo também um alinhamento de resultados.

Após entender quais são as principais ferramentas e *mindset* ágeis e como as empresas que conseguiram migrar do modelo tradicional para o modelo ágil estão operando no dia a dia, é hora de pôr tudo em prática na sua organização.

Cada organização tem uma realidade no que se refere aos seus processos atuais, ao estágio de transformação do mercado em que atua ou deseja atuar, ao *mindset* de seus líderes e equipes e às ferramentas utilizadas para atingir os resultados definidos no planejamento estratégico. A partir daí, o plano de implantação poderá ser construído identificando oportunidades, barreiras, alavancas de sucesso, patrocinadores, detratores, *gaps* técnicos e comportamentais que precisem ser desenvolvidos para que a transformação ágil aconteça. Ou seja, cada empresa, líder ou equipe precisa criar a sua própria jornada ágil.

Importante citar que, embora usar uma abordagem ou estrutura ágil seja desejável, por si só isso não levará necessária e automaticamente uma organização a ser ágil. Tornar-se uma organização ágil requer o alinhamento de muitas escolhas organizacionais.

Para acelerar as oportunidades e fazer com que a tarefa seja mais gerenciável, a solução está em alavancar algumas das práticas ágeis comuns, popularizadas nos processos de desenvolvimento de softwares, adaptadas para atender às necessidades de projeto da organização.

Conforme os líderes pensam sobre seu papel no alinhamento da organização – orientando sua empresa por meio dos esforços de uma estrutura organizacional e garantindo a diferenciação estratégica –, os princípios ágeis se transformam em um aliado para responder às necessidades do mercado, aumentando a velocidade geral para tomadas de decisão e maximizando a eficácia e a eficiência dos processos organizacionais.

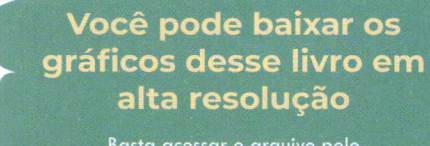

Você pode baixar os gráficos desse livro em alta resolução

Basta acessar o arquivo pelo QR Code ou pelo link abaixo:
http://amostras.dvseditora.com.br/jornadaagil/Jornada_Agil_Graficos.pdf

As organizações precisam mudar

"A habilidade de ser flexível e atender prontamente às demandas do cliente e do mercado é um aspecto essencial das organizações ágeis."

O que está acontecendo com o mundo?

As empresas tradicionais, estabelecidas e consolidadas em seus mercados de atuação, estavam acostumadas a definir tendências, lançando produtos e serviços de acordo com suas próprias necessidades e objetivos. Muitas vezes, no entanto, isso não atendia totalmente às expectativas dos seus clientes – em linguagem atual, podemos dizer que os produtos e serviços nem sempre resolviam plenamente o que chamamos de "as dores dos clientes".

Essa situação esteve muito presente até a década de 1990, sobretudo no Brasil, época em que as economias mundiais eram relativamente fechadas e controladas, impedindo o livre fluxo de tecnologias e dificultando o acesso a ideias, soluções, enfim, a produtos e serviços criados em outros países, onde a identificação das necessidades dos clientes já ganhava significativa importância no processo de criação das empresas.

A partir do início dos anos 2000, com a aceleração do desenvolvimento e da adoção da tecnologia no nosso dia a dia e o marco de popularização das empresas pontocom[6] – aumentando de forma exponencial a criação e o investimento em *startups* –, surge uma nova forma de desenvolver soluções para as demandas dos clientes, a partir do estudo e da identificação de suas dores e necessidades. As *startups* encurtaram a jornada de desenvolvimento de produtos e serviços e trouxeram o cliente para o centro do processo.

Uma *startup* é uma organização atuando em ambiente de incertezas, em busca de um modelo de negócio que seja viável e escalável, de acordo com Steve Blank. Dessa forma, busca identificar as principais dores e problemas de um grupo de pessoas e resolvê-los de forma assertiva, por meio de entregas de valor parciais e crescentes, à medida que os clientes respondem à solução proposta.

Essa dinâmica trouxe um novo caminho para o mundo corporativo, em que empresas "tradicionais" estavam acostumadas a ter ciclos longos e morosos de desenvolvimento de produtos e serviços, geralmente distantes dos clientes e com o risco de sua solução não atender ao que os consumidores precisavam.

As *startups* e empresas pontocom que adotaram uma dinâmica de trabalho mais ágil passaram a apresentar aos consumidores, com maior velocidade, novas soluções embarcadas em tecnologia e mais assertivas, para resolver as situações identificadas do cotidiano, pondo em risco o domínio de empresas mais tradicionais.

---

[6] Empresas criadas ou desenvolvidas com modelo de negócio baseado na internet, como loja virtual, espaço para armazenamento de dados em nuvem.

O mundo está mais ágil

A habilidade de ser flexível e atender prontamente às demandas do cliente e do mercado é um aspecto essencial das organizações ágeis.

Vivemos, a cada momento, realidades diferentes daquelas de tempos não tão distantes. O horizonte de concorrentes ampliou significativamente; o concorrente do próximo ano pode ainda nem existir ou se revelar de onde menos se espera; a escolha de um cliente está a um clique de distância. Frente a tantos aspectos imprevisíveis, as projeções e o planejamento se tornam ainda mais complexos e difíceis de serem realizados.

Algumas empresas que costumam realizar seus planejamentos a cada ano raramente consideram imprevistos, o que resulta em projetos sem flexibilidade, sem possibilidades de ajustes e sem reação aos *feedbacks* e às expectativas dos clientes, dos colaboradores e do mercado. Ao primeiro sinal de dificuldade, essas empresas costumam ter seus objetivos alterados de forma aleatória, e todo o planejamento anterior é deixado de lado.

O cenário muda a todo instante, assim como as necessidades e ações dos clientes, os produtos dos concorrentes e as tecnologias disponíveis. O mundo estar mais ágil significa que o ambiente de negócios está passando por grandes transformações que podem alterar significativamente o modelo das organizações e a forma como elas criam valor para o usuário. O desenvolvimento e a implementação de produtos e serviços caminham cada vez mais para a adoção dos métodos ágeis, considerando o ponto de vista dos clientes e estabelecendo uma verdadeira conexão com eles.

Nunca tivemos tanto acesso à informação como atualmente. É uma oportunidade para o desenvolvimento de uma nova mentalidade, que analise se as soluções antigas ainda são aplicáveis e, mais do que isso, utilize as informações para repensar a forma de se modelar um produto ou serviço. Vale ressaltar aqui que pouco adianta a disponibilidade das novas tecnologias, que permitam ganhos em larga escala, se a mentalidade dos líderes se mantiver satisfeita com melhorias incrementais. Por exemplo, enquanto as observações e informações trazidas pelos clientes forem vistas como um "mal necessário", e não

> **Uma *startup* é uma organização atuando em ambiente de incertezas, em busca de um modelo de negócio que seja viável e escalável.**
> **STEVE BLANK**

como uma genuína oportunidade de se ajustar um produto ou serviço, as perspectivas de inovação e de se integrar ao mundo ágil ficam cada vez mais distantes.

Responder rapidamente às mudanças de cenário, que acontecem de forma cada vez mais frequente, é fundamental para que uma organização se destaque. Essa característica se mostra muito mais relevante, por exemplo, do que o tamanho da organização. O que realmente faz a diferença é a rapidez nas entregas, a flexibilidade, a escuta ativa dos clientes e a mentalidade ágil dos líderes.

A capacidade de se reinventar, entender, propagar e apoiar os benefícios de uma nova cultura, a adoção de novas tecnologias e metodologias e, principalmente, entender a importância de ter o cliente como centro do modelo de negócio, percebendo a sua dor e trabalhando arduamente para propor soluções, são desafios a serem trilhados para o sucesso na jornada ágil.

Os problemas estão mais complexos

Entender que o mundo está mais complexo é perceber que hoje existem novos problemas, que exigem soluções diferenciadas. As soluções tradicionais já não são suficientes para resolver os problemas e dar conta dos desafios que as empresas enfrentam em um mundo com mudanças cada vez mais rápidas. Em outras palavras, para que as organizações se tornem mais ágeis e sustentáveis, a solução de seus problemas deve partir de uma premissa que contemple a complexidade.

Para entender essa nova perspectiva, é preciso antes diferenciar ambientes e problemas complexos de ambientes e problemas complicados. Problemas complicados têm causas específicas, peculiares, e aceitam ser resolvidos por partes, item a item, de maneira independente. Já problemas complexos têm origem em diversas causas que se relacionam entre si, não permitindo um tratamento em separado de cada uma delas. Em geral, sistemas complicados admitem soluções mais definitivas, além de maior controle dos resultados. Isso nem sempre acontece em situações de maior complexidade, porque:

→ incertezas são geradas por fatores internos ou externos à organização, criando dúvidas quanto aos resultados de uma ação;

→ a execução pode ser dificultada por fatores limitantes, por exemplo, restrições orçamentárias, insuficiência de conhecimento técnico das equipes ou cronogramas inadequados;

→ diferenças culturais nas diversas áreas e equipes envolvidas podem dificultar o alcance dos resultados esperados;

→ cada caso é único, com características próprias, exigindo soluções exclusivas, criativas e, muitas vezes, inéditas.

Complexo ou complicado?

Existem muitas nuances a serem exploradas para a compreensão e o tratamento adequado de situações complexas. Portanto, é necessário fazer uma clara distinção entre estas e as situações complicadas.

Dave Snowden, na época em que era colaborador da IBM, criou um *framework* chamado Cynefin,[7] ilustrado na figura a seguir, para fazer com que as organizações tenham maior clareza dos ambientes em que estão inseridas em cada situação apresentada, com base na análise do contexto predominante em cada ambiente. Em resumo, temos:

Mundo complicado

→ Causalidade simples.

→ Incerteza mediana.

→ Alta tecnologia e ferramentas.

→ Previsões significativas dos especialistas.

→ É possível prever o final de uma sequência de passos, tendo pesquisas, expertise e experimentação passadas.

→ Pode-se confiar na gestão de projetos e em especialistas para a solução racional dos problemas.

Mundo complexo

→ Causalidade possível de ser conhecida somente em retrospectiva.

→ Resultados obtidos pelo processo de tentativa e erro.

→ Alto grau de incerteza quanto aos resultados.

→ Líderes e equipes diversos.

→ Especialistas não podem prever com exatidão a evolução do sistema.

→ O planejado raramente funciona de acordo com as expectativas.

→ Métodos para solução de problemas não são suficientes.

---

[7] Dave Snowden. *Cynefin: weaving sense-making into the fabric of our world*. Cognitive Edge, 2020.

É fato que, na maioria das organizações, sempre se dão em simultâneo o contexto complexo e o contexto complicado. Portanto, o primeiro passo necessário para o correto enfrentamento de qualquer situação é definir, tanto quanto possível, em que tipo de ambiente o problema está ocorrendo. Conhecer o contexto é parte importante do processo.

Para o autor Dave Snowden, são possíveis cinco tipos diferentes de contextos: o simples, o complicado, o complexo, o caótico e o confuso. E continuamente transitamos entre todos eles.

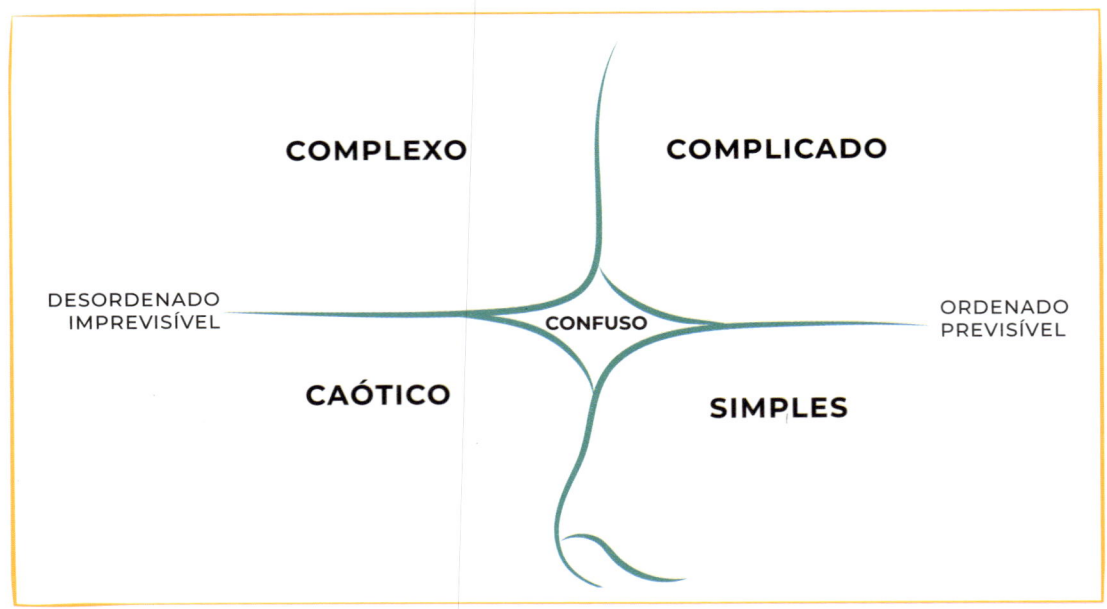

Fonte: Dave Snowden (2020). Cynefin: Weaving Sense-Making into the Fabric of Our World, Cognitive Edge, 2020.

Em ambientes COMPLEXOS

→ São exigidas respostas rápidas a mudanças.

→ As causas são conhecidas, mas não se sabe quais serão os efeitos das soluções escolhidas.

→ Existe a necessidade do uso de metodologias que contemplem o aprendizado, a partir da experimentação.

→ As práticas são emergentes e as restrições, habilitadoras.

Em ambientes CAÓTICOS

→ A busca por padrões e respostas corretas é inútil.

→ É impossível determinar qualquer relação entre causa e efeito.

→ Há práticas novas, com ausência de restrições.

No centro do contexto geral, está o espaço chamado de CONFUSO, que engloba os ambientes sobre os quais se têm dúvidas, não havendo consenso sobre o tipo de contexto predominante.

Em ambientes COMPLICADOS

→ As causas também são conhecidas.

→ A dificuldade é encontrar a melhor solução.

→ Existe a necessidade de uma análise mais aprofundada.

→ Pode haver várias soluções para cada problema.

→ Há boas práticas e restrições governantes.

→ É exigida a presença de especialistas.

Em ambientes SIMPLES

→ O contexto é caracterizado pela estabilidade.

→ Os problemas são conhecidos por todos.

→ É possível identificar causas e efeitos dos eventos que ali ocorrem.

→ A relação entre causa e efeito é clara e conhecida.

→ Há uma única solução para cada problema.

→ Há melhores práticas e restrições rígidas.

As metodologias ágeis e os problemas complexos

As soluções organizacionais precisam, cada vez mais, ter uma abordagem centrada no cliente, para resolver problemas complexos de maneira objetiva e criativa. Nesse contexto, para lidar com a complexidade, as metodologias ágeis surgem com uma boa alternativa para soluções.

Os métodos ágeis trabalham com ciclos bem definidos, em um processo incremental, com entregas fracionadas, antecipando valor ao cliente e permitindo que o planejamento funcione de maneira a se adaptar às necessidades que surgem ao longo do processo. Além do que, permitem que se olhe para problemas complexos e se lide com frações dessa complexidade, o que torna os processos muito mais simples e efetivos.

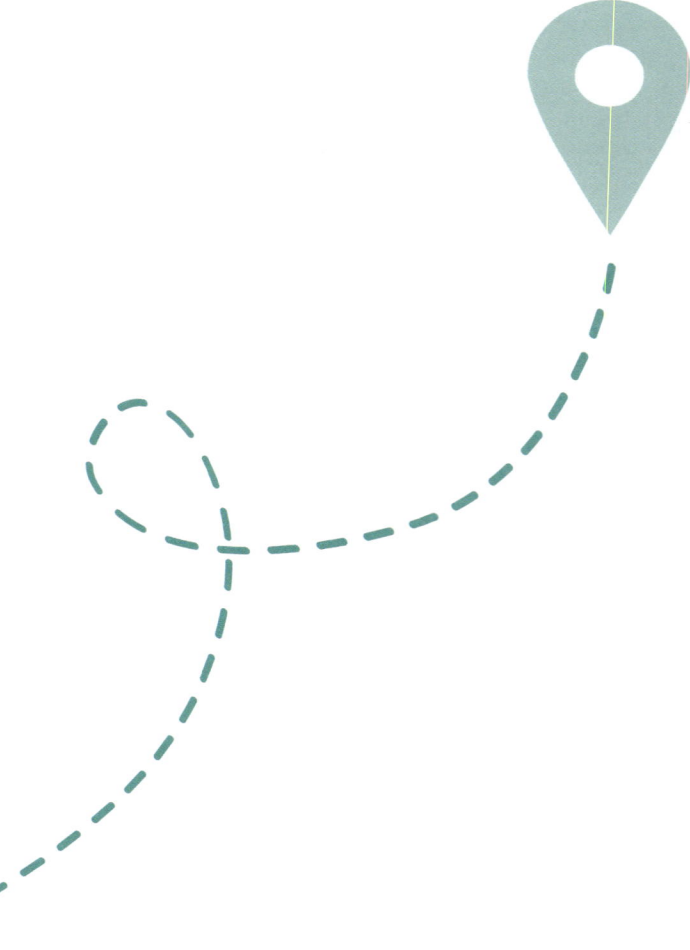

Organizações ambidestras

Após a análise de algumas empresas ao longo de décadas, os pesquisadores Charles O'Reilly e Michael Tushman[8] propuseram que as empresas, para se ajustarem ao atual ambiente de negócios, trabalhassem tanto no aspecto da adaptabilidade – ou seja, das transformações radicais – quanto do alinhamento necessário para as transformações evolutivas graduais. A essa configuração, chamaram de organizações ambidestras. Dessa forma, elas se preparam para as mudanças mais radicais que ocorrem no contexto organizacional, sem deixar de lado os ajustes internos, na atual estrutura, necessários para conquistar melhores resultados e garantir a própria sobrevivência.

Empresas ambidestras conseguem ser eficientes na atuação em seu modelo de negócio tradicional, ao mesmo tempo que inovam nos processos, visando obter novos mercados. As organizações ambidestras aproveitam bem o presente enquanto exploram o futuro. Para tanto, compartilham duas características importantes:

→ Mantêm processos, estruturas e culturas de suas novas unidades exploratórias separados daqueles das tradicionais unidades exploradoras.

→ Mantêm vínculos estreitos entre ambas as unidades, no nível de altos executivos, que gerenciam a separação organizacional.

---

[8] Charles A. O'Reilly III e Michael L. Tushman. *Liderança e disrupção: como resolver o dilema do inovador*. São Paulo: HSM, 2018.

A transformação digital e o ambiente ágil

> Uma organização, para ser considerada apta para os novos tempos de transformação digital, deve trabalhar com processos eficientes, de modo a oferecer produtos confiáveis e de qualidade, mas também investir em experimentação. As empresas ambidestras buscam o equilíbrio entre esses dois pontos.

As empresas precisam, cada vez mais, por uma questão de sobrevivência, rever seu modelo de negócio e se adaptar às tecnologias digitais. Pense, por exemplo, em como são limitados os resultados de um varejista que depende apenas das vendas em suas lojas físicas — e esse é apenas um dos aspectos limitantes que ele enfrenta, em um mundo dinâmico e exigente como o atual.

É bastante comum imaginar que a transformação digital seja algo específico de empresas ou áreas relacionadas à tecnologia; entretanto, hoje tudo é tecnologia. Estamos conectados à internet, usamos equipamentos para suporte a qualquer função dentro de uma empresa ou até em ambiente domiciliar, diferentes aplicativos para resolver inúmeros problemas, como acessar a conta bancária, efetivar uma compra ou pedir um carro para se deslocar pela cidade. Mesmo na área de *backoffice*,[9] em que é comum encontrarmos atividades operacionais repetitivas, a transformação digital já se faz presente e com um papel de destaque em empresas que entendem a importância dessa mudança. Isso porque existem diversas atividades que podem ser executadas por automações de processos, deixando as habilidades das pessoas para atividades que agregam mais valor e proporcionando, na maioria das vezes, uma significativa redução de custos operacionais.

---

[9] Setores de uma empresa responsáveis por serviços que não lidam diretamente com o cliente, em geral operacionais ou administrativos.

Nesse ponto, é preciso avaliar como a transformação digital e a organização ágil se relacionam. Quando existe uma cultura apropriada, a transformação digital se faz presente. Aqui, não estamos abordando apenas a implementação de um sistema, mas também a experiência do cliente e a transformação do modelo de negócio e dos processos operacionais, que são alguns dos pilares da transformação digital que alavancam e são alavancados pelos métodos ágeis. Caso esses fatores não sejam considerados, corre-se o risco de automatizar processos ruins, sem melhorá-los, reproduzindo as falhas ou a má experiência dos usuários. É importante tratar a transformação digital como uma solução abrangente, e não apenas como uma simples implementação da área de tecnologia da informação.

A transformação digital pode ser mais bem definida e implementada com os métodos ágeis. Algumas atividades são resolvidas com melhoria de processos e outras com melhorias sistêmicas, RPAs (*Robotic Process Automation*[10] – Automação de Processos Robóticos), macros, sistemas desenvolvidos em baixa plataforma, e por aí vai. Nesses casos, a mentalidade e a cultura da agilidade poderão contribuir significativamente para a transformação digital da empresa.

---

[10] Aplicação tecnológica para automatizar processos baseada em "softwares-robôs", com o objetivo de substituir tarefas muito repetitivas ou operacionais de uma empresa.

Empresas que já nasceram digitais

No universo empresarial, existem aquelas empresas que já nasceram digitais e, ainda assim, precisam dar um passo atrás e rever seus processos, pois o foco inicial foi implantar o negócio às pressas, deixando em segundo plano a estruturação fluida dos processos. De certa forma, podemos dizer que tais empresas surgiram com a transformação digital em sua cultura, porém precisam das demais frentes dos métodos ágeis para conseguir uma solução mais completa e que dê os resultados esperados.

Certas empresas não observam seus processos básicos. Por exemplo, criam um aplicativo para smartphone, que é a "cara digital" da empresa, mas os processos por trás são frágeis, tanto em documentação quanto em governança. Frequentemente, os clientes só têm contato direto com a camada mais superficial, que são as telas do site ou do aplicativo, enquanto os processos que sustentam tais organizações se mostram, muitas vezes, ineficientes, só sendo analisados quando ocorrem erros. Acabam adotando uma versão "alternativa" do que é o ágil.

> **O excesso de autonomia e a falta de rigor em processos de controle geram riscos desnecessários.**

Embora essas empresas já adotem algumas práticas dos métodos ágeis – como o Scrum[11] –, normalmente estão mais preocupadas com a tela do aplicativo com que o usuário terá contato. Falta a elas também a avaliação de alguns requisitos básicos, como o mapeamento de processos e a operação das suas áreas de *backoffice*, por exemplo, para conhecer e definir seus procedimentos e riscos, avaliar a maturidade de seus procedimentos e, assim, poder funcionar de forma estruturada e fluida.

Quando o assunto é transformação digital, é necessário ir além do aspecto tecnológico e encarar as operações, a experiência do cliente e o modelo de negócio, além de,

---
[11] Scrum: metodologia de gestão de projetos ágeis.

Jornada Ágil

principalmente, falar de pessoas. Quando nos referimos a pessoas, queremos abranger não somente equipes, mas qualquer um que esteja envolvido nos processos. Em um processo de transformação digital, é importante que todos possam contribuir para melhores soluções, com o projeto e a implementação de estratégias de resposta rápida – e que não cometam erros que podem ser facilmente evitáveis.

Seja qual for o processo, sob a ótica da metodologia ágil, podemos perceber que muitas soluções encontradas – e isso independentemente do método ágil utilizado – costumam envolver TI. Mas também existem mudanças de processos que não dependem de tecnologia e que são soluções incentivadas, por serem mais econômicas e rápidas, mas em algumas situações teremos ideias que dependem de algum desenvolvimento sistêmico. É nesse ponto em que tudo acaba se conectando e entrando em um círculo virtuoso.

Uma mudança cultural

Organizações devem mudar e se adaptar rápida e repetidamente se quiserem sobreviver e crescer em um mundo disruptivo.

A agilidade faz mais do que permitir que as empresas se adaptem: também as torna proativas, como parte importante de sua cultura. Isso significa que elas se habilitam a antecipar mudanças, prevenir problemas e detectar necessidades futuras de maneira hábil, em vez de apenas reagir aos acontecimentos.

Assim como um guepardo pode acelerar, desacelerar e mudar de direção mais rapidamente do que qualquer outro animal na savana africana, as organizações devem mudar e se adaptar repetidamente se quiserem manter seu ajuste ambiental, sobreviver e ficar à frente das forças que sinalizam tempos difíceis.

As empresas ágeis se concentram em elevar a capacidade de implementar mudanças, tanto incrementais quanto disruptivas, além de verificar com frequência a contribuição da execução da operação nos seus indicadores de desempenho.

Criar uma cultura de agilidade é possível, necessário e deve ser a primeira prioridade da organização, pois é a cultura que gera a capacidade de se ajustar em qualquer direção e executar a estratégia.

Portanto, a prioridade inicial não é a implementação de ferramentas ágeis, e sim a mudança cultural que a empresa precisa construir no dia a dia. Assim, o foco passa a ser a abordagem da transformação cultural dos negócios, como resolver problemas e aproveitar oportunidades.

Sob esse ângulo, é fundamental que uma das primeiras ações a serem adotadas seja a mudança no *mindset* dos executivos, líderes e colaboradores. Ou seja, a liderança precisa mudar sua mentalidade, dar todo o suporte necessário, bem como investir esforços para que a cultura ágil se estabeleça.

Organizações ágeis têm alguns traços culturais comuns:

Ausência de zona de conforto:	consideram o sucesso efêmero e, regularmente, procuram melhorar, mesmo quando são bem-sucedidas e estão em fase de crescimento acelerado.
Alinhamento:	buscam constantemente o alinhamento e a clareza em torno do seu propósito e dos seus valores.
Aprender sempre:	abraçam a falha como uma oportunidade de aprendizado; têm um propósito forte, vitalidade e mentalidade de evolução a partir de cada experiência e são abertas ao *feedback* constante.
Decisões rápidas:	tomadas de decisão ágeis acontecem não apenas durante uma crise, mas todos os dias, sempre que há a necessidade de se posicionar frente a uma situação.
Capacidade e sinergia:	permanente capacidade de execução, altos níveis de responsabilidade, pensamento centrado no cliente e sinergia entre as equipes.
Transparência:	empresas que possuem uma cultura ágil têm transparência nas suas atividades no nível estratégico, tático ou operacional, e suas decisões focam a resolução de problemas e aproveitar oportunidades.
Formam equipes colaborativas e interdisciplinares:	considerando as habilidades necessárias para a realização de um determinado serviço ou projeto, têm uma clara visão do valor agregado de cada atividade realizada, e os seus times atuam de forma autônoma nas negociações, nas tomadas de decisão e nas soluções de conflitos e problemas.

A opção por organizações ágeis

Uma vez que as mudanças rápidas no mercado, na concorrência, nas necessidades dos clientes, na tecnologia e nas regulamentações são situações cada vez mais comuns no ambiente corporativo e demandam, mais do que nunca, que as organizações sejam capazes de responder e se adaptar rapidamente, a agilidade organizacional não é mais, portanto, um diferencial, mas, sim, uma necessidade.

Nem todas as empresas conseguem modificar as forças internas com facilidade ou controlar as forças externas que as afetam. Mas podem administrar o modo como lidam com essas forças. Assim, organizações ágeis desenvolvem uma capacidade integrada de mudar, são flexíveis e se ajustam, de uma forma natural, à medida que as circunstâncias evoluem. A agilidade permite que as empresas sejam mais facilmente ajustáveis e proativas na busca de sua evolução como parte das mudanças que ocorrem no mundo.

> **As organizações ágeis se esforçam para desenvolver uma capacidade integrada de mudar, ser flexível e se ajustar à medida que as circunstâncias mudam, de uma forma natural.**

O modelo de organização ágil

Embora a agilidade promova a comunicação aberta e métodos mais flexíveis, ser ágil não deve ser confundido com ser veloz. Ser ágil é entregar valor ao cliente antes de o projeto terminar, ter alta capacidade de adaptação frente às necessidades, sendo mais produtivo e eficaz. Muitas vezes, pode-se entregar um projeto de forma rápida, porém sem atender às necessidades dos clientes da forma como o método ágil proporciona. Entretanto, conforme aumentam o conhecimento e a prática dos métodos ágeis, as entregas também podem ter um tempo de resposta menor.

Além de serem capazes de se adaptar e mostrar resiliência, para que um modelo de organização ágil seja um sucesso, as empresas devem projetar estruturas, governança e processos com um conjunto relativamente estável de elementos centrais, como os que acompanhamos a seguir.

Estrutura da organização:	promoção da migração de estruturas hierárquicas de gerenciamento para redes e equipes que trabalhem integradas em jornadas e mais perto de si e dos clientes, tendo mais velocidade nas tomadas de decisão.
Equipes e projetos:	construção da agilidade de redes ou equipes, para que possam ser montadas rapidamente com base em conjuntos de habilidades e desativadas quando os projetos são concluídos.
Funções:	revisão do papel dos colaboradores, que normalmente atuam sob uma descrição de cargo, para que passem a trabalhar em diversas frentes, fazendo uso de suas habilidades. Isso permite que os colaboradores atuem em vários projetos dentro do negócio, ampliando as oportunidades de carreira.
Gestão de equipes:	orientação aos líderes para não se concentrarem em supervisionar pessoas, mas em comandar projetos, facilitar tomadas de decisão e patrocinar os colaboradores certos, no sentido de atingir os resultados esperados dos projetos.
Reconhecimento e recompensas:	recompensas baseadas no impacto dos indicadores de resultados da organização, no apoio e no engajamento de líderes e equipes, para agilizar e facilitar o andamento das atividades e na forma como os projetos são conduzidos.
Cultura:	a cultura ágil da empresa terá influência em todas as jornadas e todos os papéis e responsabilidades. É um elemento importante para garantir que a organização alcance seus objetivos. Não adianta apenas orientar que os projetos sejam conduzidos com métodos ágeis, se a mentalidade do dia a dia ainda age de acordo com métodos tradicionais de comando-controle e dificulta a adoção do ágil de forma plena.

Pontos em comum nas organizações ágeis

Cada organização deve desenhar o próprio modelo de agilidade, para se adequar a seu conjunto exclusivo de forças internas. Porém, os modelos ágeis bem-sucedidos têm em comum estes cinco fatores bem estabelecidos:

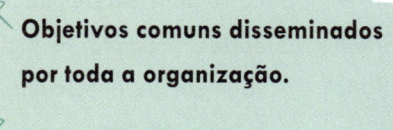

- Objetivos comuns disseminados por toda a organização.
- Executivos, líderes e times capacitados.
- Decisões rápidas e aprendizagem constante.
- Líderes ágeis que estimulam colaboradores a assumirem o protagonismo.
- Tecnologia integrada e essencial ao negócio.

Objetivos comuns disseminados por toda a organização:

É recomendado que executivos, líderes e equipes conheçam os objetivos estratégicos da empresa para um determinado período. E que, a partir disso, identifiquem os desafios de cada diretoria, gerência e coordenação, para que os objetivos estratégicos sejam alcançados.

Executivos, líderes e times capacitados:

Uma rede de equipes capacitadas (multifuncionais e autogerenciadas), tecnicamente, entrega os resultados esperados, e têm autonomia para descobrir as próprias soluções e fornecer resultados diferenciados. Em vez

Capítulo 1 • As organizações precisam mudar

de os colaboradores precisarem ser direcionados e gerenciados quanto ao que fazer, em uma organização ágil as pessoas são altamente engajadas, com responsabilidades e autoridade claras, cuidam umas das outras como em um time, descobrem soluções inovadoras e produzem resultados excepcionais.

Decisões rápidas e aprendizagem constante:

Líderes e equipes capacitados e que conhecem os objetivos da organização são capazes de tomar decisões e aprender com as situações vivenciadas no dia a dia, assumindo riscos controlados. A melhor maneira de minimizar riscos é encarar a incerteza e ser mais rápido e produtivo para criar entregas mais assertivas.

Líderes ágeis que estimulam colaboradores a assumirem o protagonismo:

Estes líderes adotam um modelo dinâmico de gestão de pessoas, no sentido de promover o alto engajamento e uma cultura organizacional que instaura as pessoas no centro, envolvendo e criando valor. Um dos novos papéis deles é capacitar sua equipe a assumir o protagonismo e ter a confiança de que levarão a organização a cumprir seu propósito e sua visão.

Tecnologia integrada e essencial ao negócio:

Tecnologia de ponta suportando velocidade e flexibilidade. A tecnologia integrada é essencial para todos os aspectos da organização, como um meio para gerar valor e possibilitar reações rápidas às necessidades das empresas e das partes interessadas.

Todas as áreas precisam se envolver

Para que uma organização tenha efetivamente uma transformação ágil, todas as suas áreas precisam estar envolvidas, pois as atividades do dia a dia impactam diretamente e são impactadas pela forma como são realizadas as mudanças necessárias. Portanto, os impactos se estendem também para elementos fundamentais na gestão de pessoas e processos.

→ **Recrutamento e seleção:** responsável por aquisição de talentos, avaliação de desempenho e desenvolvimento organizacional, a área que cuida dos executivos, líderes e equipes desempenha um papel fundamental para garantir que uma organização ágil tenha os colaboradores necessários, nas funções mais adequadas, e para que todos compartilhem um entendimento no modelo de pensar e agir.

→ **Mudanças do conjunto de habilidades:** líderes e colaboradores são estimulados a desenvolver e praticar novas formas de pensar e agir, como flexibilidade, "pensar fora da caixa", comunicação, protagonismo, tomadas de decisão rápidas, entre outras competências que detalharemos nos Capítulos 3 e 4.

→ **Trabalho em equipe:** em uma organização ágil, as avaliações de desempenho individuais devem ser baseadas na performance do time, em oposição ao mérito individual. Isso altera o processo de avaliação de desempenho tradicional e põe ênfase em quão bem o indivíduo trabalha dentro da equipe, e no modo como a equipe coordena e maximiza a contribuição individual de cada membro do time.

→ **Repensando caminhos de carreira:** quando uma transformação ágil é concluída e dimensionada para o topo da organização, toda a ideia de caminhos de carreira é alterada. Em um ambiente ágil, as funções são criadas, expandidas ou eliminadas com base nas necessidades atuais e na direção estratégica da organização.

Ao mudar a maneira de atuar, a organização estimula as equipes a se afastarem do comportamento de apontar culpados, promovendo maior colaboração, pensamento em rede, criatividade e entrega de valor mais rápida e assertiva.

O ponto-chave aqui é entender que uma equipe que busca atuar no modelo ágil deve ter autonomia para tomar decisões, assumindo a responsabilidade pela entrega do produto ou serviço que realmente elimine uma dor ou atenda a uma necessidade do cliente, seja ele interno ou externo.

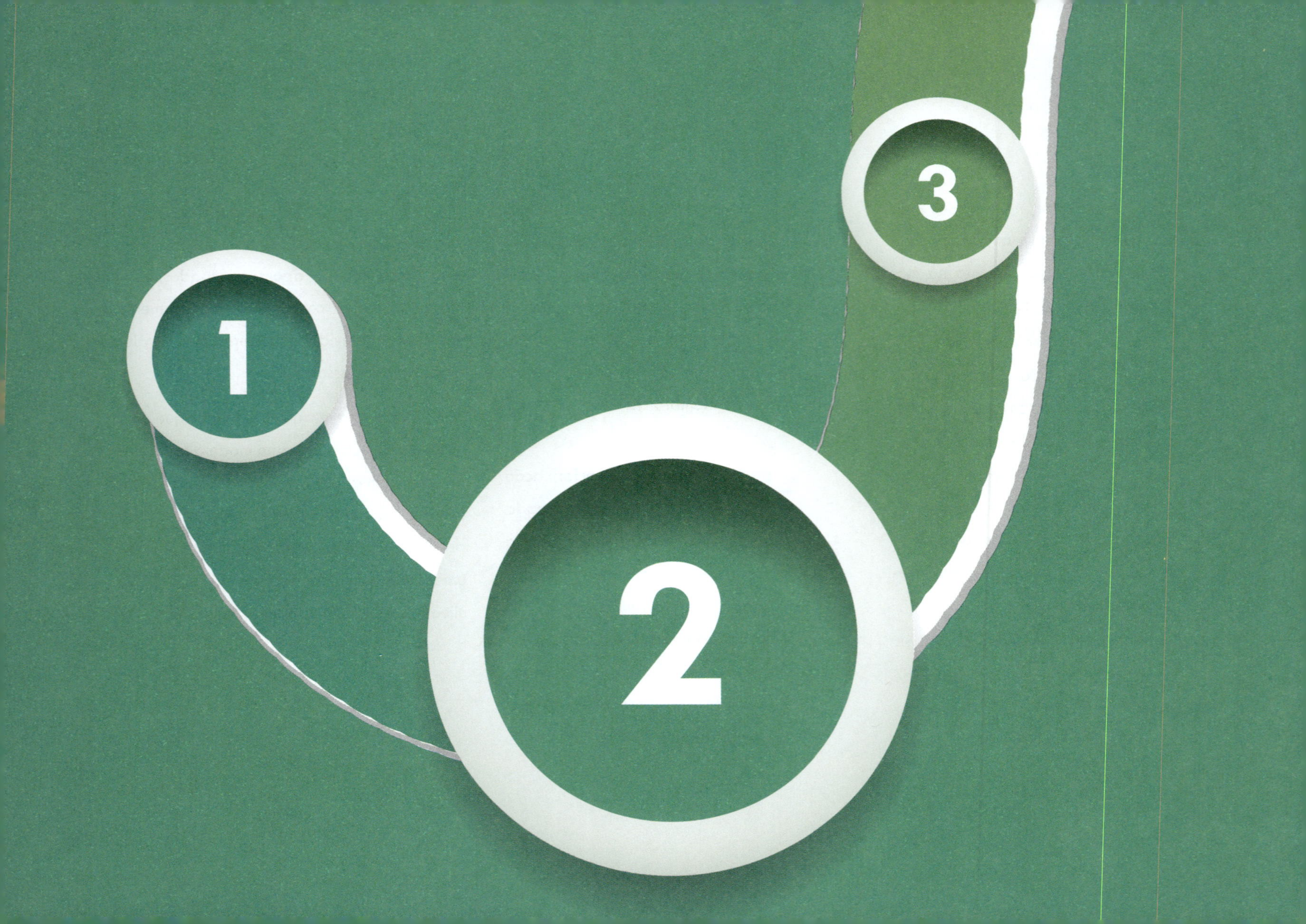
1
2
3

A jornada ágil começa pela mudança de *mindset*

As organizações ágeis têm um grande foco nas pessoas, que precisam estar abertas a mudar, falhar e acertar, e trabalhar juntas com o mesmo propósito. Portanto, exigem que o modelo mental de todos na empresa, executivos, líderes e equipes, seja ajustado para um modelo que chamamos de *mindset ágil*.

Mindset significa modelo ou atitude mental, que reflete como as pessoas se comportam e agem diante dos acontecimentos do dia a dia. Na prática, o *mindset* traduz o tipo de mentalidade que cada pessoa tem e determina a forma como ela organiza seus pensamentos e encara as situações. Os modelos mentais são construídos ao longo da vida, e é a partir deles que uma pessoa direciona suas ações futuras.

Carol S. Dweck, ph.D., professora da Universidade Stanford e especialista internacional em sucesso e motivação, fala em seu livro *Mindset: a nova psicologia do sucesso*[12] sobre pessoas que têm uma visão de mundo fixa, que consideram que nada pode ser alterado ou mudado e que se mantêm presas a uma única forma de pensar. Normalmente, são acomodadas no seu status de vida e não aceitam novas maneiras de encarar o ambiente organizacional. Por outro lado, há pessoas que são protagonistas, se adaptam a novas situações, antecipam mudanças e se ajustam para continuar crescendo e se desenvolvendo continuamente. Estas estão mais próximas da mentalidade ágil.

O conceito de ágil exige uma inversão na maneira com que a maioria dos profissionais foi condicionada a trabalhar durante a vida.

---

[12] Carol S. Dweck. *Mindset: a nova psicologia do sucesso*. Trad. S. Duarte. Rio de Janeiro: Objetiva, 2017.

Ou seja, que comando e controle, assim como a estrutura formal de hierarquia, sejam substituídos por valores, princípios e práticas que evidenciem e estimulem o trabalho em equipe, a colaboração e o protagonismo dos líderes e colaboradores. Em resumo, estamos tratando de mudanças importantes de *mindset*.

Para aumentar a probabilidade de sucesso na transformação ágil, é preciso avaliar a forma como cada indivíduo, líder e equipe pensa sobre as suas atividades e como reage aos estímulos do dia a dia. A mudança no *mindset* é o primeiro passo para a transformação digital e para a transformação das organizações para o modelo ágil de negócio.

Modelos mentais relacionados ao crescimento pessoal e profissional

A metodologia ágil tem foco nas pessoas, em como elas pensam, colaboram e interagem. Sem abertura para experimentar algo novo, testar, errar de forma controlada e aprender com as falhas, não existe evolução nem aprendizado. Por isso, a mentalidade do profissional de hoje precisa estar aberta para a inovação.

Pessoas com uma visão de mundo rígida, fixa, tendem a se acomodar e dificilmente estão abertas aos estímulos que fujam de seu modo de ver as coisas. São particularmente essas as pessoas que costumam ser avessas às mudanças no ambiente organizacional. Em contrapartida, existem também pessoas que protagonizam suas vidas, tendo grande facilidade de se adaptar a novas situações e de se ajustar para continuar se desenvolvendo dia após dia.

Dweck sugere dois tipos de *mindset* que precisam ser compreendidos, pois é a partir do entendimento de cada um deles que se torna factível uma verdadeira mudança:

Mindset fixo
Mindset de crescimento

Mindset fixo

O *mindset* fixo define a pessoa que acredita que suas habilidades e talentos nasceram com ela e determinam seu sucesso ou fracasso. Pessoas com esse tipo de *mindset* costumam ter muito medo de errar, porque isso, para elas, significa fracassar. Dificilmente se responsabilizam por suas escolhas e, quando algo dá errado, sempre dão justificativas externas. Pensam que "as coisas são como são e não faz sentido tentar mudá-las". Nesse caso, a pessoa tende a adotar alguns destes comportamentos:

→ Evita desafios.
→ Desiste facilmente diante dos obstáculos.
→ Vê os esforços como algo improdutivo.
→ Ignora críticas construtivas.
→ Sente-se ameaçada pelo sucesso dos outros.

Como consequência, não manifesta a sua total capacidade, e seus resultados não atingem um nível significativo. Tudo isso demonstra que a pessoa tem uma visão de mundo segundo a qual tudo está limitado a leis imutáveis, não existindo a liberdade de escolha.

Mindset de crescimento

Indivíduos com o *mindset* de crescimento entendem que as habilidades podem ser aprendidas e desenvolvidas ao longo do tempo, com esforço e dedicação. São movidos por desafios. Para eles, dificuldades e obstáculos são grandes oportunidades de crescimento e aprendizado. Costumam ter consciência das suas possibilidades, procuram aprender sempre e têm a tendência a apresentar estes comportamentos:

→ Abraçam desafios.
→ Persistem até o fim, mesmo diante dos obstáculos.
→ Veem os esforços como caminho para o aperfeiçoamento.
→ Aprendem a crescer com os *feedbacks*.
→ Aprendem lições e se inspiram com o sucesso dos outros.

Como consequência, eles atingem níveis cada vez mais altos de realizações. Tudo isso lhes dá uma maior sensação de livre-arbítrio.

No *mindset* de crescimento, não há uma predeterminação de qualidades que acompanharão a pessoa para sempre. Ou ainda, como é ressaltado por Carol Dweck, a personalidade e o caráter, assim como as demais características da pessoa, não devem ser considerados como um baralho cujas cartas são recebidas individualmente, para cada um viver sempre tentando convencer a si e aos outros "jogadores" de que tem um belíssimo jogo em mãos, mas com medo, em seu íntimo, de possuir apenas poucas e fracas combinações.

Receber as cartas é só o começo. Todos recebem suas cartas iniciais, mas estão livre para desenvolvê-las. Por isso, há o chamado *mindset* de crescimento. É nessa mentalidade, importante para a transformação cultural, que se dá justamente a oportunidade de mudar, de evoluir.

Por trás do *mindset* de crescimento, está arraigada a crença de que cada pessoa consegue cultivar qualidades básicas a partir de esforços particulares. Mais do que acreditar que é possível se tornar qualquer coisa, como um gênio em diferentes artes, o cerne da questão está no potencial, que é desconhecido. Por isso, não há nada fixo, pois não é possível antever o que alguém conseguirá alcançar após períodos que envolvem "paixão, esforço e treinamento".

Carol Dweck nos ajuda ainda a entender que uma pessoa não apresenta um único tipo de *mindset*; eles podem se alternar nos diferentes aspectos da vida de um indivíduo.

Embora não seja possível definirmos *mindset* certo ou errado, é importante ficar atento, porque o *mindset* fixo pode nos fazer acreditar que existe um limite para o aprendizado e bloquear nossa capacidade de desenvolvimento. Já o *mindset* de crescimento favorece bastante a autoconfiança e o aprendizado ao longo da vida. É nessa modalidade que se encontra o pensamento protagonista dos *lifelong learners*,[13] que estão sempre aprendendo, reaprendendo e buscando coisas novas.

---

[13] Os *lifelong learners* são o que podemos chamar de eternos aprendizes, sempre buscando novos conhecimentos e experiências. Veja também Lifelong Learning Council Queensland (LLCQ), instituição que dissemina o conceito ao redor do mundo: http://www.llcq.org/about-us/.

Protagonismo e atitude de mudança

O protagonismo é uma qualidade das pessoas que se destacam em diversas situações e acontecimentos, normalmente exercendo os papéis mais importantes entre os demais. Fazendo um paralelo com o ambiente cinematográfico, ser protagonista é ser o personagem principal, o que tem a presença mais forte em uma história.

Já no mundo ágil, protagonismo é sinônimo de atitude de mudança; estar pronto para a inovação; disposição para enfrentar situações de ruptura com o que é antigo e já não funciona mais tão bem quanto seria desejável. E ter atitude de mudança, muitas vezes, implica a necessidade de revermos nossos conceitos e posturas, de modo a nos abrirmos para o novo.

Quando relacionamos com organizações ágeis, estamos tratando de empresas que têm um grande foco em pessoas e que precisam que estas estejam abertas a fazer diferente, a errar e a acertar, a aprender, a trabalhar juntas com o mesmo propósito. Estamos falando de pessoas que precisam ter uma mentalidade de crescimento, de inovação – porque quem tem um *mindset* fixo normalmente apresenta maiores dificuldades em mudar seu comportamento e se adaptar às inovações.

Por sua vez, a necessidade de ter atitudes de mudanças nos sugere que, no mundo ágil, ser protagonista não é apenas aceitar as inovações e agir de acordo com elas, mas também promover as evoluções necessárias, atuar como verdadeiros agentes das mudanças. No modelo ágil de organizações, é necessário que as pessoas sejam dinâmicas e se engajem no processo organizacional, que sejam protagonistas da própria jornada. Nesse contexto, líderes assumem um importante papel em estimular seus colaboradores a buscarem o protagonismo. Entre as atribuições da liderança ágil, está a de capacitar sua equipe a assumir uma atitude de mudança e protagonismo, para ajudar a organização a cumprir seu propósito e visão.

Para ser protagonista, dentro de uma metodologia ágil, é preciso construir um *mindset* voltado para o desenvolvimento da própria cultura ágil, visando alavancar resultados pessoais, profissionais e para a empresa para a qual se colabora. Isso exige do profissional:

- Aprimorar seus conhecimentos sobre o modelo ágil, para que saiba como dividir processos em etapas simples e eficientes.
- Capitalizar e compartilhar o conhecimento aprendido, para que seja aplicado por todos sempre que necessário.
- Desenvolver a autoliderança.
- Desenvolver comportamentos de empreendedor, com foco em performance e resultados.
- Estar ciente de como as emoções interferem nos seus resultados.
- Investir em autoconhecimento, criando ou mudando hábitos para adequar-se ao ambiente ágil.
- Alimentar a motivação, própria e da equipe, para que possam continuar avançando na direção da inovação.
- Manter-se atento e trabalhar alinhado a uma proposta de melhoria contínua, pela qual os resultados positivos se tornam estímulos para os próximos passos.
- Perceber a qualidade de sua liderança e efetuar eventuais ajustes que levem às melhorias que forem necessárias.
- Antecipar problemas e dificuldades e cuidar de sua solução antes que ocorram ou se agravem.
- Reconhecer e valorizar a importância da jornada percorrida junto da equipe.
- Ser criativo, para enxergar possibilidades de solução para problemas complexos.
- Ser disciplinado e ter a iniciativa para tomar, em primeiro lugar, as atitudes necessárias.
- Ser aberto à inovação, para conseguir ir além do que é o usual no dia a dia.
- Tomar a frente e assumir as decisões que podem mudar uma situação e proporcionar melhores resultados nos processos e para as equipes.
- Visão do todo e de cada uma das partes, para enxergar os resultados obtidos e tomar as decisões que se fizerem necessárias.

É preciso estimular o protagonismo e a atitude de mudança dentro do modelo ágil. Isso significa ter a atitude de sair na frente, fazer diferente inovando e de modo disruptivo, e ainda ter a agilidade para fazer rapidamente o que precisa ser feito para conseguir os resultados desejados.

Forma de pensar ágil

A característica predominante da metodologia ágil é o seu foco em pessoas e a busca por resultados mais assertivos, tanto para os clientes quanto para os profissionais envolvidos. No que se refere diretamente aos times nas organizações, existe um interesse especial em como as pessoas se comportam, interagem, pensam, sentem e procedem na busca dos melhores resultados em termos de produtos e serviços para o cliente.

Organizações ágeis trabalham segundo a filosofia de que, se não houver abertura para experimentar, não haverá evolução e aprendizagem, não acontecerá a melhoria do que se entrega ao ambiente, em especial ao cliente. Portanto, as empresas se apoiam sobre três pilares principais: inspeção, transparência e adaptação – o que já sugere um processo de falhas, acertos, mudanças e vivências para promover uma melhoria constante dos resultados alcançados.

Avaliando-se por esse ângulo, fica evidente que é preciso uma mudança no modo de pensar tradicional, para que se possa vivenciar verdadeiramente a metodologia ágil.

Em resumo, a transformação das organizações para o modelo ágil tem como pilar principal a mudança de sua cultura, o que equivale a dizer que o *mindset* ágil é a base dos programas de inovação. Para transformar a empresa em uma organização ágil, a mentalidade de quem vai atuar com os projetos é a primeira coisa que precisa ser trabalhada e ajustada.

Mais do que conhecer e introduzir técnicas, adaptar as ferramentas e compreender quais os objetivos da aplicação dos novos instrumentos, é preciso trabalhar na mudança da mentalidade e da cultura organizacional. Mais do que as práticas, reuniões e histórias de usuários, o *mindset* ágil é o que vai manter a equipe no rumo da inovação.

A mentalidade ágil é fundamental para o desenvolvimento de uma organização ágil. Mas o que é uma mentalidade ágil? Podemos dizer que é um conjunto de atitudes que sustentam um ambiente de trabalho ágil, ou seja:

Respeito:	os trabalhos em equipe precisam começar com o respeito aos seus integrantes em todos os níveis da organização.
Colaboração:	com problemas cada vez mais complexos precisando ser resolvidos, ninguém é capaz de reter todas as informações necessárias para concluir uma tarefa. A facilitação da colaboração, por meio de ferramentas, configuração do layout de ambientes de trabalho e conexões dos colaboradores, bem como comportamentos, podem melhorar a qualidade e a quantidade de conversas colaborativas.
Ciclo de melhoria:	nenhum processo deve ser escrito em pedra, de modo que não possa ser alterado ou, principalmente, melhorado. Sempre deve haver espaço para melhorias.
Ciclo de aprendizagem:	permitir que os indivíduos tentem algo novo e que eventualmente falhem dá à equipe a oportunidade de aprender e melhorar a si mesma. Os indivíduos não devem ser condenados por falhas, mas, sim, apoiados por correr riscos e aumentar o conhecimento do grupo.
Orgulho de propriedade:	mesmo que ninguém possua um código específico, o orgulho pelo que é entregue aumenta o desejo de entregar um trabalho de alta qualidade.
Foco na entrega de valor:	o ponto principal de uma equipe ágil é agregar valor para o cliente, interno ou externo. A equipe deve ser capaz de se concentrar no que é de maior valor no momento e entregar, com o conhecimento de que outras pessoas na organização (*Scrum masters*,[14] por exemplo) estão lá para ajudar a eliminar quaisquer impedimentos.
Capacidade de adaptação à mudança:	é necessário que líderes e equipes se mantenham atentos às necessidades de mudança em produtos e serviços conforme o cliente vivencia o seu uso, para que melhorias e adaptações possam ser feitas com velocidade e assertividade.

---

[14] Profissionais responsáveis por manter as práticas *Scrum*, apoiar os outros papéis e manter a comunicação e a colaboração ativas.

Querer mudar é o princípio do pensar ágil

> **Essa mentalidade é o que chamamos de uma forma de pensar ágil, por meio da qual as equipes ágeis florescem. Se essa mentalidade for cultivada e estimulada antes, durante e depois da adoção ágil, as equipes (e, portanto, a empresa) terão resultados diferenciados e colaboradores satisfeitos, entregando grande valor aos clientes.**

Com as carências e facilidades criadas pela tecnologia, existe a necessidade de uma abordagem diferenciada dos desafios diários, que se modificam de forma rápida. Para isso, é preciso estimular a curiosidade e a capacidade de deixar a mente aberta para compreender e alcançar novos estágios de inovação.

Quando tratamos da inovação cultural, é preciso ir além de engajar a equipe com novas ideias. Existe, como já comentamos, a necessidade de uma cultura que incentive a adoção de novas tecnologias, que alimente a paixão pelo conhecimento e que seja também um terreno propício à criatividade e aos avanços ou às mudanças inesperadas. Essa necessidade de transformação da cultura organizacional se tornou essencial para as empresas que desejam continuar crescendo.

Nesse processo de transformação, os líderes precisam estar constantemente atentos a questões em torno dos comportamentos do dia a dia, para evitar que a inovação cultural acabe criando uma "pressão desnecessária" em um ambiente que deveria ser mais flexível.

Com essa base formada e um público predisposto a aceitar um processo criativo e implementá-lo, aí sim é a ocasião para investir com força total. Então, gere ideias, experimente, aplique e avalie. Olhe para fora da empresa, porém jamais se esqueça de olhar para dentro e ver o que está "pronto" para ser aperfeiçoado.

O eterno aprendiz

Querer mudar é o princípio do pensar ágil. No entanto, não podemos acreditar que tudo será criado em um simples processo ou que é algo muito fácil de se alcançar. Transformar o *mindset* para agilidade, além de criar e sustentar um ambiente que promove a inovação cultural, é um trabalho que requer tempo, paciência e esforço permanente.

No entanto, sempre vale lembrar que a mudança cultural também humaniza e traz mais profundidade, tanto nas relações profissionais quanto nas entregas de resultados. E isso é exatamente o que o momento nos pede.

Atualmente, estamos vivendo uma época em que a transição para a era digital acontece de maneira cada vez mais veloz e irreversível. Muita coisa vem evoluindo a cada dia, e já não é possível manter padrões profissionais antigos e lineares nem haver evoluções relativamente previsíveis — as mudanças acontecem cada vez mais rapidamente e de maneira disruptiva, provocando uma quebra dos modelos estabelecidos até o momento.

Há pouco tempo, as pessoas estudavam em escolas semelhantes, cursavam faculdades em áreas bem definidas e se especializavam em alguma carreira. Então, passavam a vida se dedicando a se aprofundar cada vez mais em sua especialização. Tudo de modo linear, segmentado e repetitivo. Porém, na era digital, a vida profissional passou a ser multidisciplinar, exponencial e imprevisível. Os profissionais que o mercado exige hoje precisam ter uma visão panorâmica dos diferentes conhecimentos, nos mais diversos setores da empresa, conhecer profundamente uma determinada área de atuação e ser curiosos, inquietos, na busca por conhecimento.

Em outros tempos, um profissional apenas seguia a "receita" de sucesso preestabelecida na organização à qual pertencia, e isso praticamente lhe garantia um futuro brilhante. Hoje, nada está garantido nesse sentido; em contrapartida, o profissional vê uma série de possibilidades à sua frente e pode optar por algo que realmente faça sentido para ele.

Oportunidades exigem preparo para que possam ser aproveitadas. Manter-se preparado e atualizado no mercado de trabalho sempre foi uma tarefa difícil, mas se tornou ainda mais desafiadora na nova realidade, que traz um cenário dinâmico de mudanças muitas vezes radicais, capazes de alterar o rumo do mundo como o conhecemos. Isso vem exigindo do profissional, cada vez mais, um aprimoramento de seus conhecimentos.

Habilidades e, principalmente, conhecimento tendem a se tornar obsoletos muito rapidamente, em função de inovações, de novas descobertas ou até mesmo de perda de relevância em um novo contexto. Como não é possível tentar interromper essas transformações, a solução é se preparar para elas, por meio da aprendizagem constante ao longo da vida. Mas, mesmo diante dessa realidade com tantas mudanças, ainda assim o crescimento profissional e a ampliação do conhecimento devem ser uma decisão consciente de cada um.

Diante dessa nova realidade digital, o *lifelong learning* surge como uma prática que combina perfeitamente com as mudanças que as empresas vêm enfrentando. Esse é um termo bastante utilizado no meio corporativo, no sentido de "aprendizagem ao longo da vida", ou ainda aprendizado contínuo, reforçando a crença de que sempre é tempo para se aprender algo novo – e que esse aprendizado é realmente necessário.

Lifelong learning é um termo que surgiu na década de 1970, com o relatório de Edgar Faure para a Unesco, intitulado "Aprender a ser", que enfatizava o direito à educação para todos, tendo sido inspirado por conferências anteriores, além do relatório de Paul Lengrand, "Uma introdução à aprendizagem ao longo da vida". Em 2010, o termo ganhou mais popularidade a partir do relatório da Comissão Internacional sobre Educação para o Século XXI da Unesco.

Com tal dinâmica acontecendo nas empresas e as demandas por conhecimento mudando em uma velocidade assustadora, a educação tradicional não consegue suprir essa necessidade. A solução é, então, a busca de aprendizado por outros meios. Nesse ponto, temos então a presença diferenciada dos *lifelong learners*.

Os *lifelong learners* são automotivados a focar assuntos que sejam de seu interesse, e o modo como adquirem conhecimento vai muito além do modelo formal de educação.

O ensino convencional continua sendo determinante para a formação dos profissionais, mas hoje a habilidade de aprendizado conta muito em seu processo de evolução como pessoa e como profissional. O colaborador que se destaca atualmente é aquele capaz de lidar com assuntos que vão além do que foi apren-

> **O crescimento profissional e a ampliação do conhecimento devem ser uma decisão consciente de cada um.**

dido nas universidades. Muitos profissionais já entenderam que estudar não termina com a graduação universitária, mas uma boa parte deles acaba investindo apenas em cursos que estão ligados à função que exercem no momento. Isso já é um começo, mas pode não ser suficiente se a digitalização e a longevidade os forçarem a se reinventar continuamente.

Os *lifelong learners* leem e estudam muito, sempre sob estímulo de um novo desafio – ou seja, aprendem o que precisam para continuar desempenhando bem o seu papel e evoluindo na carreira. Isso porque a tendência que se vê no mercado é a de que um profissional não seja mais especialista em uma área específica durante toda a carreira, mas apenas pelo tempo que o tema for relevante no contexto no qual está inserido. Por isso, quem pretende liderar em sua área de atuação precisará de múltiplas orientações para se inserir em profissões que surgirão para ocupar o lugar das que ficarem obsoletas.

Dessa forma, torna-se ainda mais imperativo engajar-se em comportamentos de aprendizagem ao longo da vida, para que o profissional possa se destacar e se manter assim. É preciso assumir que os estudos nunca cessam. Isso significa ler, pesquisar, consultar seus pares, ter a curiosidade aguçada, participar de eventos, *workshops*, fazer cursos, *networking* – e nunca parar.

O *lifelong learning* prepara o profissional para as mudanças, além de mantê-lo qualificado ao longo da carreira, proporcionando sempre novos conhecimentos que façam uma diferença no seu ambiente de trabalho. Como resultado desse processo, é possível contar com profissionais mais versáteis e adaptáveis, prontos para diversas funções.

Cada vez mais, os profissionais precisam ser proativos, inclusive no que diz respeito a dedicar tempo de qualidade ao aprendizado. Em um mundo volátil, incerto, complexo e ambíguo, somente aqueles que são capazes de absorver novos conteúdos constantemente e aplicar suas habilidades de uma maneira criativa e conectada terão sucesso. O futuro é promissor para quem pode evoluir ao longo de toda a sua carreira e vida.

As novas competências

Muitas pessoas ainda relutam em aceitar as mudanças que esse novo cenário, o da transformação digital, trouxe para o mercado como um todo. Mas o fato é que essas alterações, tecnológicas e comportamentais, vieram para ficar e mudar o mundo dos negócios. Logo, com a atual conjuntura, líderes e executivos se encontram sob a pressão de aumentar a performance da equipe e entregar resultados mais assertivos, estimulando ainda a busca constante por formas inovadoras de aumentar a produtividade e conseguir melhores resultados.

Uma das maneiras de conseguir realizar essa aparente missão impossível é por meio do estímulo à colaboração. Equipes que possuem as habilidades necessárias para colaborar efetivamente superam aquelas que não as têm. O esforço colaborativo é necessário e essencial quando falamos em construir organizações ágeis.

A colaboração eficaz é alcançada quando os resultados dos esforços da equipe são maiores que aqueles alcançados individualmente. Mas os resultados da colaboração não vêm facilmente. Eles vêm a partir de um conjunto de desafios que exigem habilidades específicas para serem superados. Trata-se de um conjunto de habilidades e competências que facilitam aos profissionais trabalharem juntos de forma eficaz e serem protagonistas no que fazem. Citamos a seguir algumas considerações relevantes a respeito desse novo perfil de líder. Compete a ele, em uma visão de aprendizado constante, buscar as que lhe sejam mais desafiadoras para o seu desenvolvimento.

Jornada Ágil

Criatividade:	sempre há espaço para liberar o lado criativo de um time, de modo a conseguir soluções diferenciadas.
Empatia:	é a competência de maior poder transformador. Entender o ponto de vista do outro aproxima as pessoas, gera confiança e produz melhores resultados.
Flexibilidade:	quanto mais flexível a pessoa for, mais facilidade terá para enxergar novos padrões e fazer associações diferenciadas entre várias ideias. A flexibilidade ajuda a pessoa a se adaptar às mudanças de práticas e ferramentas.
Autenticidade:	uma das razões pelas quais a colaboração é uma ferramenta tão bem-sucedida é porque reúne pessoas com diferentes estilos de vida e aproveita as diferentes personalidades. Nesse viés, a capacidade de ser autêntico e verdadeiro é uma importante habilidade para se ter à mão. A colaboração eficaz será alcançada quando cada membro da equipe trouxer suas perspectivas, talentos e *feedbacks* para a mesa de discussão.
Compromisso:	para qualquer equipe trabalhar em harmonia e resolver problemas coletivamente, todos os indivíduos precisam ter a habilidade de se comprometer com o trabalho em conjunto e com os resultados almejados. Se os integrantes do time podem se comprometer um com o outro, são capazes também de alcançar as melhores soluções possíveis. A capacidade de se comprometer é extremamente importante não apenas para os resultados, mas também para a dinâmica coletiva e a felicidade no trabalho.
Comunicação e colaboração:	saber se relacionar e se comunicar com colegas, parceiros e clientes é essencial. Um dos fatores centrais na colaboração é a comunicação. Todos precisam ser capazes de se expressar claramente entre si e gerenciar com sucesso os canais de comunicação em relação ao seu projeto. É dessa forma que entendem suas responsabilidades para poder reportá-las regularmente a outras pessoas, trabalhando para um objetivo comum, cientes dos desafios encontrados e dos marcos atingidos.

Confiança:	a colaboração e o trabalho conjunto, visando um mesmo objetivo, exigem confiança. A confiança vem da consistência. Por essa razão, todo colaborador precisa ter a habilidade de ser consistente e confiável. Integrantes da equipe precisam ter fé uns nos outros para realizar tarefas e confiar uns nos outros quando compartilham ideias e *feedbacks*. Se a equipe não for confiável, os resultados serão imprevisíveis e, muitas vezes, decepcionantes.
Foco no cliente:	é saber resolver as dores e os problemas dos clientes e ter atenção especial na entrega de valor.
Gestão de pessoas:	muitos empregos cedem lugar para a automação de processos, e a inteligência artificial se impõe cada vez mais, mudando a rotina institucional. No entanto, independentemente disso, os colaboradores ainda são o recurso mais valioso de uma empresa. Por isso, é vital que gerentes e líderes saibam motivar suas equipes, de modo a estimulá-las a maximizar os resultados.
Inteligência emocional:	a inteligência emocional ajuda a sintonizar as emoções humanas e nos instrui para que sejamos capazes de adaptar nosso comportamento, de acordo com os sentimentos de um colega, ou mesmo os nossos próprios sentimentos.
Cooperação:	para que a colaboração efetiva ocorra, cada integrante da equipe precisa estar focado em alcançar um objetivo comum. Indivíduos que estão focados exclusivamente nos próprios interesses não contribuem para os esforços do time. Bons colaboradores precisam ser capazes de trabalhar bem uns com os outros e conduzir-se de uma maneira que agregue valor à entrega compartilhada. Capacidade de trabalhar como parte de uma equipe é fundamental para qualquer colaborador.
Tomadas de decisão:	é ter discernimento e habilidade para tomadas de decisão baseadas em dados e não em julgamentos de valor.

Liderança:	a capacidade de orientar esforços e motivar pessoas se torna cada vez mais importante dentro de um mundo ágil, que requer comprometimento de todos e sintonia com os objetivos almejados.
Negociação:	com o aumento da automação de tarefas, as habilidades sociais se mostram ainda mais importantes. A capacidade de negociar é uma dessas habilidades altamente valorizadas.
Orientação a serviços:	ter uma grande competência de orientação a serviços basicamente significa manter o foco no cliente e procurar se antecipar com relação a quais serão suas necessidades dele no futuro.
Pensamento crítico:	é importante ser hábil em pensar de forma crítica e ter a capacidade de usar o raciocínio lógico para analisar problemas e avaliar possibilidades de soluções.
Resolução de problemas complexos:	com o modelo ágil ganhando espaço a cada dia, capacitar-se para resolver problemas inéditos e complexos é um diferencial importante para qualquer profissional.
Tolerância:	a capacidade de ser tolerante, de aceitar os outros e de lidar com situações que possam se mostrar inadequadas facilita o relacionamento da equipe. Afinal, um time é um agrupamento de pessoas com individualidades próprias e no qual existe uma lista enorme de diferenças a serem harmonizadas.
Visão crítica:	é preciso saber avaliar com imparcialidade cada situação, de modo crítico, analítico e desapegado. Também é necessário saber dar e receber *feedbacks* realistas. Ter visão crítica é uma habilidade altamente valorizada na era digital.
Atualização constante:	os profissionais precisam estar atualizados para não perder espaço no mercado. O mesmo acontece com as empresas, que têm de estar atentas para a modernização dos seus processos e a capacitação de seus colaboradores, criando programas de treinamento e incentivando sua participação em cursos de atualização.

A cultura ágil

Cultura organizacional é a manifestação dos valores e do propósito da empresa. É a união de crenças e hábitos praticados pelas pessoas que fazem parte de uma organização. Funcionando em alinhamento com as estratégias da empresa, a cultura organizacional é referência para todas as suas atividades.

A cultura organizacional é o que diferencia uma empresa das outras, ressaltando seu modo de conduzir os negócios, de tratar os colaboradores e se relacionar com seus clientes e parceiros. Ela confere uma identidade única à empresa, diferenciando-a e ajudando-a a ser reconhecida no mercado.

Já a cultura ágil é um novo modelo de gestão dentro das organizações. Quando uma empresa decide migrar para um modelo de organização ágil, significa que está priorizando os resultados e o trabalho em equipe, além de pôr seu foco prioritariamente no cliente.

A cultura ágil opera por meio de uma divisão prática de funções e responsabilidades, dispensando a tradicional hierarquia das organizações. Desse modo, estimula a autonomia dos profissionais no trabalho em equipe. Portanto, não há uma figura de poder lutando pelos interesses da empresa: todos os colaboradores partem da mesma visão de crescimento.

O próprio processo de mudança organizacional para a criação de uma cultura ágil deve ser o mais natural e fluido possível, com pouca atuação de comando e sem um controle rígido, contando apenas com um direcionamento, para que a mudança seja bem-vinda

> **Todo líder precisa incentivar sua equipe a desenvolver e trabalhar essas habilidades. Os benefícios desse empenho são numerosos em qualquer organização, em especial naquelas que estão em um processo de transformação para empresas ágeis.**

entre os colaboradores e ocorra de uma forma espontânea.

Por conta dessa quebra do padrão tradicional e da zona de conforto, pois mudanças exigem esforço, é fundamental, mais do que pensar em aplicar as metodologias ágeis, entender o papel da cultura ágil. Afinal, trata-se verdadeiramente de uma necessária mudança dos moldes culturais dentro da empresa.

Em "Agile at Scale", Darrell K. Rigby, Jeff Sutherland e Andy Noble[15] afirmam que, analisando os mercados tumultuados de hoje, nos quais empresas estabelecidas estão lutando contra concorrentes insurgentes e *startups*, ter uma organização adaptável e em rápida evolução é definitivamente atraente, mesmo que transformar tal visão em realidade possa ser um desafio, já que é natural surgirem dúvidas sobre como e o que fazer. No entanto, os benefícios recompensam os desafios.

Assessment para medir o nível de agilidade de uma equipe

Com a proposta e a implementação das práticas ágeis nas organizações, surgiu também a necessidade de se estabelecer um acompanhamento diferenciado para medir o nível de agilidade das equipes. É preciso conhecer e monitorar o que se anda fazendo dentro dessa nova visão estratégica de negócios, para se ter certeza de que se está no caminho que leva à maximização dos benefícios e, quando for o caso, corrigir eventuais desvios; e, com isso, aprimorar a prática do uso da nova metodologia ágil.

Nessas avaliações, mais do que medir o rigor com que estão sendo aplicados os princípios ágeis, o importante é perceber como as equipes estão se saindo na aplicação dos princípios ágeis que levam ao sucesso.

Existem hoje diversos modelos que já são usados para medir o que chamamos de maturidade nos processos ágeis, que permitem fazer um acompanhamento bem de perto dos processos dentro das organizações. Isso proporciona uma boa e útil visão de como andam as equipes, no que diz respeito à aplicação dos processos ágeis dentro da empresa e aos resultados obtidos a partir dessa metodologia.

Formação de times autogerenciáveis

Entre as evoluções necessárias para a construção de uma empresa ágil, está a necessidade de contar, cada vez mais, com equipes autogeren-

---

[15] Darrell K. Rigby, Jeff Sutherland e Andy Noble. Agile at Scale: how to go from a few teams to hundred, *Harvard Business Review*, maio/jun. 2018. Disponível em: https://performancefrontiers.com/leadership/wp-content/uploads/2018/06/Harvard-Business-Review-_-Article_-Agile-at-Scale.pdf. Acesso em: 10 jan. 2021.

ciáveis, que façam da autonomia a sua principal forma de se comportar diante dos desafios.

O modelo mental das pessoas está se alterando rapidamente, e para que uma empresa possa prover resultados relevantes, faz-se necessário adotar uma cultura colaborativa, pela qual todos os envolvidos mantêm sua participação ativa dentro da organização, em um ambiente colaborativo, com engajamento de todos e uma boa dose de independência em suas decisões.

Os especialistas definem as equipes ágeis como sendo as mais adequadas à inovação. Em outros termos, elas estariam mais preparadas para aplicar de modo lucrativo a criatividade com o objetivo de melhorar produtos, serviços, processos ou modelos de negócio.

São equipes multidisciplinares que, ao estarem diante de um problema, o transformam em módulos e desenvolvem soluções para cada um deles por meio de prototipagem e ciclos de *feedbacks*. Tudo de forma dinâmica, autônoma e integrando as soluções ao final para que façam sentido. Mais do que seguir um plano engessado, o foco está em inovar. E quem faz isso está tanto empoderado quanto comprometido com geração de valor.

Em uma organização ágil, todos devem ter responsabilidade sobre os próprios atos. Não existem ordens diretas, sendo que cada membro da equipe é tão somente orientado sobre os objetivos e resultados esperados. Sua autonomia permite organizar-se e realizar as atividades da melhor forma possível, dentro do seu próprio julgamento. Em outras palavras, estamos falando de equipes autogerenciáveis.

Equipes autogerenciáveis têm autonomia e responsabilidade suficientes para cuidar dos próprios resultados com excelência. Costumam ser caracterizadas por dinamismo e rapidez nas entregas, em decorrência do alto grau de comprometimento dos envolvidos e de um excelente nível de produtividade.

Contando com times autogerenciáveis, gestores passam a se preocupar menos com as demandas para os colaboradores, bem como adquirem a tranquilidade sobre a entrega dos resultados. Na medida em que os integrantes da equipe planejam e executam suas atividades de maneira autônoma, o gestor pode focar mais sua atenção e dedicação em questões táticas e estratégicas da organização, multiplicando, assim, os esforços na direção da agilidade organizacional.

Processos distribuídos e autocontrolados

Em uma cultura ágil, é preciso ter em mente que será necessário deixar de lado as burocracias de cadeia de comando e as diversas camadas de decisão. Como Rigby, Sutherland e Noble pontuam,[16] as equipes são extrema-

---
[16] Ibidem.

mente autônomas. Os líderes orientam sobre onde inovar, mas não sobre como fazer. A chave da construção está na colaboração equipe-cliente.

Deixando de lado a centralização e o controle único, processos distribuídos e autocontrolados são próprios de uma cultura ágil, posta em prática por meio de métodos que geram autonomia, empoderamento dos colaboradores e das equipes e, em especial, proximidade com o cliente. O que se pode esperar desse formato de trabalho é que exista uma responsabilidade assumida por todos. A eliminação das camadas decisórias faz ainda com que exista maior agilidade e aumenta a motivação dos colaboradores, que passam a se sentir uma parte forte e importante na obtenção dos resultados.

Em uma empresa na qual todos os processos são distribuídos e autocontrolados, os ambientes são otimizados para atender à necessidade dos times, focando a colaboração e o trabalho em conjunto, com fácil acesso a todas as informações levantadas ou geradas pelos profissionais envolvidos no projeto.

A autonomia nas decisões e a liberdade de ação são elementos altamente motivadores, o que confere às equipes maior autoestima, além de torná-las mais velozes, por permitir que as decisões aconteçam localmente, em vez de depender de uma série de reuniões, muitas vezes improdutivas – um processo que ajuda a minimizar o tempo de espera e proporciona maior agilidade para seguir adiante nos próximos passos do projeto.

Um ponto fundamental que deve sempre ser lembrado, porém, é que, apesar de os processos distribuídos e autocontrolados serem o ideal para se obter times e uma organização ágeis, é necessário que cada equipe esteja alinhada com a estratégia central do negócio, com as prioridades da empresa e outros detalhes definidores dentro da organização.

Da mesma forma, é preciso ainda incentivar os times a ouvirem uns aos outros – apesar de cada um possuir sua própria missão e a autonomia precisar estar na cultura dos times ágeis, não se pode perder de vista o objetivo macro da organização para aquele produto ou serviço em desenvolvimento.

Compartilhamento do conhecimento

É importante manter uma cultura de aprendizagem dentro de uma organização ágil, bem como o compartilhamento do conhecimento dentro de cada equipe e mesmo entre elas. Além de agilizar os processos e aumentar a segurança nos resultados, compartilhar também contribui para que o conhecimento gerado seja mantido.

Em particular no modelo ágil, em que é alta a velocidade com que as informações chegam, são processadas e seguem adiante, desdobrando-se em novas informações, é preciso um cuidado especial para que o conhecimento adquirido seja devidamente preservado e compartilhado.

Para atender a essa demanda, uma série de ferramentas e soluções de capacitação para manutenção do aprendizado vem sendo implementada dentro das empresas, muitas vezes até com pesados investimentos no treinamento de colaboradores.

Sobretudo no caso de empresas ágeis, é muito importante fazer a gestão efetiva do conhecimento, porque essa é uma seara dinâmica na qual, na maioria dos casos, o conhecimento é tácito, isto é, provém das vivências e experiências das equipes e está normalmente "na cabeça das pessoas" — o que significa que, se não for preservado e passado adiante, permanecerá em uma condição bastante frágil e particular.

Repositórios do conhecimento com acessibilidade ampla, geral e irrestrita

O conhecimento pode ser classificado, basicamente, em dois tipos: o tácito e o explícito.

→ **Conhecimento tácito:** provém das vivências e experiências do indivíduo. Fica armazenado na mente das pessoas e é conhecido como "o saber fazer", o *know-how*.

→ **Conhecimento explícito:** é o conhecimento documentado, que pode ser acessado por meio de um livro, um manual, um arquivo de computador e tantos outros meios de preservação de informação.

Nos métodos ágeis, o foco está nas interações entre as pessoas e não na documentação dos processos. O que nos leva a concluir que, do conhecimento gerado e acumulado por times ágeis, predomina o do tipo tácito — portanto, embora seja mais estratégico para as organizações, ele também apresenta um grau de fragilidade maior quanto à sua preservação.

Em contrapartida, o compartilhamento de conhecimento, de uma forma geral, flui muito bem em times ágeis. O uso das ferramentas certas para a prática de reuniões diárias – em suas várias modalidades – contribui para o compartilhamento de conhecimento dentro da equipe.

Dessa maneira, times que usam métodos ágeis devem recorrer a ferramentas e métodos compartilháveis para guarda da informação, que poderá ser utilizada por outras equipes dentro da organização. Esses espaços facilitam o acesso à informação, visando o compartilhamento do conhecimento.

A experiência de cada indivíduo deve servir de base para que todos possam evoluir. A informação e o conhecimento, capazes de agregar valor aos colaboradores, devem circular livremente.

Entretanto, dados estratégicos e sigilosos deverão ser compartilhados somente com quem tem esse direito.

Criando valor para o cliente

A cultura ágil é uma necessidade essencial para se lidar com um mercado disruptivo, no qual os clientes se mostram cada vez mais exigentes, sempre em busca de experiências únicas.

Em uma empresa ágil, o cliente está no centro de tudo, e a responsabilidade das decisões é descentralizada, razão pela qual existe uma necessidade de interação e colaboração entre a equipe e os clientes. Pensar e sentir como o cliente é um passo importante para que o time possa cumprir com suas responsabilidades da melhor forma possível e tomar as melhores decisões para o negócio.

Ganhar a confiança do cliente é de grande importância para que a equipe do projeto conquiste plenamente os seus objetivos. Essa é uma meta que pode ser conquistada por meio de entregas contínuas, realizadas a cada nova iteração de desenvolvimento do produto – uma ação que permite um planejamento gradual e reduz o grau de incertezas da equipe em relação ao que poderá, de fato, satisfazer o cliente.

A maior prioridade deve ser atender o cliente por meio de entregas frequentes de valor. Convém que cada uma delas seja feita dentro do cronograma estabelecido, confortando o cliente, ajudando-o a confiar nas próximas entregas e aumentando o seu nível de satisfação.

Esse *feedback* constante cria uma situação em que o cliente tenderá a fazer novos pedidos e mudanças no que havia sido combinado. É preciso que isso seja encarado como acontecimentos normais e oportunidades de evoluir o projeto e aumentar a satisfação do cliente.

O ambiente criativo

Para aumentar a assertividade da entrega de resultados para os clientes, é preciso ser criativo, pois isso demanda abordagens inovadoras, novos mecanismos e novas estratégias de trabalho.

Estimular a criatividade dos times pode soar utópico, se pensarmos que ser criativo depende de espontaneidade e não de processos informais. Podemos, porém, elaborar um modo de atuação que incentive a criatividade e um ambiente de trabalho no qual ela seja promovida como um dos valores da organização.

Como seria um ambiente de trabalho criativo? Essa é uma questão que depende muito da cultura atual da organização e da ambição em se tornar ágil, mas sempre é possível investir em alguns elementos que favoreçam a criatividade, como os que listamos a seguir.

Colaboração e comunicação:

É preciso estimular a colaboração e a troca de ideias para a criação conjunta de soluções.

Aceitação de novas ideias:

Tendo criado um ambiente que permite liberdade de pensamento e ação, os líderes devem incentivar o desenvolvimento e a exploração de ideias. Deve haver ainda uma aceitação de que as ideias precisam ser exploradas e que nem todas terão sucesso.

Liberdade:

Um ambiente criativo define objetivos claros para fornecer liberdade e direção para o entusiasmo dos colaboradores. A ligação entre liberdade, confiança e estratégia permite o surgimento de ideias valiosas.

Aceitação do risco:

O risco é parte do processo criativo que visa produzir boas ideias.

Reconhecimento:

O reconhecimento por geração e desenvolvimento de ideias é importante para que a equipe se sinta valorizada.

Confiança:

Estimular um ambiente em que as pessoas se sintam seguras é fundamental para que elas desenvolvam suas ideias.

Desejo de alcançar uma cultura criativa:

A própria organização deve almejar que a criatividade seja parte de seu dia a dia.

Inovação aberta e alinhada com a cultura organizacional

Enfim, para se estabelecer um ambiente criativo em todos os níveis da organização, é preciso que haja o desejo expresso de que a criatividade seja uma maneira de operar da empresa e de seus colaboradores. Afinal, para se ter um ambiente criativo, é de grande importância a forma como a organização é planejada, operada e desenvolvida.

É preciso alinhar a cultura organizacional existente a um movimento de experimentação do novo. A ideia da inovação aberta[17] traz novas concepções para a incorporação de tecnologias e produtos, levando em conta também a integração de departamentos da empresa. Ainda dentro dessa visão, é preciso ter como objetivo a criação de meios para que se possam criar produtos e serviços de uma forma mais colaborativa.

Além disso, a capacidade de se mover rapidamente e com eficácia para antever e se beneficiar das mudanças é decisiva. Entretanto, quando se pensa em inovação organizacional, as primeiras referências são de grandes empresas e nomes de destaque do setor de tecnologia – aliás, esse é um segmento que, comumente, parece estar sempre em transformação. Em algumas situações, a inovação organizacional parece distante da realidade de muitas empresas de menor porte.

Contudo, a inovação organizacional está mais perto do que se imagina, independentemente do tamanho da empresa, e pode se tornar o principal fator para que os negócios alcancem o sucesso num mercado que está em constante transformação.

---

[17] Termo criado por Henry Chesbrough que significa buscar ideias fora do contexto organizacional vigente em parceria com outras entidades ou organizações.

A inovação como fator primordial para a permanência de empresas em um mundo em evolução constante

"Inovar é causar impacto positivo na vida das pessoas", diz Scott Berkun.[18] Essa inovação é essencial porque a mudança é inevitável. Afinal, ninguém quer voltar a usar internet lenta ou carregar pilhas de papel de um lado para outro nas empresas.

O avanço da tecnologia e a globalização são apenas duas das muitas forças que moldam o cenário dinâmico da empresa moderna. Nem mesmo as organizações mais fortes conseguem sobreviver sem adaptação. Sob esse aspecto, vivemos tempos de extrema incerteza e temos visto que não são as empresas mais fortes que conseguem sobreviver, mas, sim, aquelas mais adaptáveis aos novos tempos.

Aqui começam a surgir algumas questões sobre como as organizações podem se adaptar, o modo possível de elas inovarem, ou mesmo por onde devem começar. Um dos requisitos básicos para se fazer as mudanças para uma cultura ágil é saber quais tipos de inovação existem e onde são aplicados:

Inovação nos produtos: a organização procura criar constantes evoluções, utilizando-se de novas tecnologias que se tornam disponíveis com o tempo, e novos materiais e processos de fabricação.

Inovação nos serviços: neste tipo de inovação, as organizações buscam criar novas formas de atender seus clientes, eliminando as restrições que impedem que a experiência dos usuários seja agradável. Em resumo: é atender às necessidades dos clientes de forma plena e eficaz.

Inovação no modelo de negócio: neste tipo de inovação, busca-se encontrar diferentes maneiras de a organização (re)criar formas de captação de valor ao longo do tempo. Por captação de valor, podemos entender a combinação de diferentes atividades e aspectos que entregam

---

[18] Scott Berkun. *The Myths of Innovation*. Sebastopol: O'Reilly, 2007.

Jornada Ágil

A visão da inovação aberta, o relacionamento com *startups* e a conexão com o ambiente externo para promover novas conexões e ampliar possibilidades

um produto/serviço para um determinado segmento de clientes. Além disso, também é essencial analisar como o produto/serviço chega a esses consumidores (canais), como eles enxergam valor na solução da empresa e se estão dispostos a pagar por esse produto/serviço. Muitas vezes, um produto existente pode alcançar um novo segmento por meio de um novo canal, tornando o modelo ainda mais rentável.

Independentemente de quais tipos de inovações existem e onde são aplicados, elas têm se tornado, cada vez mais, um fator primordial para a permanência e o sucesso de empresas.

Algumas organizações que já nasceram no modelo ágil mantêm esse modelo porque precisam entregar seus produtos e serviços, entender e implementar o *feedback* de clientes e ter retorno sobre o investimento. Já as organizações estabelecidas, geralmente funcionando por meio de um processo tradicional de gestão, com ciclos anuais de planejamento, têm o grande desafio de transformar a sua forma de agir para algo com um ciclo mais rápido e alinhado à alta velocidade dos estímulos dos concorrentes e das necessidades e exigências dos clientes. A inovação aberta se torna, portanto, uma maneira de aproximar a estrutura e as estratégias das *startups* das grandes empresas.

A visão ampla e revolucionária, tão necessária nesse processo, exige colaboração do ambiente externo para promover novas conexões e ampliar as possibilidades. De acordo com Henry Chesbrough,[19] a inovação aberta estimula o processo criativo dentro das empresas, utilizando-se de uma nova estratégia em que o desenvolvimento não é mais feito apenas pelo pessoal interno da organização, podendo também receber a colaboração de elementos externos, no sentido de ajudar a criar soluções.

---

[19] Henry Chesbrough. *Open Innovation: the new imperative for creating and profting from techonology*. Brighton: Harvard Business School Press, 2006.

Cultura organizacional e o seu papel no alinhamento empresarial para enfrentar novos desafios e ampliar horizontes

Quando se fala em inovação organizacional, é preciso dizer que a cultura da empresa é o centro da estratégia. Como já abordado anteriormente, a cultura da organização precisa mudar, tornar-se mais ágil, para seguir cumprindo seu papel no alinhamento organizacional, enfrentar novos desafios e ampliar horizontes, tendo a inovação como base para as mudanças exigidas nos novos tempos.

Na maioria das vezes, o primeiro passo para inovar é mudar o *mindset* da alta gestão, ajudando os executivos a deixarem de lado a velha cultura, que já não traz as soluções necessárias, e a investirem na construção de um modo de pensar mais ágil. A partir daí, é preciso motivar e convidar os colaboradores a fazerem parte desse processo. Enfim, a inovação precisa passar a fazer parte, o quanto antes, da cultura da empresa, ou seja, ser profundamente repensada e ajustada à realidade de um mundo que, cada vez mais, exige inovação.

É necessário moldar a cultura da empresa para a inovação organizacional, para começar a enxergar oportunidades e navegar nas mudanças. Para isso, há alguns requisitos primordiais:

→ **Clareza e alinhamento em relação à inovação:** a equipe deve estar alinhada aos propósitos da empresa no que diz respeito a uma definição do termo "inovação organizacional". Esse entendimento, somado aos seus indicadores de sucesso, é um ótimo começo para alinhar os pontos de vista. Inovação não é apenas criar novas ideias; para compreender isso, as pessoas precisam de estrutura e de uma linguagem que todos conheçam.

→ **Segurança psicológica:** é preciso perceber de forma realista como o fracasso, ou a falha, é recebido pelas pessoas da empresa. Uma cultura de culpa, vergonha e punição inibe a inovação, pois as pessoas não se sentem confortáveis para expor suas ideias e opiniões.

→ **Incentivar o diálogo:** de forma transparente e aberta, as pessoas devem ficar à vontade para trocar ideias. É um estímulo que reforça os comportamentos necessários à inovação organizacional.

→ **Ir além das suposições:** é preciso deixar de seguir as regras não faladas e não determinadas que fazem parte da rotina. Desafiar suposições e regras que ficaram estabelecidas ao longo do tempo.

→ **Diversificar:** uma equipe diversificada amplia a capacidade da inovação organizacional, em função do conjunto variado de experiências, origens e perspectivas.

É importante entender que, no movimento de inovar o ambiente, a capacitação constante e o redesenho de processos são elementos-chave da inovação organizacional. Entretanto, é a cultura organizacional que tem um papel determinante no alinhamento empresarial para enfrentar novos desafios, ampliar horizontes e se preparar para os novos tempos, estruturados na busca da agilidade.

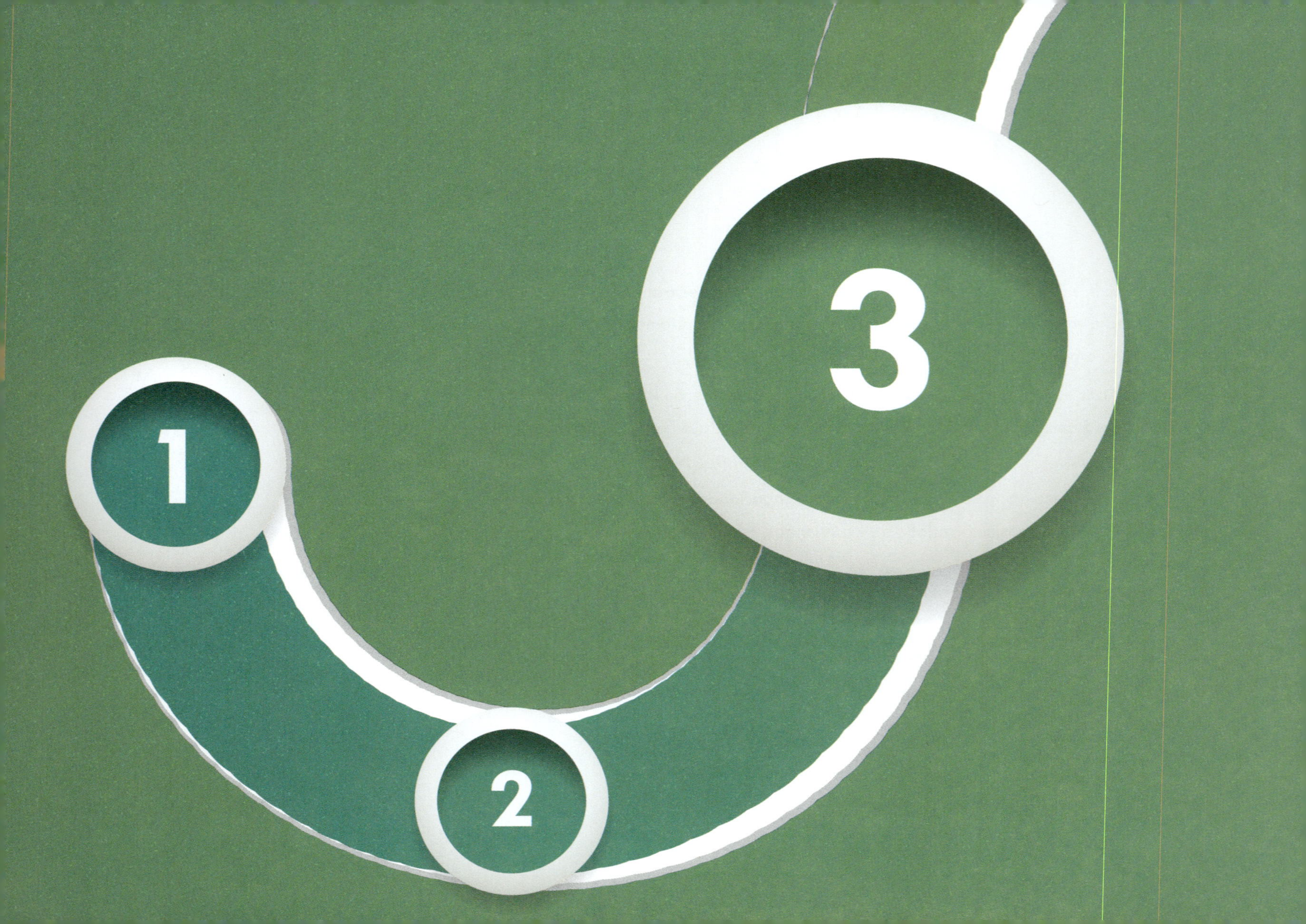
1
2
3

O líder e o time na jornada ágil

A transformação digital trouxe um cenário que exige o desenvolvimento de novas competências e atitudes por parte de todos os profissionais, seja qual for a posição ocupem nos processos. O novo perfil ágil das organizações pede, em especial, um novo perfil de líderes. Faz-se urgente uma adequação de toda a liderança aos novos padrões, e é dentro desse contexto que surge a ideia da liderança ágil e inovadora.

Também é natural que tanta transformação cause certa ansiedade e preocupação nos integrantes do time, e o que se espera é que esse líder saiba administrar mudanças, definir caminhos e ajudar a equipe a evoluir. Portanto, é importante ter foco nas pessoas, entendendo melhor suas dores e preocupações, e estimular um ambiente de autonomia e colaboração mais propício para que novas ideias fluam e as pessoas se desenvolvam.

Para acompanhar o dinamismo do momento atual, os líderes precisam buscar conhecimentos que os ajudem a desenvolver as competências demandadas atualmente, como criatividade, capacidade de resolução de problemas complexos, empatia e colaboração. É preciso ser um líder focado em pessoas, prioritariamente. Adquirir tais habilidades auxilia a prosperar nos novos tempos, bem como a sobreviver a mudanças mais radicais, reduzindo os efeitos de seus impactos. A liderança precisa manter o olhar no futuro, enquanto desafia os processos vigentes e identifica oportunidades de melhoria.

A liderança ágil

Em um cenário de grandes transformações, os maiores desafios das posições de liderança são engajar pessoas, tomar decisões rapidamente, ter estabilidade emocional para resistir às crises e criar estratégias para obter resultados além dos usuais. Nesse contexto, a agilidade se mostra uma característica fundamental.

O novo líder é ágil, capaz de tomar decisões com base em dados existentes, estimula a colaboração e desperta um propósito maior no time, gerenciando as possibilidades de erros e assumindo os eventuais riscos. Capta as tendências, aposta na mudança e estimula as pessoas a gerarem ideias e pô-las em prática. Líderes ágeis não têm medo de arriscar porque acreditam que resultados ruins, quando ocorrem, são oportunidades de aprendizado para todos.

Cabe à liderança atual agir de forma transparente, com responsabilidade social e ambiental, impactando de forma positiva a vida das pessoas para transformar o mundo num lugar melhor para todos.

Nesse ambiente fugaz e altamente exigente, é preciso que o líder se mantenha sempre disposto ao aprendizado, tendo em mente que a aprendizagem é um processo contínuo, também chamado de *lifelong learning*, como já apresentamos — um aprendizado alcançado por meio de diferentes experiências profissionais e pessoais, aliadas à busca por novos conteúdos, que podem estar ancorados na educação, formal ou não.

A busca por conhecimentos adequados ao momento proporciona ao líder a habilidade necessária para acompanhar o dinamismo das exigências dos clientes, lidar com desafios e mudanças, além de promover uma atualização necessária de sua base de informações e habilidades para transitar nessa nova realidade, muitas vezes tão diferente daquela que ele conhecia até então. Algumas dessas características estão postas a seguir.

Inovador

O líder ágil conhece o mercado em que atua e se antecipa à concorrência. É disruptivo, inquieto e não se conforma com padrões consolidados. Busca ter mais autonomia para quebrar paradigmas e ajudar a desenhar o futuro. Permanece aberto às inovações, porque sabe que o sucesso futuro só pode ser alcançado com uma mentalidade que não se apegue a velhos modelos de negócio, mas, sim, que se adapte às novas características do mercado e do cliente.

Data driven

O líder ágil tem uma mentalidade de gestão *data driven*, que significa ter por padrão o uso dos dados disponíveis como elementos de base para tomadas de decisão mais seguras. Assim, consegue transformar informação em conhecimento e se baseia em fatos e dados, unindo razão e intuição, para tomar decisões melhores, com maior clareza de suas metas e objetivos.

A liderança ágil favorece a flexibilidade cognitiva, que permite fazer novas conexões e mudar rapidamente o caminho, caso surjam novos dados que impactem ou inviabilizem uma decisão anterior.

Lean

O líder ágil identifica e implementa oportunidades de melhoria nos processos, para torná-los mais simples, ágeis, eficientes e responsáveis, com o menor impacto negativo possível para a sociedade e o meio ambiente. Seu maior foco está em resolver, de forma rápida e simplificada, as dores e necessidades dos clientes internos e externos, criando maior valor para a organização.

Autoconsciente

Para liderar um time, é necessário antes, saber liderar a si mesmo. Para ser um líder ágil e inovador, é preciso conhecer profundamente a si próprio, ser autoconsciente e ter autoliderança, para então inspirar e engajar o time.

O líder ágil conhece bem seu propósito e seus objetivos, suas forças e oportunidades, e tem consciência e domínio sobre si mesmo.

O líder inovador

Embora criatividade e inovação sejam temas interligados, ser um líder inovador vai muito além de apenas ter pensamentos criativos. A revolução tecnológica que vem transformando a sociedade e o mundo dos negócios criou uma realidade em que o líder é exigido de maneira totalmente diferente do que era usual.

As transformações digitais deram origem a novos desafios, obrigando os líderes a abandonarem padrões antigos e instigando-os a pensar em soluções cada vez mais ousadas. A tendência é que mudanças ainda mais significativas sigam ocorrendo no mundo nos próximos anos. O que nos leva a compreender o porquê de criatividade e inovação serem cotadas como habilidades muito relevantes de um líder daqui para frente.

Liderança inovadora é um estilo que se baseia em "pensar fora da caixa", e a sua postura está diretamente alinhada a conceitos ligados à inovação, à habilidade de perceber mudanças e antecipar estratégias, a correr riscos a partir de pontos de vista diferenciados e mais ousados – tudo isso diretamente em conjunto com a aplicação de novas tecnologias, a valorização do capital humano e o uso da intuição além da razão.

Experimentação é uma particularidade encontrada em líderes inovadores, que buscam criar soluções que ainda não estão à disposição no mercado. A criação de demandas era uma das principais características de Steve Jobs, fundador da Apple. Ele era um líder ágil, criativo e inovador, que via sempre novas formas de criar produtos que fossem desejados pelas pessoas. Jobs também era especialista em despertar o lado da inovação em seus colaboradores – afinal, boas lideranças criativas têm como prioridade promover o pensamento inovador e, ao mesmo tempo, estimular o ambiente cooperativo, desconstruindo padrões e oferecendo soluções diferenciadas e disruptivas.

Líderes inovadores estão preparados para enfrentar a revolução digital de maneira sustentável, pois apresentam características essenciais para acompanhar e promover o crescimento exponencial de seus negócios. São líderes focados em pessoas, têm empatia, levam o lado humano de sua equipe em consideração, sabem ouvir seus colaboradores e procuram entender os pontos de vista de todos. Além disso, aceitam assumir riscos controlados e entendem que, muitas vezes, é preciso uma mudança disruptiva para que se possa avançar com a inovação. São fortes agentes de mudança, desenvolvem e realizam ideias inovadoras que visam melhorar o mundo por meio da atuação em suas empresas.

Esses líderes incentivam a coragem e a ousadia de seus colaboradores. Fomentam a criatividade, o que gera mais oportunidades de crescimento para todos.

A inovação surge com uma série de pequenas ideias criativas, em geral originadas nas possibilidades e necessidades que ainda não foram atendidas. Onde a equipe pode enxergar problemas, a liderança inovadora e criativa percebe potencial de evolução.

É normal as pessoas terem ideias, até mesmo aquelas que não se consideram criativas, mas poucas sabem como fortalecer a criatividade. Cabe ao líder dos novos tempos encorajar que as pessoas ao seu redor pratiquem essa habilidade. Isso pode ser trabalhado de muitas formas em uma organização: por meio de mapas mentais,[20] *brainstorms*, reuniões des-

---

[20] Mapa mental, ou mapa da mente, é um tipo de diagrama desenvolvido pelo psicólogo inglês Tony Buzan (1942-2019).

contraídas. O fato é que a liderança precisa fomentar e encorajar o pensamento criativo entre os membros da equipe. Esse exercício não deve ser feito apenas no ambiente de trabalho, mas também na vida pessoal.

Saber se adiantar no futuro e se arriscar nas mudanças cria uma nova visão da realidade. E quando mudamos a percepção das pessoas sobre o que pode ser realizado ou alcançado, contribuímos para que as grandes inovações aconteçam.

Os líderes inovadores são:

Criativos

Na atual realidade de mercado, a capacidade das equipes de resolver um problema enfrentado pelo cliente depende de soluções que nem sempre estão prontas. Por isso, o sucesso por trás de uma solução, muitas vezes, só pode ser alcançado com um bom olhar de criatividade.

Com a compreensão de que a inovação não é feita só de tecnologia, o líder ágil sempre busca usar a criatividade para resolver os problemas que surgem. Ele estimula um ambiente criativo, para que o time possa gerar ideias e colocá-las em prática, sem ter medo de arriscar. Conhece a importância de prototipar e utiliza ciclos curtos para testar, errar e aprender com as falhas.

Catalisadores

Os líderes inovadores se envolvem constantemente com a equipe, conhecem bem o seu time e empoderam os colaboradores. Estão sempre de olho em tudo o que acontece dentro da empresa e buscam engajar os colaboradores em todas as suas ações, tentando obter o máximo de cada um. Eles agem como um catalisador, isto é, têm atitudes que potencializam a força da equipe e aceleram as ações e os resultados.

Desenvolvem times multidisciplinares, oferecendo desafios e oportunidades para que todos cresçam. Estão sempre abertos a receber opiniões de pessoas com habilidades, perfis, experiências e culturas diferentes das suas, de modo a enriquecer sua base de informações e alimentar novas estratégias, bem como as experiências de todos da equipe.

Um líder ágil e inovador se envolve constantemente com todas as áreas da empresa, colhendo informações e subsídios úteis, desde os níveis mais básicos até a alta administração. Sabe ouvir, dar e receber *feedbacks*, e constrói redes de relacionamentos para trocar experiências e aprendizados.

O líder ágil promove um ambiente de confiança e seguro, no qual o time se sente estimulado a colaborar, despertando para um propósito maior. Sabe que os problemas complexos são resolvidos de forma mais rápida e efetiva com colaboração, empatia e criatividade, e usa isso com maestria para comunicar-se e agir de forma clara e objetiva.

O líder exponencial

Quando falamos no casamento entre liderança e tecnologia no mundo dos negócios, precisamos pensar em dois aspectos importantes, especialmente desejáveis no perfil de um líder exponencial[21]: o tecnológico e o futurista.

Tecnológico

A tecnologia é o motor da transformação digital. Com essa transformação, vem um novo desafio para os líderes: ter um bom conhecimento sobre o uso das novas tecnologias e se manter atualizado sobre as novidades nessa área. O líder de hoje precisa ser dinâmico, estar sempre atento às atualizações e conhecer as principais tendências digitais, além de saber fazer bom uso de dispositivos móveis e outros recursos que facilitem a coleta e a análise de informações, e também a comunicação com sua equipe e outros gestores. Para exercer plenamente a liderança, cabe ao profissional utilizar todos os recursos tecnológicos possíveis para o processamento de dados, o controle e a verificação dos processos, além de prover sua equipe com os *feedbacks* necessários para o alinhamento das ações individuais e do time.

O domínio sobre a tecnologia também é fundamental para que o líder possa estar mais próximo da realidade dos colaboradores e das necessidades deles, passar informações sobre os trabalhos em execução e fornecer *feedbacks* sobre o que já foi realizado.

Futurista

Olhar com tranquilidade e entusiasmo para o futuro. Essa é uma das características principais necessárias a quem ocupa o papel de liderança em um mundo ágil. É preciso estar ligado no amanhã e ter a capacidade de navegar em um tempo incerto que ainda virá.

Nesse contexto, compete ao líder exponencial aprender a transformar o momento presente em antecipações do futuro, de forma consciente. É ele quem deve criar as condições para que se possa construir um futuro melhor para a empresa. É esse líder quem deve imaginar novas formas de atuar e antecipar tendências para ganhar novos mercados, e fazer uso de práticas de previsão estratégica e planejamento de cenários no lugar do planejamento tradicional de negócios.

A principal característica de um líder futurista é pensar novas possibilidades para as oportunidades que o futuro reserva. Com uma visão otimista e inovadora, é ele que ajuda a tornar a organização mais resiliente – afinal, quando temos um pensamento futu-

---

[21] Lisa Kay Solomon. How the Most Successful Leaders Will Thrive in an Exponential World, *SingularityHub*, 11 jan. 2017. Disponível em: https://singularityhub.com/2017/01/11/how-the-most-successful-leaders-will-thrive-in-an-exponential-world/#sm.000qsd3an8l3eit10z01agh3vftgm. Acesso em: 12 jan. 2021.

rista, passamos a olhar novas possibilidades e a construir negócios mais flexíveis, capazes de se adaptar a diferentes realidades que se apresentem.

Líderes futuristas não pensam de modo linear e estão habituados a realizar ações incrementais contínuas, que ajustam os processos gradativamente, de acordo com as condições postas. Isso faz com que eles consigam lidar com o futuro de maneira mais confortável.

De acordo com Lisa Kay Solomon, líder futurista é, antes de tudo, um visionário imaginativo. Essa é a postura que o leva a reunir informações que tornem viável imaginar cenários possíveis e preparar a empresa para as mudanças que possam vir a ocorrer. O líder dos novos tempos olha para o amanhã com otimismo e com aceitação dos riscos, com determinação para aproveitar todas as chances que surgirem, buscando sempre soluções para os eventuais desafios e desbravando novas frentes de atuação e novos mercados.

Líderes futuristas são questionadores e, até mesmo, revolucionários, inconformados por natureza. São disciplinados para desafiar sempre o status quo e buscar inovações que levem a uma nova realidade organizacional. Estão sempre de olho nas tendências externas, na evolução do mercado, e consideram as diversas perspectivas que se apresentam, sempre projetando o futuro, antes mesmo que todos os dados necessários estejam disponíveis.

Para lidar com tantas possibilidades, ao pensar em um futuro tão incerto, um líder futurista deve, antes de tudo, ser flexível para mudar o rumo dos negócios e processos quando necessário, para procurar garantir que as metas continuem a ser atingidas e os objetivos da empresa, concretizados.

Líder *data driven*

Outro aspecto que se destaca nesse contexto, conforme já mencionamos, é o da liderança pautada em dados. Essa é outra característica do papel do líder para a qual a tecnologia se mostra extremamente útil.

É por meio da tecnologia que se torna possível coletar e analisar grandes massas de informação, gerando todo o material de base para tomadas de decisão mais acertadas, mais precisas e com maior segurança.

Porém, ainda é preciso ajustar a cultura organizacional, em muitos casos, para que se possa fazer uso da tecnologia de dados por gestores e líderes. Afinal, por mais que se saiba da importância da coleta e análise de informações, algumas organizações ainda têm dificuldades de entender como agir para conseguir os melhores resultados a partir de uma tomada de decisão baseada em dados. Nesse aspecto, a cultura organizacional é um dos principais pontos de resistência para que as mudanças necessárias aconteçam nas empresas.

Em uma empresa tradicional, que ainda não passou pela transformação digital ou não implementou suficientes ferramentas tecnológicas, a gestão, muitas vezes, é realizada, praticamente, conforme o instinto dos diretores e demais gerentes. E acontece de estes não conseguirem visualizar o valor de uma estratégia desenhada a partir de dados.

É preciso ter claro e valorizar o fato de que qualquer interação entre a organização e os clientes gera dados que podem, e devem, ser usados para preparar a empresa, seus produtos e serviços no sentido de atender ainda melhor o cliente nas próximas vezes. Ou seja, é fundamental que as empresas passem a basear, cada vez mais, suas decisões em dados – e que se habituem a utilizar as mais diversas ferramentas para coletar e analisar informações acerca dos seus clientes, do seu mercado de atuação e dos seus concorrentes.

> **Os grandes benefícios de se criar uma cultura organizacional baseada em dados são: aumento de agilidade nos processos, maior foco no cliente, melhor competitividade e minimização de custos.**

O modelo tradicional de gerenciamento e decisão baseado apenas na intuição dos gestores já não é mais tão efetivo em um ambiente altamente competitivo. Por isso, recomenda-se evoluir para uma cultura e uma liderança que se baseiem em dados, trazendo mais elementos de precisão para as decisões e para a escolha dos caminhos da empresa.

Quando se tem uma liderança apoiada em dados, é muito mais fácil perceber oportunidades e riscos no mercado, o que proporciona maior agilidade para reação. É possível coletar, analisar e entender melhor as demandas dos consumidores. Fica mais simples e seguro perceber situações que possam vir a ocorrer no mercado e afetar os negócios da empresa. Finalmente, com a possibilidade de decisões mais assertivas serem tomadas, os gastos da empresa tendem a diminuir.

Líder *lean*

O líder ágil é simples – é *lean*. Busca constantemente revisar e implementar melhorias nos processos em que atua, para torná-los mais simples, ágeis, eficientes e responsáveis. É um facilitador para o time. Remove obstáculos e ajuda a gerenciar conflitos.

O líder ágil ainda ajuda o time a desenvolver um olhar voltado ao impacto na sociedade e à busca por sustentabilidade, que compreende não só o aspecto ambiental, mas também as questões sociais, econômicas e culturais.

A sustentabilidade deve ser considerada como um pilar essencial da inovação e da melhoria de processos, totalmente conectada com a estratégia da organização e com a sociedade da qual faz parte.

O líder que compreende, integra e põe em prática os conceitos de sustentabilidade faz a diferença não somente nas suas atividades, mas também para a sua organização e para a sociedade em geral.

A abordagem correta da sustentabilidade possibilita ao líder a criação de valor para a sua empresa, com a valorização da marca, redução de riscos e melhor imagem perante acionistas, colaboradores e clientes.

A liderança inovadora está sempre atenta ao excesso de informações e se livra do que não agrega valor — é adepta do conceito de que "menos é mais" e, assim, motiva seus times a fazerem o melhor e gerarem resultados superiores com a utilização inteligente dos recursos.

Líder autoconsciente

Ser autoconsciente é ter uma percepção clara sobre si, seu propósito e seus objetivos, suas forças e oportunidades. Saber lidar com as próprias emoções e ter estabilidade emocional se mostram como requisito fundamental para sobreviver às mudanças.

Ao mesmo tempo, o líder precisa ser consciente de que não é perfeito e ter a humildade para reconhecer suas fraquezas e continuar investindo em seu desenvolvimento, pessoal e profissional, para superá-las.

É recomendável que esse líder desenvolva uma mentalidade de crescimento constante e de contribuição efetiva para com sua equipe. Líderes ágeis nunca estão satisfeitos com o que sabem; eles enxergam erros e falhas como oportunidades para crescer e se desenvolver, e têm a mentalidade de levar a empresa e a equipe consigo nesse processo de evolução. Compreendem e aceitam que falhar faz parte do processo de aprendizagem e fazem disso um elemento a mais de motivação própria e de sua equipe.

Existem vários caminhos para desenvolver a autoconsciência, mas vamos destacar aqui algumas práticas que podem auxiliar nessa jornada.

Investir em autoconhecimento

O autoconhecimento é um dos princípios básicos de liderança. O modo como um líder se expressa e se comporta afeta diretamente, positiva ou negativamente, as pessoas ao seu redor. Por isso, é fundamental que o líder faça um trabalho de autoconhecimento e descubra quais são suas principais características e como elas podem ajudar em sua estratégia de liderança.

O autoconhecimento é a capacidade de percepção sobre si mesmo, perante o mundo, nas relações sociais e nas atividades do dia a dia. É ter consciência de como suas características se destacam e como isso afeta suas tarefas e a percepção que os outros têm de você. Portanto, o autoconhecimento é também o ponto de partida para a melhoria de suas habilidades pessoais, profissionais e, principalmente, de liderança. Afinal, um bom líder sempre deve ser capaz de refletir sobre suas ações e sobre como elas irão afetar a equipe no dia a dia.

O autoconhecimento é essencial para a construção de uma boa liderança. É a peça-chave na capacidade de trabalhar com as potencialidades de cada profissional da equipe para que consigam chegar aos resultados esperados.

É o ponto de partida para a saúde mental e o bem-estar pessoal de qualquer ser humano. Porém, ele não faz bem apenas ao indivíduo enquanto pessoa física. Saber identificar e trabalhar os próprios pontos fortes e fracos é uma característica fundamental também dos líderes de alto desempenho. Para quem exerce papel de liderança em empresas e organizações, o autoconhecimento é tão determinante quanto a capacitação técnica exigida para o cargo.

Ter mais foco e concentração

As relações no mundo ficaram diferentes e continuam a mudar de modo cada vez mais acelerado. Todas as vezes que as relações mudam, a situação pede novos tipos de líderes, que investem tempo conhecendo melhor a si mesmos, porque sabem que sempre há o que melhorar. Eles não negligenciam aspectos importantes da própria vida e buscam constantemente pelas experiências necessárias para desenvolver habilidades essenciais, como autocontrole, autoconfiança, flexibilidade, empatia, humildade e construção de relacionamentos saudáveis.

Para construir essas habilidades e moldar novas atitudes, existem várias maneiras e diversos métodos. Entre eles, está a prática da atenção plena, ou *mindfulness*.[22]

Mindfulness tem origem no budismo há, pelo menos, 2.500 anos. Sob o nome de *sati*, na língua pali (uma prima do sânscrito), foi traduzido como *mindfulness*, mas nem todos concordam com essa tradução. Em meados dos anos 1970, o professor Jon Kabat-Zinn, da Universidade de Massachusetts, adaptou

---

[22] Mark Williams e Danny Penman. *Atenção Plena: mindfulness – como encontrar a paz em mundo frenético*. Rio de Janeiro: Sextante, 2015.

o conceito ampliando a sua aplicação para além do budismo e trazendo-o para dentro das universidades e empresas. Atualmente, o termo tem sido aplicado em diferentes contextos e realidades.

O *mindfulness* envolve diversas práticas, das quais três são consideradas como principais:

- ✓ **Estabilizar a mente:** é manter a atenção com foco. Buscar se concentrar diante das distrações que vêm de fora ou que nascem dentro de nós mesmos.
- ✓ **Aquecer o coração:** significa ser capaz de manter uma boa estima por outras pessoas, independentemente do comportamento que apresentem.
- ✓ **Descansar na plenitude:** é a prática de se sentir satisfeito com o que você já tem.

O *mindfulness*, ou atenção plena, é uma força que podemos desenvolver e que nos ajuda a adquirir habilidades desejáveis. Embora seja uma ferramenta de grande poder e resultados, o *mindfulness* é muito simples. Trata-se de praticar a percepção sustentada do momento presente. Com ela, aprende-se a se ancorar no momento presente, com a atenção concentrada naquilo que está fazendo, mas ao mesmo tempo mantendo a mente aberta e consciente de tudo o que se passa.

À medida que as pessoas desenvolvem a prática do *mindfulness*, elas se tornam mais conscientes de seu próprio ser, aprofundam-se no autoconhecimento e abrem possibilidades de se desenvolver nas mais diversas frentes de seu interesse.

Para muitas pessoas, concentrar-se em uma determinada atividade é um desafio, sobretudo nestes tempos com tantas interferências, como internet, celular, telefone, pessoas ao redor conversando e tantos outros fatores e distrações que nos tiram o foco. Como consequência, as pessoas mantêm suas mentes inquietas e frustradas, o que resulta ainda em uma produtividade bem baixa, gerando atrasos e até mesmo desistências dos objetivos almejados.

Em contrapartida, com o uso do *mindfulness*, é possível ter um grupo de pessoas que se especializam cada vez mais em um processo de manter-se totalmente focadas em suas atividades, não importando o que esteja acontecendo ao redor. São pessoas que conseguem atingir o que se chama de "estado de *flow*".

O conceito de *flow*, desenvolvido pelo psicólogo húngaro Mihaly Csikszentmihalyi,[23] é um termo que designa um estado em que o corpo e a mente fluem em perfeita harmonia, sintonizados com o objetivo a ser alcançado, de tal

---

[23] Mihaly Csikszentmihalyi. *Flow: the Psychology of optimal experience*. Nova York: Harper Perennial, 2008.

maneira que todas as nossas habilidades são usadas ao máximo para desempenhar as funções a que estamos nos dedicando. Em termos práticos, podemos dizer que alguém está em estado de *flow* quando fica tão entretido e imerso fazendo alguma atividade, que simplesmente não vê o tempo passar.

O estado de *flow* é um período em que o indivíduo experimenta uma enorme satisfação, de tal modo que suas atividades são realizadas com maior fluidez. No estado de *flow*, a pessoa esquece o mundo exterior, focando toda sua atenção e concentração no "aqui e agora", naquilo que está fazendo. Consequentemente, quando uma pessoa está nesse estado, consegue apresentar os melhores resultados possíveis, porque seu corpo e sua mente estão completamente integrados e imersos naquela atividade, realizando sua tarefa com foco, concentração e segurança.

Existem algumas características bem claras que indicam que uma pessoa alcançou o estado de *flow*. São elas:

- Motivação alta natural, o que produz um fluxo contínuo de satisfação e incentivo, em que o trabalho realizado se torna a própria recompensa.
- Grande clareza interior, em que a pessoa simplesmente sabe o que precisa ser feito e como fazê-lo da melhor forma.
- Consciência de que a atividade é realizável e que suas habilidades são adequadas e suficientes para executar a tarefa.
- Sensação de estar completamente envolvida no que está fazendo. Ela se sente focada, concentrada.
- Senso de serenidade, sem preocupações sobre coisa alguma e um grande sentimento de plenitude.
- Sentimento de distorção do tempo, pelo qual as horas parecem passar em minutos.
- Sentimento de êxtase, de estar fora da realidade do dia a dia.

Embora o estado de *flow* tenha uma conotação de algo pessoal e individual, é importante compreender que também é possível alcançar esse estado em equipe, uma vez que o ambiente de trabalho e as relações entre os colaboradores são fatores que podem ser trabalhados com esse objetivo. Dessa maneira, é possível melhorar sua produtividade.

Alcançar estabilidade emocional

Saber alcançar a estabilidade emocional é uma habilidade decisiva para os líderes destes novos tempos. Com o equilíbrio emocional, é possível encontrar formas de controlar emoções e impulsos, permanecer tranquilo e de mente limpa, mesmo em situações de grande estresse ou durante as crises. Ter equilíbrio emocional é manter as próprias emoções sob controle e conseguir objetividade nas mais diversas situações e desafios.

Um descontrole emocional sabota a habilidade do profissional de tomar boas decisões e de ter reações coerentes com a necessidade da situação. Em termos de liderança, a relação entre o gestor e sua equipe demanda a sensibilidade do líder para perceber o estilo de trabalho de cada pessoa e usar isso como elemento motivador para o melhor desempenho delas. Daí a necessidade de o gestor ser consciente de seu papel como líder, atuando com o objetivo de motivar os membros da equipe e gerar resultados.

Outro ponto a considerar é que as emoções também são passadas dos líderes para os integrantes do time, de tal forma que, quando um líder está com um temperamento positivo, o grupo absorve essa qualidade e passa a funcionar melhor. A contrapartida também é verdadeira: o temperamento negativo de um líder faz com que os membros da equipe percam o entusiasmo e seus resultados se tornem menores, ou piores, do que poderiam ser.

Em resumo, o modo como o líder se expressa e como ele é visto pelos demais determina como serão os resultados de sua equipe. É por essa razão que o desenvolvimento da liderança envolve, acima de tudo, o autoconhecimento do líder e o aprendizado constante sobre seu próprio comportamento no dia a dia do seu time.

Entre as características dos melhores líderes que mais se destacam, está a habilidade de manter-se calmo e controlado e, em uma crise, ser capaz de administrar as próprias emoções e criar segurança para a equipe. Para tanto, é necessário investir no desenvolvimento de seu equilíbrio emocional.

O líder precisa ser capaz de perceber quando estiver começando a perder o controle e, então, intervir de modo a não se deixar dominar por emoções que causem inseguranças e incertezas entre os membros de sua equipe. A melhor forma de fortalecer sua habilidade de administrar suas emoções vem de implementar o autoconhecimento.

Uma boa dose de autoconhecimento e a aplicação de algumas técnicas específicas ajudam a equilibrar as emoções e a conseguir maior rendimento e mais satisfação pessoal, fortalecendo a atuação do líder frente à equipe. Vamos ver um pouco mais sobre isso.

Ser um eterno aprendiz

O líder ágil e inovador é, obviamente, um *lifelong learner*. Aprende rápido e está sempre atualizado nos métodos, ferramentas e informações. Tem consciência da sua necessidade constante de evolução, de tal modo que usa o *mindset* de crescimento para continuar a estudar, aprender e se desenvolver. Ele entende que é necessário sempre buscar renovação, pois, com a velocidade das mudanças, o especialista de hoje pode ser o profissional despreparado e desatualizado de amanhã.

A abertura para aprender com todos é uma das características do novo líder e, por isso mesmo, ele ouve cada um de seus colaboradores com atenção e interesse genuíno. Consciente da importância de estar constantemente atualizado, nunca deixa de estudar, aprender e se aprimorar. Absorve novidades rapidamente e está sempre se informando sobre métodos e ferramentas relevantes.

Ao alcançar um bom nível de autoconhecimento, o líder se capacita também a identificar os pontos fortes e fracos de cada membro de sua equipe – outro passo essencial no cotidiano do trabalho de liderança. A partir daí, será possível traçar estratégias para melhor explorar as virtudes de cada profissional de seu time, oferecendo também aos seus comandados a possibilidade de desenvolvimento em todos os aspectos em que sentirem que precisam melhorar.

Seja na vida pessoal, seja na área profissional, as lições que se apresentam no dia a dia precisam ser aproveitadas para a construção de novas habilidades e novas capacitações, além de incentivos para a busca de um maior nível de autoconhecimento. Na trilha do conhecimento de si mesmo, vêm junto o aumento da autoestima e melhores condições para que o indivíduo se desenvolva e se capacite para exercer o papel que dele se espera em todas as frentes de sua vida.

O diagrama L.A.I.D.E.

Conhecer melhor suas forças e *gaps* é fundamental para que o líder se mostre ágil e consiga navegar neste cenário de constantes mudanças.

O diagrama L.A.I.D.E. tem esse nome por ser formado pelas iniciais dos temas referentes aos líderes abordados nele, que são *Lean*, Autoconsciência, Inovação, *Data Driven* e Exponencial. O diagrama auxilia o processo de autorreflexão no aprimoramento do plano de desenvolvimento individual e na construção de uma jornada de aprendizado mais assertiva.

L.A.I.D.E.

LEAN

O LÍDER ÁGIL É... — SIM OU NÃO

- Tenho foco total em resolver dores e necessidades dos clientes internos e externos
- Sou atento ao excesso de informação e me livro do que não agrega valor.
- Sou um facilitador para o time e removo obstáculos, ajudando a gerenciar conflitos.
- Identifico e implemento oportunidades de melhoria nos processos e atividades dos quais participo, para torná-los mais simples, ágeis, eficientes e responsáveis (com o menor impacto negativo possível para a sociedade e o meio ambiente).
- Possuo visão estratégica para entender os valores da empresa e os objetivos futuros para engajar meu time.

TOTAL DE RESPOSTAS SIM: _____

AUTOCONSCIENTE

O LÍDER ÁGIL É... — SIM OU NÃO

- Conheço os métodos e as ferramentas importantes para as minhas atividades.
- Conheço minhas habilidades, meu propósito, meus objetivos, minhas forças e oportunidades.
- Tenho um plano claro de desenvolvimento e executo de verdade este plano.
- Eu lido bem com as mudanças e sou resiliente, com estabilidade emocional para sobreviver melhor às mudanças e sair mais fortalecido delas.
- Continuo a me desenvolver e estou sempre atualizado sobre métodos, ferramentas e informações relevantes para o mercado ou setor em que atuo.

TOTAL DE RESPOSTAS SIM: _____

INOVADOR

O LÍDER ÁGIL É... — SIM OU NÃO

- Conheço o cliente, suas dores, medos e ansiedades.
- Construo times multidisciplinares, abraço a diversidade de pensamentos e estou aberto a receber opiniões de pessoas com habilidades, perfis, experiências, culturas e vivências distintas, deixando claro o papel de cada um.
- Estou realmente aberto a receber opiniões de outras pessoas, tenho empatia e foco nas pessoas, entendendo suas dores, medos e ansiedades para propor soluções mais assertivas.
- Dedico tempo a criar um ambiente propício à inovação e executo as minhas ideias ou elas sempre ficam no papel.
- Entendo a importância de prototipar e faço testes em ciclos curtos para aprender rápido com as falhas.

TOTAL DE RESPOSTAS SIM: _____

DATA DRIVEN

O LÍDER ÁGIL É... — SIM OU NÃO

- Tenho clareza das minhas metas e objetivos e recebo sempre as informações importantes para tomar as decisões.
- Tomo decisões baseadas em fatos e dados, e mudo o caminho, sem apego, se surgirem novos dados que impactem a decisão anterior.
- Envolvo o meu time na elaboração do plano de execução da estratégia, pois eles se comprometem mais com o resultado quando participam dos processos e entendem o papel de cada um.
- Utilizo a tecnologia como aliada para planejar e organizar as atividades, tendo cuidado com o excesso de informação para não atrapalhar e confundir a minha decisão.
- Utilizo a flexibilidade cognitiva para fazer novas conexões, desapegar e mudar rapidamente o caminho, se surgirem novos dados que impactem a decisão anterior.

TOTAL DE RESPOSTAS SIM: _____

COMO ANALISAR SUAS RESPOSTAS

EXPONENCIAL

O LÍDER ÁGIL É... — SIM OU NÃO

- Sou protagonista, busco ter autonomia e demonstro atitude empreendedora.
- Identifico e implemento melhorias e não me contento com a rotina ou a normalidade.
- Conheço o mercado, sei o que os concorrentes estão fazendo e antecipo mudanças.
- Tenho um bom conhecimento sobre o uso das novas tecnologias e me mantenho atualizado sobre as novidades no meio tecnológico.
- Conheço os cenários futuros do negócio em que atuo.

TOTAL DE RESPOSTAS SIM:

	QUANTIDADE DE RESPOSTAS SIM	NÍVEL	SUGESTÕES DE JORNADAS PARA O AUTODESENVOLVIMENTO	PÁGINA
LEAN	0 a 2	Inicial	Mapeamento de Processos.	169
	3 a 4	Intermediário	Identificação de Desperdícios; Mapa de Fluxo de Valor; 5 S.	173, 176
	5	Avançado	Evento Kaizen Completo.	160
AUTOCONSCIENTE	0 a 2	Inicial	Jornadas de Autoconhecimento.	80
	3 a 4	Intermediário	Inteligência Emocional; *Flow*.	56, 82
	5	Avançado	*Lifelong Learning*; *Mindfulness*.	52, 81
INOVADOR	0 a 2	Inicial	Kanban; Mapas Mentais.	197, 75
	3 a 4	Intermediário	Modelos de Negócios.	234
	5	Avançado	Scrum; Design Thinking.	272, 203
DATA DRIVEN	0 a 2	Inicial	KPIs; SWOT.	138, 131
	3 a 4	Intermediário	OKR; Mapa de Objetivos Estratégicos.	116, 133
	5	Avançado	Proposta de Valor; Lean Startup.	235, 254
EXPONENCIAL	0 a 2	Inicial	MVP (Produto Mínimo Viável).	259
	3 a 4	Intermediário	Modelos de Negócio.	234
	5	Avançado	Organizações Exponenciais.	302

Para você descobrir qual é o seu perfil, acesse o formulário apontando a câmera do seu celular para o QR Code ao lado ou pelo link:
http://amostras.dvseditora.com.br/jornadaagil/LAIDE.xlsx

Capítulo 3 • O líder e o time na jornada ágil

Os times ágeis

Para acompanhar todo o processo de evolução de empresas e negócios, o modelo mental das pessoas precisa também se adaptar rapidamente. É importante que a empresa adote uma cultura colaborativa, pela qual todos os envolvidos mantenham sua participação ativa e o engajamento dentro da organização. Estamos falando aqui sobre a necessidade de se formarem times ágeis.

Somar esforços é o foco, priorizando sempre a boa comunicação e a colaboração que deve haver dentro dos times e também entre as equipes.

Um time ágil é um grupo de pessoas com a habilidade de receber ou captar uma demanda e, a partir dela, gerar valor real para o cliente de forma antecipada. É formado por profissionais que trabalham sincronizados (de forma presencial ou remota), em rotinas ou projetos internos da empresa, orientados por metodologias ágeis. Normalmente, compõe-se de pessoas de diferentes áreas de conhecimento, selecionadas de acordo com as demandas existentes para cada projeto a ser desenvolvido.

A questão é: sabemos que novos tempos exigem novos líderes, mas o que devemos esperar dos novos times? As mudanças causadas pela transformação digital criaram um perfil de profissionais, com novas características, competências e habilidades. Como isso afeta o trabalho em equipe? O que seriam esses tais times ágeis e como eles são capazes de fazer a diferença de que as empresas precisam para sobreviver e crescer no mundo de hoje em certas situações disruptivas? Vejamos algumas características dessas novas equipes, ajustadas à nossa nova realidade.

> A questão é: sabemos que novos tempos exigem novos líderes, mas o que devemos esperar dos novos times?

Os times ágeis são multidisciplinares

Compostos de profissionais de diferentes áreas do conhecimento, com competências e habilidades que se complementam, os times multidisciplinares unem seus talentos em torno de um objetivo comum, fortalecendo o grupo e entregando resultados melhores.

Uma característica importante dos times multidisciplinares é o envolvimento de colaboradores envolvidos nos projetos de acordo com a necessidade do momento ou da *sprint*.[24]

Os times ágeis têm forte senso de colaboração

A conexão de habilidades e perfis diferentes colabora para uma mistura de experiências e ideias, que proporciona uma solução para os problemas muito mais rica e assertiva. Para que isso aconteça, a interação e a colaboração precisam estar muito presentes no dia a dia de cada integrante do time.

Os times ágeis constroem um ambiente de confiança

Quando os integrantes de um time confiam uns nos outros, a execução das atividades ocorre de forma mais rápida, em um ambiente mais propício para discussão de ideias, aprendizado com as falhas e troca de experiências.

Os times ágeis compartilham o mesmo propósito

A verdadeira colaboração acontece quando os integrantes do time compartilham o mesmo propósito, entendem seu papel e sua responsabilidade. Os times ágeis procuram entender as dores e necessidades do cliente, e sabem claramente o que precisam fazer para atendê-lo.

Os times ágeis cultivam uma comunicação fluida e transparente

A comunicação clara e transparente é de extrema importância para que as decisões e informações cheguem mais rapidamente a todos os membros do time.

Os times ágeis são auto-organizados

É cada vez mais importante que os times trabalhem de forma colaborativa e em um ambiente de confiança, para que tenham autonomia suficiente para realizar suas tarefas. Os times auto-organizados são mais independentes e necessitam de pouca supervisão para resolver os problemas, desestimulando o comando-controle de líderes centralizadores.

---

[24] A sprint representa um ciclo de trabalho em um determinado período, em que algum valor é acrescentado a um produto em desenvolvimento.

Como formar um time ágil

A criação de um time ágil exige muito mais do que simplesmente agrupar pessoas. A base para um trabalho com uma equipe eficiente está no entendimento sobre os profissionais que compõem o time. Olhando por esse ângulo, podemos dizer que grande parte das empresas de hoje precisa de uma mudança cultural, para tornar possível atender a essa demanda. Somente com uma cultura colaborativa é possível o engajamento de todos os envolvidos, gerando a sinergia necessária para a agilidade dos processos. Alguns pontos são especialmente importantes de se considerar:

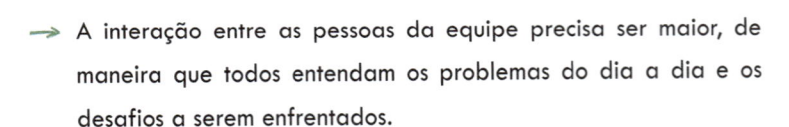

→ A interação entre as pessoas da equipe precisa ser maior, de maneira que todos entendam os problemas do dia a dia e os desafios a serem enfrentados.

→ A principal busca de cada um dos colaboradores deve ser sempre com foco naquilo que é o verdadeiro valor para o cliente.

→ Os colaboradores devem estar dispostos a desenvolver novas entregas, de forma a possibilitar um processo contínuo de criação de valor para o cliente.

→ Líderes e gestores precisam se aprimorar no conhecimento e na prática sobre como estimular os times a serem mais colaborativos.

Uma equipe multidisciplinar ágil é construída sobre duas bases principais: **a colaboração** constante e intensa e uma **comunicação** mais próxima. Vamos falar mais sobre esses dois requisitos, ainda neste capítulo, mas, antes, queremos ressaltar alguns pontos que são cruciais para criar times mais colaborativos.

Deixar claro o papel de cada colaborador

É preciso atenção para não confundir trabalho em equipe com apenas juntar pessoas para uma atividade. O verdadeiro valor de uma equipe ágil está no fato de que cada um faz a sua parte, dentro da sua especialidade, dando o seu melhor, porém sempre em coordenação e harmonia com o trabalho do restante do time. A eficiência de um trabalho coletivo está, primeiro, no entendimento do papel de cada indivíduo, de cada colaborador.

A partir do momento em que fica claro para cada colaborador, e para todos os outros membros do grupo, o que fazer para contribuir, então é possível que todos realizem o trabalho como uma equipe direcionada aos melhores resultados.

Manter os egos sob controle

O ego é popularmente entendido como sendo a imagem que temos de nós mesmos. De um modo geral, é ele que determina nossas ações e reações diante do mundo real.

Quando se trata de trabalhar em equipe, os egos precisam ser mantidos em níveis que facilitem o relacionamento entre as pessoas e permitam a colaboração entre elas, buscando um objetivo comum. A supervalorização do ego de um colaborador pode causar indisposição para executar determinadas ações e tarefas ou mesmo aceitar determinadas orientações.

Disputas de ego em uma equipe costumam desperdiçar energia e tirar o foco daquilo que realmente importa: a colaboração. Em um trabalho em grupo, é comum que as pessoas gastem mais tempo procurando satisfazer seus egos do que buscando resolver o problema em questão – obviamente, essa é uma condição que tem de ser evitada se quisermos estimular a formação de uma equipe ágil.

Promover o conforto psicológico da equipe

As equipes que têm melhor desempenho, isto é, nas quais existe um ambiente mais colaborativo, em geral são aquelas em que as pessoas se sentem confortáveis e seguras para trabalhar.

São ambientes em que:

- Os colaboradores não se sentem constrangidos ou ameaçados quando cometem algum tipo de falha. Em um time, nenhum indivíduo por si só é responsável pelo sucesso ou pelo fracasso da equipe ou de algum projeto, porque ninguém atua sozinho.
- Os colaboradores sabem que, se precisarem de ajuda, podem contar com os outros integrantes do grupo e com sua liderança técnica.
- Os colaboradores se sentem seguros para ser eles mesmos e oferecer ao grupo a melhor versão do seu desempenho. Ou seja, não se constrangem ao entrar com total entrega pessoal no trabalho a ser executado.
- Os colaboradores têm a liberdade de se expressar, pois não se sentem ameaçados quando expõem suas ideias nem têm receio de que suas ideias possam soar absurdas.

Em última análise, podemos dizer que formar um time multidisciplinar ágil se assemelha a trabalhar com equipes esportivas que, além do treino diário de preparação, ainda precisam enfrentar coletivamente os desafios, as surpresas e as dificuldades próprias dos jogos que disputarão.

O trabalho em uma equipe ágil estimula as pessoas a ouvirem umas às outras, as encoraja a serem autênticas e a responderem adequadamente aos pontos de vista divergentes. O time se mostra e se posiciona como um ponto de apoio a cada colaborador, reconhecendo e respeitando os interesses de cada um e da equipe como um todo, servindo de apoio para que todos desempenhem seus papéis e desenvolvam suas habilidades.

Empatia e colaboração

Empatia e colaboração são duas características imprescindíveis para que os times funcionem de maneira ágil e gerem um produto que atinja o objetivo de levar maior valor para o cliente. Empatia, colaboração e experimentação são os três focos presentes, por exemplo, na ferramenta Design Thinking, uma nova maneira de pensar e abordar problemas complexos, que visa soluções que sejam boas para as pessoas – em especial para os clientes – e rentáveis para os negócios, e possíveis de ser implementadas tecnicamente. Ela será mais bem detalhada no Capítulo 7.

A empatia

Empatia é a capacidade de se imaginar no lugar do outro, para entender com mais propriedade quais são os seus problemas, ou ainda para perceber suas dores e, então, poder buscar soluções personalizadas para cada situação apresentada.

A empatia, portanto, está relacionada com potencializar a nossa capacidade de desenvolver soluções melhores e mais assertivas para os problemas do nosso cliente, seja ele interno ou externo à empresa.

Pôr-se no lugar das outras pessoas para sentir de perto o que as aflige, em vez de trabalhar com uma diversidade de ideias pressupostas, facilita a geração de soluções com maior valor.

Quando tratamos de empatia, mais do que saber o que o outro pensa, é preciso construir uma ligação emocional com a pessoa, de modo a conseguir uma conexão mais profunda com o que ela valoriza ou com o que a aflige. Para isso, é necessário adaptar a nossa perspectiva para o ângulo do outro – algo que só se consegue por meio de uma escuta livre de julgamentos, com o reconhecimento das emoções envolvidas e a disposição para senti-las com a pessoa. Podemos dizer que ser empático é sentir o que o outro sentiria caso você estivesse na mesma situação vivida por ele. Desse modo, a sua compreensão do problema do outro será mais completa e verdadeira.

A colaboração

Perspectivas diferentes sobre um mesmo problema, vindas de profissionais com especialidades e experiências distintas, podem gerar ideias e atitudes novas e mais efetivas para a solução da situação proposta. Mas, para que isso aconteça, é preciso que haja um verdadeiro espírito de colaboração entre os profissionais envolvidos.

Apenas reunir os integrantes da equipe e inseri-los em um mesmo espaço físico ou virtual não garante que eles trabalharão em sintonia e colaborarão uns com os outros com todo o seu potencial.

Promover a colaboração dentro de equipes de desenvolvimento vai além da simples união de profissionais sob um mesmo projeto. Para que o ambiente colaborativo se forme, é preciso capacitar os profissionais para o trabalho em conjunto, além de garantir a presença de alguns elementos que são essenciais no ambiente, como os apresentados a seguir.

Propósito

Para estimular um ambiente e uma equipe colaborativos, é necessário estabelecer um senso de propósito comum, porque pessoas normalmente têm origens, interesses e valores distintos. Para que elas trabalhem de modo colaborativo, é primordial que sejam reunidas em torno de um propósito comum.

É de se imaginar que, sem propósito, muitas pessoas trabalharão apenas pelo que esperam receber de gratificação, pelo salário, o que não interessa nem à empresa nem aos líderes e, no final das contas, no longo prazo, nem mesmo ao próprio colaborador. Mas também não basta que cada um tenha seu próprio propósito, diferente dos demais. O propósito da equipe deve ser único e compartilhado por todos.

Além disso, o propósito precisa ser estabelecido de forma clara, definindo a razão de aquela equipe e sua empresa existirem, focando o que a organização deve oferecer aos clientes e tendo claro um conjunto de valores que definam o comportamento de cada um de seus colaboradores.

Sempre que for iniciar um novo projeto, é necessário que a liderança apresente aos colaboradores que os objetivos não são unicamente referentes às metas e aos planos da empresa, mas, sim, que dizem respeito a todos. Portanto, é preciso fazer com que os integrantes da equipe entendam que superar desafios e entregar resultados é parte de sua própria realização profissional e pessoal.

O melhor caminho para estabelecer efetivamente um ambiente de colaboração passa, em geral, por criar o relacionamento e o vínculo dos objetivos pessoais de cada pessoa com os objetivos e o desenvolvimento do projeto e da empresa.

Confiança

Confiança é outro elemento-chave da colaboração. Os colaboradores precisam confiar nos seus líderes e também nos colegas de equipe, para que haja vontade e condições de encontrar soluções inovadoras e entregar os resultados esperados.

O grupo deve permanecer comprometido com um planejamento que é de todos e pelo qual todos são responsáveis. Mesmo que cada profissional tenha um ponto de vista diferente, é preciso colaborar e compartilhar ideias, conhecimentos e cuidados com o andamento dos processos.

Interação constante

As pessoas precisam interagir bastante, e não só no ambiente de trabalho. É importante para o grupo saber como cada um se comporta em diferentes situações. Uma necessidade que pode ser suprida com a criação e a manutenção de eventos ou encontros mais descontraídos para que as pessoas tenham a oportunidade de confraternizar. Isso tende a criar um clima de companheirismo que fortalece o trabalho em equipe.

Fazer as pessoas se conhecerem melhor contribui para a criação de um ambiente mais colaborativo. Quanto mais as pessoas se conhecerem e se aproximarem, mais fácil será a interação em grupo, até mesmo para saber quem são os mais indicados para executar determinadas tarefas.

Comando-controle ou autonomia

O modelo de comando-controle, sustentado por uma hierarquia organizacional verticalizada, se consolidou e permaneceu por muito tempo como sendo o melhor para a gestão empresarial. Esse modelo envolve uma forma de trabalho baseada na especialização dos departamentos internos, justificada pela própria complexidade dos negócios nas grandes corporações.

O estilo de gestão do tipo comando-controle determina que o poder de decisão fique centralizado em pessoas que estão em cargos de liderança, com pouca abertura para novas sugestões e pontos de vista diferentes.

Com o tempo, foram sendo implementados processos cada vez mais detalhados, no sentido de padronizar atividades, evitar exceções e diminuir as margens de erros previsíveis, a tal ponto que as grandes organizações se tornaram pesadas e lentas, devido a um excesso de controle. Assim, logo eles deixaram de funcionar, diante da agilidade que as mudanças do mundo de hoje exigem das empresas e dos negócios.

Quando surgiram as *startups*, com tecnologias inovadoras, uma nova mentalidade e um modelo baseado em processos menos complexos e mais velozes nas relações entre as pessoas, passaram a ser adotados métodos mais ágeis para o desenvolvimento de produtos e a condução de processos organizacionais.

Nessa jornada, diante da necessidade de inovação e do nível de incerteza dos projetos, além do foco sendo direcionado para o atendimento melhorado ao cliente, percebeu-se que, quando o poder não está concentrado nas

Protagonismo: estimulando o *accountability* da equipe

mãos de um gestor, existem muito mais possibilidades de parcerias, criatividade e fortalecimento das equipes e das próprias lideranças. Passamos a falar em maior autonomia dos times e dos colaboradores e a pensar em termos de um modelo de liderança mais ágil.

No modelo de gestão tradicional, as equipes têm chefes que determinam o que precisa ser feito e dificilmente aceitam sugestões ou questionamentos. No modelo ágil, os colaboradores contam com líderes caracterizados como facilitadores e mentores, que trabalham junto do time em busca dos objetivos traçados.

Uma das competências consideradas importantes hoje em dia nas empresas é a *accountability*.[25] A expressão é um termo que pode ser traduzido como responsabilidade. Trata-se de um conceito relacionado com protagonismo, autonomia e coragem, características cada vez mais valorizadas na atual realidade das organizações.

Accountability é um valor existente dentro de uma organização, que denota a atitude de um indivíduo no ambiente de trabalho no que diz respeito à sua capacidade e habilidade de se situar ativamente perante os desafios que se apresentem.

Levando essa ideia um pouco além, é comum associar o conceito de *accountability* com o "senso de dono", devido ao alto grau de responsabilidade, envolvimento e engajamento envolvidos e que conduzem o profissional à ação e a estabelecer uma posição de protagonista da própria história.

Mais recentemente, o uso da palavra *accountability* foi ampliado e passou a ser adotado para designar um conjunto de características fundamentais para qualquer cargo e em todas as atividades de uma empresa. Olhando por esse viés, podemos dizer que, dentro da noção de *accountability*,

→ Todos os colaboradores são tratados como reais responsáveis pelos resultados alcançados, gerando um

---

[25] Roger Conors, Tom Smith e Craig Hickman. *O Princípio de Oz: como usar o accountability para atingir resultados excepcionais*. Rio de Janeiro: Alta Books, 2020.

maior comprometimento e engajamento das equipes.

- → O comprometimento organizacional de líderes e equipes está atrelado aos bons resultados na empresa.
- → O comprometimento de líderes e equipes está atrelado à transparência, à responsabilização e ao protagonismo na execução de suas próprias tarefas.
- → Não se espera que os comandos partam dos líderes, mas, sim, que haja iniciativas espontâneas para a solução de problemas.

O principal benefício da *accountability* nas empresas é incentivar a cultura da proatividade, do protagonismo, da autonomia e do comprometimento com resultados mais satisfatórios e processos mais eficientes.

A autonomia, no contexto do ambiente de trabalho, demonstra entusiasmo e vontade de participar de diversas atividades, tomar a frente das situações que se apresentam ou, ainda, ter determinados comportamentos alinhados com os interesses e valores reais da empresa. Autonomia no trabalho é estar no comando das próprias experiências, ações, decisões e atitudes — significa ter a opção de agir por conta própria.

A autonomia é uma característica altamente desejável de se encontrar nos profissionais de uma equipe, mas é importante que os líderes se lembrem — e deixem claro aos seus colaboradores — de que, ao estimularem a autonomia do seu time, também deixarão nas mãos deste a responsabilidade por suas decisões e ações. Afinal, quem é capaz de decidir assume a responsabilidade pelas decisões, ações e consequências.

Quanto ao protagonismo que estimula a *accountability* da equipe, existem alguns pontos a serem esclarecidos.

Protagonistas também são pessoas que tomam atitudes e executam suas decisões. O que os diferencia dos demais colaboradores é que eles assumem a responsabilidade pela evolução da própria carreira. Ou seja, não deixam que seu desenvolvimento profissional dependa apenas da empresa ou do chefe.

O protagonista se destaca na organização, entre outros aspectos, por:

- ✓ Demonstrar um profundo engajamento.
- ✓ Não atribuir "rótulos" às pessoas.
- ✓ Ter clareza sobre estratégias.
- ✓ Saber qual é o tipo de conduta que esperam dele.
- ✓ Ter consciência dos seus resultados e de que eles dependem somente de si próprio.
- ✓ Ter um forte senso de pertencimento.
- ✓ Trabalhar com metas e objetivos claros.

O protagonismo estimula e amplia a *accountability* do time e das pessoas que dele fazem parte.

Como elevar o nível de *accountability* nas empresas

Aumentar o senso de responsabilidade das equipes de uma empresa pode definir o destino delas ou ampliar o seu sucesso. Com a implementação, ou o aprimoramento, da *accountability*, todos ficam mais comprometidos com melhores resultados.

Transformar isso numa realidade nas empresas depende de alguns posicionamentos e atitudes simples e eficientes, como:

Definir objetivos claros:	É fundamental que haja clareza sobre os resultados que se pretende alcançar. Para que isso aconteça, é preciso traçar objetivos muito bem definidos, dimensionados e localizados no tempo.
Ter visão estratégica para conquistar os resultados almejados:	É necessário definir as diretrizes e os métodos a serem usados para atingir as metas.
Avaliar quais são os meios para se chegar aos objetivos:	É preciso identificar quais habilidades são necessárias para executar as ações que levarão aos resultados almejados.
Evitar expectativas:	Um passo importante na busca por elevar a *accountability* é o esclarecimento das expectativas. Cada pessoa envolvida no processo em questão deve saber exatamente quais são suas responsabilidades e o que deve entregar.
Estabelecer parâmetros para mensurar o progresso:	Para saber se os objetivos estão sendo alcançados, é preciso dispor de métodos e parâmetros que permitam uma avaliação de cada momento do processo que está em andamento. Por meio deles, é possível mensurar o progresso individual e coletivo e, se necessário, fazer ajustes.

Outro aspecto importante para a *accountability* é a comunicação. Num cenário em que não haja uma maneira transparente e eficaz de indivíduos e equipes se comunicarem, poderá ocorrer desencontro de informações, interpretações equivocadas e perda de agilidade nas operações, provocando atrasos e, em casos extremos, até mesmo conduzindo o processo a fracassos que podem elevar custos e comprometer o projeto.

Times multidisciplinares

Uma equipe multidisciplinar é basicamente um conjunto de profissionais com experiências e conhecimentos diversos que trabalham para um objetivo comum. É um time de profissionais de diferentes áreas do conhecimento que se complementam, reunidos em um processo, projeto ou jornada, a fim de possibilitar maior amplitude de visão na discussão e na definição dos caminhos a tomar, para a solução de determinado problema ou para a criação e implantação de inovações.

Unir talentos com experiências e conhecimentos diferentes, sob um mesmo objetivo, leva esses colaboradores a contribuir com a sua individualidade para fortalecer o coletivo e potencializar a busca pelo objetivo definido.

Cada um, a partir da sua área de domínio, agregará conhecimento e experiência ao grupo, o que também propicia a oportunidade de que cada um aprenda com os demais e, assim, evolua o potencial de soluções do próprio grupo.

Para que se consiga o melhor resultado dentro do objetivo desejado, é recomendável que o time seja composto de todas as disciplinas e funções necessárias para construir o produto ou serviço, resolver o problema existente ou dar andamento ao processo em questão.

Vantagens de se ter uma equipe multidisciplinar

É comum e recomendável que organizações que criem uma equipe multidisciplinar deem autonomia para que o próprio grupo tome decisões que impactem o seu trabalho.

Mantendo uma comunicação mais próxima, a equipe multidisciplinar se reúne para trocar informações e tomar decisões. Dessa forma, elimina a necessidade de uma decisão ter de passar por aprovações de outras áreas ou outras instâncias da empresa, e diminui a distância entre quem decide e quem sofre o impacto daquela decisão.

Em equipes multidisciplinares, existe uma redução significativa na quantidade de *handoffs*[26] entre as diversas funções, o que também diminui os casos em que determinada transmissão de informações possa vir a ter problemas. Isso proporciona maiores condições para que as entregas do trabalho ou da informação aconteçam com mais segurança e cheguem ao responsável correto, no tempo correto, exatamente dentro daquilo que é o esperado.

Cuidados ao se ter uma equipe multidisciplinar

Quando a estrutura organizacional é composta apenas de equipes multidisciplinares, é possível que surjam alguns problemas. O mais comum deles é a falta de alinhamento e padronização de práticas e processos entre

---

[26] *Handoff* é qualquer ponto em um processo em que o trabalho ou a informação passam de uma função para a outra.

as diversas equipes, especialmente se existir interdependência entre elas.

Outro ponto a considerar é que as pessoas tendem a conversar mais e a se entender melhor com quem é da mesma área de atuação. Em times multidisciplinares, essa facilidade costuma não existir. Apesar disso, a conversa, a comunicação e a colaboração acabam funcionando, sendo que cada membro da equipe dá sua própria contribuição, agindo de maneira complementar às demais especialidades, para obter melhores resultados.

A confiança e a segurança também são elementos que precisam ser estimulados e trabalhados, uma vez que cabe aos membros da equipe criar um clima favorável para que uns possam contar com os outros na obtenção dos resultados pretendidos.

O que considerar ao montar uma equipe multidisciplinar

O primeiro ponto é a clareza quanto ao objetivo a ser cumprido pela equipe, para que se possam mapear e selecionar as áreas de conhecimento certas para ela. Afinal, a composição do time multidisciplinar vai variar conforme a natureza do objetivo a ser alcançado. Outro aspecto importante é a necessidade de avaliar as habilidades comportamentais – e não somente as habilidades técnicas – dos profissionais cogitados para uma equipe multidisciplinar, pois isso será fundamental para o convívio no grupo.

Em síntese, existem diversos pontos que devem ser muito bem trabalhados quando se monta uma equipe multidisciplinar. Entre eles, selecionamos alguns exemplos.

Esclarecer o objetivo

Como já abordado, esclarecer o objetivo da equipe multidisciplinar é o primeiro e mais importante passo. Precisamos ter respostas para questões do tipo:

- Por que quero montar uma equipe multidisciplinar?
- Qual é o objetivo que essa equipe vai buscar atingir?
- Qual é o problema que ela pretende solucionar?
- Quais são os indicadores de sucesso desse projeto?
- Quais são os valores que se quer defender e praticar?
- Quem são os clientes que o grupo busca atender?

Respostas bem definidas a essas perguntas deixarão claro o propósito da equipe multidisciplinar que se criará. Isso facilitará muito a seleção e o recrutamento das pessoas que farão parte desse time e ainda servirá de elemento de motivação para o grupo.

💡 Definir papéis de maneira clara

Para que uma equipe multidisciplinar tenha clareza sobre seus processos e sua estrutura, é preciso definir qual é o papel que cada pessoa desempenhará no grupo. Além de organizar as atividades e facilitar o trabalho e a produtividade, essa definição também é fundamental na hora de tomadas de decisão.

💡 Identificar as especialidades necessárias

É preciso que as especialidades, os talentos, as habilidades e os conhecimentos necessários para que o grupo tenha condições de cumprir o seu papel sejam claros e bem definidos. O nível de detalhes dessa definição deve incluir tanto as competências técnicas quanto as sociais e emocionais dos profissionais que participarão da equipe.

💡 Selecionar as pessoas certas

A partir das definições obtidas nos procedimentos relacionados nos itens anteriores, existem elementos para identificar pessoas com os mais diversos perfis, porém que compartilhem do objetivo do time multidisciplinar a ser criado e se interessem por trabalhar nele. Sempre é mais interessante oferecer a opção de escolha para as pessoas – que se encaixem no perfil necessário para o time –, sobre se desejam ou não fazer parte do grupo, em vez de simplesmente designá-las para a equipe multidisciplinar.

💡 Ter um facilitador

É recomendado que a equipe tenha algum integrante com habilidades de facilitação. Facilitar é uma forma de engajar e empoderar grupos de pessoas por meio da colaboração, da empatia e da inclusão dos colaboradores. Para cumprir esse papel de maneira eficaz, é preciso desenvolver algumas competências essenciais, tais como:

→ Conhecer as pessoas que fazem parte do grupo.

→ Saber improvisar, quando a situação assim o exigir.

→ Ser hábil em criar um ambiente inclusivo para todos os envolvidos.

→ Ser hábil em provocar a reflexão sobre direcionamentos para cada situação em que for necessária uma decisão mais complexa.

Habilidades de facilitação são importantes para manter a saúde do grupo, tanto no relacionamento quanto em questões mais delicadas, como tomadas de decisão e gestão de conflitos. O papel do facilitador é inspirar o time e revelar o seu melhor, tornando os colaboradores mais engajados, inspirando um sentimento de que cada um é dono daquele projeto e estimulando a colaboração em um objetivo comum a todos.

💡 Montar um time pequeno

A boa comunicação é fundamental para que haja maior colaboração entre os membros de uma equipe – em especial nas equipes multidisciplinares. Mas é notório que, quanto maior o número de pessoas reunidas, mais difícil fica ter uma comunicação clara e precisa entre todas elas. Ou seja, a quantidade de canais de comunicação aumenta de acordo com o número de pessoas que são adicionadas a um time.

Com base nessas premissas, é importante que, preferencialmente, a equipe multidisciplinar seja mantida com poucos integrantes. Se o projeto, ou o processo, exige o envolvimento de um número maior de pessoas, convém dividi-las em projetos menores e distribuí-los a diferentes equipes, que poderão se relacionar entre si, conectadas a um líder facilitador.

💡 Facilidades na comunicação permitem maior colaboração

Montar um time multidisciplinar, com profissionais de capacidades, técnicas e experiências diferentes, é uma opção que fortalece os processos e a cultura da empresa, potencializando sua forma de atuar.

Respeitados os limites de tamanho recomendáveis do grupo, esse tipo de configuração de equipe tem alguns denominadores que garantem seu bom funcionamento e a obtenção de melhores resultados. Entre eles, a comunicação é um dos pontos fortes que marcam as equipes multidisciplinares.

> O método que mais produz resultados no momento de transmitir informações para a equipe e entre os colaboradores desse time é por meio da conversa direta entre os envolvidos, em tempo real, nos momentos em que os entendimentos se fazem necessários. Em uma equipe multidisciplinar, essa comunicação é facilitada e, ao mesmo tempo, enriquecida pela diversidade de especialistas presentes no time.

Alinhando propósitos individuais e coletivos

Ter um propósito organizacional, de maneira simples e direta, é ter clareza sobre que papel se espera que o negócio cumpra no mundo. Isso é particularmente importante porque, quando a empresa define o seu rumo, aumenta de forma substancial suas chances de sucesso e de tornar-se referência no mercado em que atua.

Pode-se dizer que uma empresa sem propósito organizacional se limita a administrar recursos e, quando muito, gerenciar pessoas. Porém, aquelas que têm um propósito mobilizam, engajam e unem profissionais e recursos de tal maneira que se tornam sustentáveis, fortes e com grandes perspectivas de crescimento e sucesso, sobressaindo-se em relação à concorrência.

Mas a verdadeira conquista se dá somente quando os colaboradores estão conectados com esse propósito, o que fortalece o senso de trabalho coletivo e a busca por objetivos comuns. Uma empresa com propósito organizacional alinhado aos propósitos de seus colaboradores vivencia um processo de colaboração, entusiasmo e comprometimento único, por parte de suas equipes.

Quando um time tem um objetivo comum e relevante, isso cria nas pessoas o sentimento de que elas são parte de algo significativo e importante, elevando a motivação dos colaboradores para que trabalhem em seus melhores padrões.

O trabalho em equipe ocorre quando um grupo de pessoas se reúne para focar um objetivo comum. Para que isso ocorra, também é importante que os objetivos sejam comunicados ao grupo, por seu líder, de maneira inspiradora e entusiasmada. Essa energia será absorvida pela equipe, que poderá, então, dar o melhor de si na execução das tarefas necessárias.

O clima de envolvimento dos colaboradores com os objetivos apresentados deve ser tal que, mesmo quando as equipes trabalharem em um projeto simples, cada membro do grupo o enxergue como um projeto pessoal seu. Para que isso aconteça com maior facilidade, é importante que todas as pessoas envolvidas partilhem um objetivo comum.

Não é raro encontrar empresas que ainda preferem atribuir objetivos individuais aos seus colaboradores, como um meio de simplificar a gestão dos processos e das equipes. Entretanto, nesses casos, fica extremamente difícil conseguir resultados que atinjam efetivamente os objetivos que foram definidos.

O ponto positivo é que o modelo mental das pessoas está se transformando, e as empresas, cada vez mais, vêm adotando uma cultura colaborativa, para que possam alcançar resultados mais consistentes e lucrativos. Com foco na priorização do capital humano, essas empresas passam a adotar um sistema de trabalho com metas e objetivos comuns, em que todos os colaboradores mantêm sua participação ativa dentro da empresa, em um ambiente de cooperação e colaboração, gerando o verdadeiro trabalho em equipe. Ter metas e objetivos comuns funciona como um direcionador das ações do time.

Com relação a isso, existem alguns pontos importantes a considerar:

- → O objetivo comum deve ser apresentado à equipe também por escrito, de maneira clara e sucinta. Ter esse material por escrito dá mais credibilidade ao que está sendo proposto e mais segurança nos momentos de tomadas de decisão.
- → As pessoas que compartilham do mesmo objetivo devem saber o que fazer, como parte da equipe, para se chegar aos resultados esperados.
- → A cada colaborador envolvido, deve ficar claro o quanto ele é parte importante para essa conquista.
- → A liderança deve se empenhar para que todos os membros do time entendam profundamente o objetivo comum. Somente a clareza sobre o que se busca é capaz de garantir o envolvimento pleno de cada um e gerar o ritmo adequado e o comprometimento necessário ao trabalho em equipe.

Quando a equipe tem um objetivo comum e significativo, ela cria valor em seu trabalho e em suas entregas. Portanto, quanto mais inspiradores e valorosos forem as metas e os objetivos, maiores serão a motivação e o entusiasmo que cada colaborador investirá em seu trabalho.

O profissional T e o profissional Pi no mundo ágil

A adoção de métodos de trabalho mais modernos, próprios do modelo ágil de negócio, exige a adaptação dos profissionais a essa nova realidade. Cada vez mais a tecnologia vem sendo usada para aproximar pessoas e empresas. Criou-se, dessa forma, um cenário de inovações, que passou a exigir colaboradores com ideias "fora da caixa", que fogem de soluções óbvias, não aceitam o status quo, gostam de desafios e têm interesse em aprender sempre.

A relação comando-controle não é a mais adequada no mundo ágil, como o era nos antigos feudos das organizações, que atuavam apenas em suas especialidades. Essa mudança fez com que profissionais com múltiplos conhecimentos se tornassem cada vez mais valorizados. É nesse cenário que surge o chamado profissional *T-shaped*, ou simplesmente profissional T.

Dentro desse novo perfil de qualificação, o conceito de profissional T passou a ser disseminado a partir do livro *Design Thinking*, de Tim Brown.[27]

O profissional T é aquele que tem conhecimento em profundidade em uma determinada área de atuação e possui trânsito seguro em diversas outras áreas. Tem capacidade de expandir sua atuação em várias direções, aprofundando seus conhecimentos de acordo com a atividade exercida. Portanto, o profissional consegue ser especialista e generalista ao mesmo tempo.

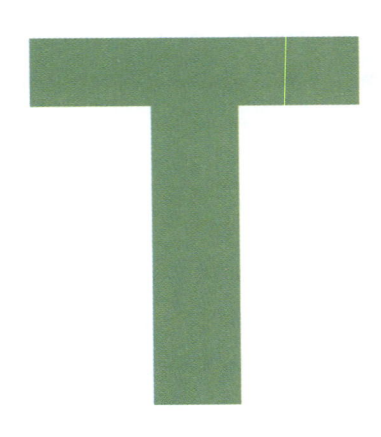

---

[27] Tim Brown. *Design Thinking: uma metodologia poderosa para decretar o fim das velhas ideias*. Rio de Janeiro: Campus Elsevier, 2010.

Nesse contexto, o profissional T alia o conhecimento com a capacidade de executar as atividades da melhor forma possível, analisando as situações, realizando avaliações e trazendo soluções de forma mais ampla. Por esse motivo, esse profissional tem sido cada vez mais procurado para a formação dos times ágeis.

Outro aspecto importante a ser considerado em uma organização ágil é que algumas posições exigem profissionais mais especialistas, e outras, com perfil mais multidisciplinar. Tendo essas duas características, o profissional T expande suas possibilidades de atuação.

É importante ressaltar ainda que, mesmo em posições que exijam um conhecimento mais técnico, é importante que o profissional tenha uma visão do cenário como um todo (visão sistêmica e de negócio), possibilitando tomadas de decisão mais alinhadas às expectativas do negócio.

Finalmente, o conhecimento em várias áreas aumenta também a possibilidade de combinação de diferentes fontes de informação, favorecendo a criação de um cenário mais criativo e a geração de soluções diferenciadas.

O nome "profissional T" tem como referência o conceito de um profissional "moldado em T". O que isso significa? Ilustrativamente, a letra "T" é composta de dois eixos: um eixo vertical, que representa o domínio profundo do profissional em uma área específica, e outro horizontal, que seria uma referência às habilidades em áreas em que aquele profissional seja também competente e que possam complementar sua atuação como um todo. A base vertical do T representa, portanto, o aspecto especialista do profissional, enquanto a parte horizontal, sua porção generalista – lembrando sempre que ambas se complementam, para dar ao profissional T uma qualificação altamente desejada pelas empresas.

> **Finalmente, o conhecimento em várias áreas aumenta também a possibilidade de combinação de diferentes fontes de informação, favorecendo a criação de um cenário mais criativo e a geração de soluções diferenciadas.**

O profissional Pi (π)

Aqui entramos em outro aspecto, também bastante interessante: mesmo o profissional T pode aprender, evoluir e se adaptar. Seu foco, cada vez mais, se volta para pessoas com conhecimentos profundos em duas habilidades. Dizemos, então, que temos agora o profissional Pi (π), em virtude de suas duas extensões verticais – o que nos faz lembrar a letra grega de mesmo nome.

Essas características possibilitam um aumento extra na velocidade de trabalho, qualidade e rapidez nas entregas e no modelo de aprendizado da equipe. A evolução é um aspecto que se torna um diferencial na carreira dos profissionais e nas entregas das organizações.

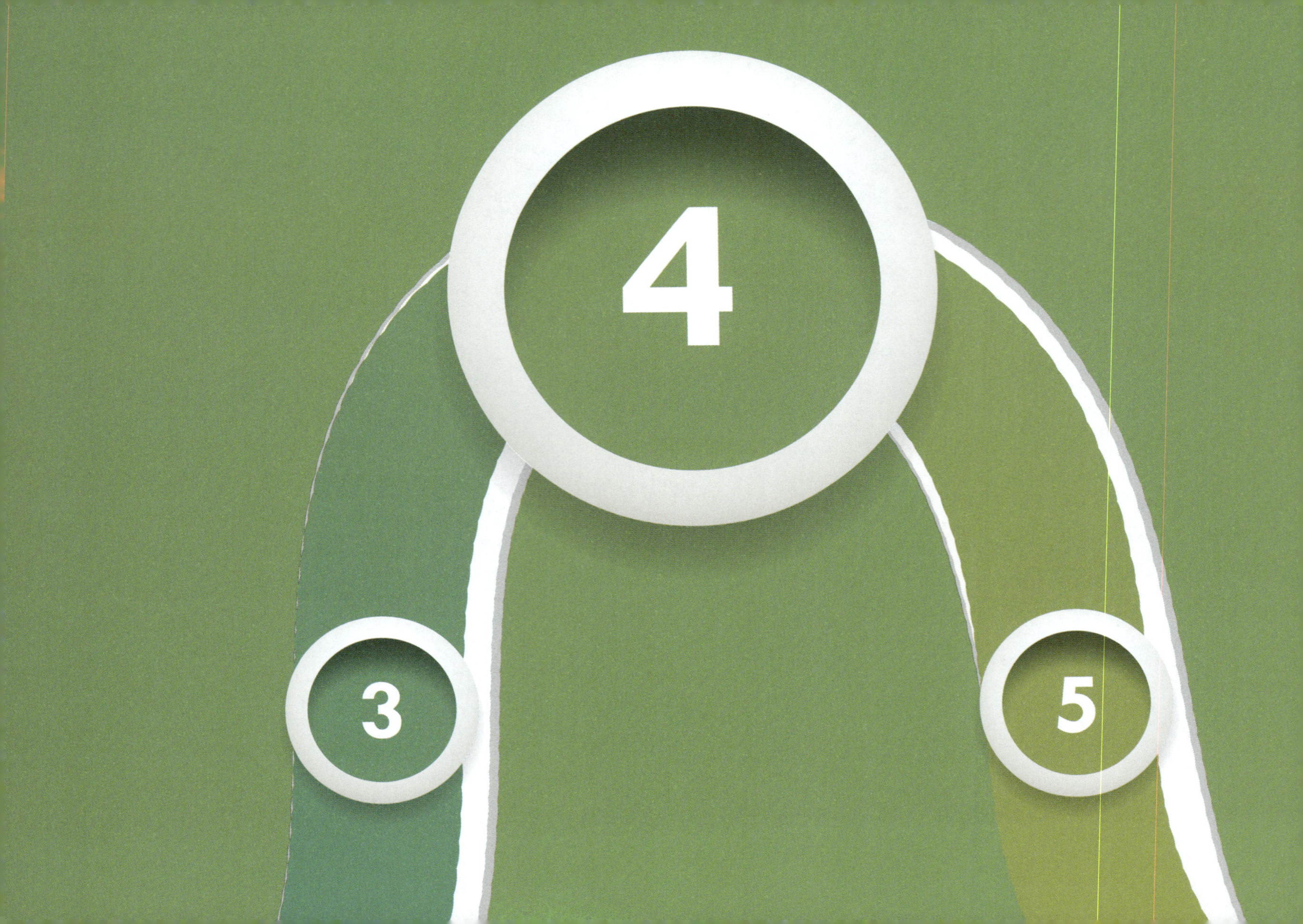
4
3
5

O planejamento estratégico ágil

Estratégia é uma palavra de origem no grego antigo e significa a arte de liderar e comandar uma tropa. No ambiente corporativo, o termo começou a chamar atenção na década de 1950, a partir do surgimento de autores, livros e artigos sobre estratégia, dedicados a executivos e líderes de organizações empresariais.

Atualmente, o conceito de estratégia é muito utilizado nas empresas como uma forma de pensar o futuro, integrando o processo decisório com base em um procedimento formalizado e articulado de resultados. O planejamento estratégico pode, então, ser definido como um conjunto de ferramentas que, apoiado em metodologias e em um contexto, estabelece metas, ações, mobilização de recursos e tomadas de decisão visando atingir objetivos predeterminados.

Empresas têm sido obrigadas a reconhecer que, para novos problemas, velhas respostas costumam não fazer sentido. Especialmente quando se trata de organizações inseridas em mercados imprevisíveis. Ou seja, os planos estratégicos clássicos não são capazes de sustentar e desenvolver uma organização em um mundo com mercados imprevisíveis, em constante mudança, e disruptivos.

Em períodos que apresentam apenas oportunidades incrementais, demanda estável e tendências previsíveis, o planejamento estratégico clássico costuma funcionar bem. Porém, em um mercado volátil, incerto, complexo e ambíguo, no qual as inovações são parte determinante da evolução dos modelos de negócio, é preciso muito mais: cabe às organizações alinhar, de forma ágil, todas as áreas para monitorar as mudanças no mercado, realizar movimentos ousados e recriar seus modelos de negócio, buscando inovar, em vez de apenas responder às mudanças que vêm ocorrendo, de maneira cada vez mais rápida.

Ameaças e oportunidades estão surgindo diariamente no mercado, a uma velocidade bem superior à de épocas anteriores ao ano 2000, a ponto de os sistemas de planejamento estratégico criados nas décadas de 1950 e 1960, e ainda utilizados com frequência, não serem mais capazes de identificar e responder a essas mudanças com a rapidez necessária.

Nesse contexto, entra o modelo ágil de organização, com uma nova visão sobre o mercado e as empresas. A formação estratégica de uma organização "ágil" é pouco convencional, confrontando as experiências vivenciadas no mercado até o início dos anos 2000. Suas ações precisam ser decididas de acordo com a necessidade do momento, trazendo um novo conceito de formação estratégica que une pensamento e ação, formulação e implementação, permitindo a flexibilidade na reação a um ambiente complexo e dinâmico. Esse movimento pode ser chamado de processo frequente de planejamento.

Andrew Grove, ex-CEO da Intel, adotou então o sistema MBO (Management by Objectives), criado por Peter Drucker nos anos 1950, mas adaptando-o para dar maior flexibilidade ao modelo original. Dentro de sua visão, a adaptação tornaria o sistema hábil para gerar resultados mais efetivos em mercados em constantes mudanças, desde que duas questões principais fossem respondidas:

A evolução promovida por Grove incluía ainda definir frequentemente objetivos e resultados-chave, além de permitir que todos os colaboradores, independentemente do cargo, participassem do processo de criação desses objetivos e resultados-chave.

Com a criação de Grove, a pirâmide de elaboração do planejamento estratégico teve o incremento de dois novos níveis conectando o mapa de objetivos estratégicos aos resultados-chave, e os resultados-chave às tarefas que os colaboradores executam.

Com isso, surgiu o *framework* OKR (Objectives and Key Results) como uma forma prática e objetiva de definir os objetivos e, por meio da aplicação das ferramentas ágeis (evento *kaizen*, Design Thinking, modelos de negócio inovadores, Startup Thinking, Scrum e organizações exponenciais) na execução das tarefas do dia a dia, atingir os resultados definidos para determinado horizonte de tempo.

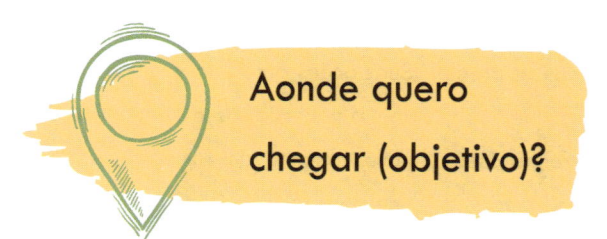

Aonde quero chegar (objetivo)?

Como vou saber se estou chegando lá (resultado-chave)?

Fonte: Adaptado de Kaplan e Norton (2004).

- MISSÃO
- VALORES
- VISÃO
- ANÁLISE EXTERNA
- ANÁLISE INTERNA
- MAPA ESTRATÉGICO
- OBJETIVOS
- RESULTADOS-CHAVE
- TAREFAS
- RESULTADOS

- Por que existimos?

- O que é importante para nós?

- O que queremos ser?

- O que está acontecendo no setor, na região e nos concorrentes?

- O que estamos ou não fazendo?

- O que a organização precisa fazer?

- O que preciso fazer?

- Como atingir os objetivos estratégicos?

- O que é preciso fazer hoje?

- Acionistas satisfeitos, processos eficientes e eficazes, clientes encantados, colaboradores motivados e preparados?

4.1 O *framework* OKR (Objectives and Key Results)

Devido à simplicidade, ao fácil entendimento e à possibilidade de adaptação a qualquer organização, o *framework* OKR promove maior foco em comunicação, pessoas, propósito, colaboração e performance.

Na adoção do OKR, tornar os objetivos individuais públicos pode aumentar o desempenho individual e da equipe, mostrando aos colaboradores o nível de entrega de resultado que é possível atingir. Além disso, contribui para que se encontrem colaboradores em situações iguais, que podem compartilhar ajuda.

Outro ponto é o fato de que, quando os colaboradores podem ver os objetivos dos níveis superiores (executivos e líderes), eles têm a possibilidade de alinhar seus objetivos individuais e de equipe ao direcionamento macro da organização, além de permitir mais clareza sobre como o trabalho individual dos colaboradores contribui e impacta o sucesso total da empresa.

A adoção do OKR permite ainda que os colaboradores traduzam seus objetivos em ações concretas e em métricas para esclarecer como atingirão suas metas e medir o progresso ao longo do caminho.

UM OKR DEVE SER:

AMBICIOSO: se você está sempre cumprindo ou superando as metas de sua equipe ou empresa de alto nível, não está indo longe o suficiente. Seus OKRs devem deixá-lo um pouco desconfortável, fazendo com que você não esteja totalmente confiante de que será capaz de atingi-los. Lembre-se de que um OKR não é uma simples meta que você seguirá para fins de avaliação ou promoção, mas, sim, um objetivo no sentido de expandir a sua capacidade e fazer a sua empresa crescer. Portanto, pense grande.

PÚBLICO: toda a empresa deve ser capaz de ver seus OKRs, não apenas gerentes ou diretores. Visibilidade e responsabilidade promovem a colaboração entre indivíduos e departamentos, uma vez que todos sabem no que todos estão trabalhando e para qual fim.

MENSURÁVEL: cada resultado-chave precisa ter um número associado a ele, seja uma porcentagem, seja um valor financeiro ou uma data. Acostume-se a definir objetivos claros, por exemplo, "aumentar o número de usuários registrados em 25%" e não apenas "conseguir mais usuários".

CLASSIFICÁVEL: no final do trimestre, é importante dar a si mesmo uma nota para cada resultado-chave, em que 0 é "nem cheguei perto" e 1 é "atendi ou superei todos os aspectos". Como os OKRs são objetivos agressivos, 60% ou 70% de pontuação já é um bom resultado.

O ciclo de quatro trimestres

A cadência se refere à frequência do processo de definição de metas. É possível ter metas anuais em sua empresa, mas é importante dividi-las em objetivos trimestrais. Isso permite um *feedback* mais frequente e cria um registro passado, que pode ser usado como referência para definir metas no futuro.

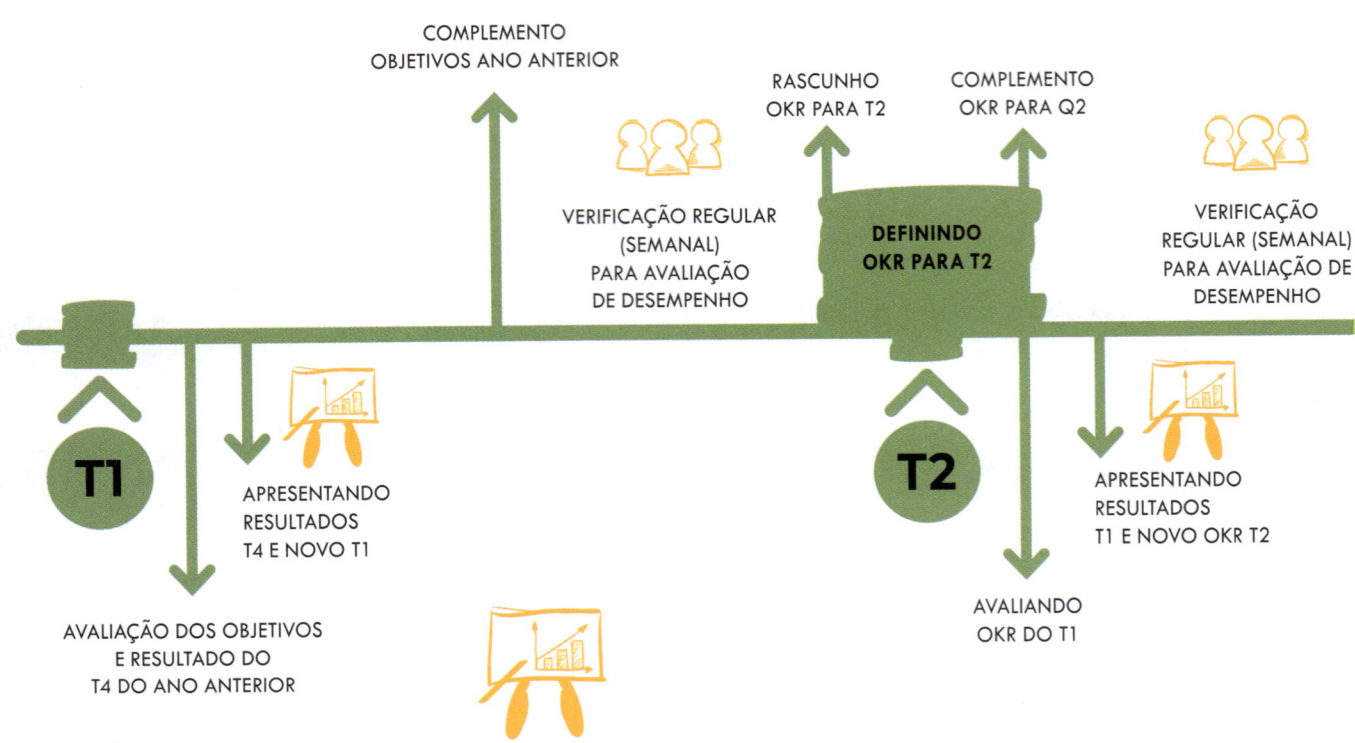

COMPLEMENTO OBJETIVOS ANO ANTERIOR

RASCUNHO OKR PARA T2

COMPLEMENTO OKR PARA Q2

VERIFICAÇÃO REGULAR (SEMANAL) PARA AVALIAÇÃO DE DESEMPENHO

DEFININDO OKR PARA T2

VERIFICAÇÃO REGULAR (SEMANAL) PARA AVALIAÇÃO DE DESEMPENHO

T1

T2

APRESENTANDO RESULTADOS T4 E NOVO T1

APRESENTANDO RESULTADOS T1 E NOVO OKR T2

AVALIAÇÃO DOS OBJETIVOS E RESULTADO DO T4 DO ANO ANTERIOR

AVALIANDO OKR DO T1

Jornada Ágil

O maior impacto de se usar o OKR, na maioria das organizações, é uma mudança cultural na entrega de resultados e realizações. Cria foco, transparência e alinhamento para todo o trabalho, e esses fatores combinados levam a um maior envolvimento dos colaboradores. Além disso, proporciona alinhamento e agilidade às alterações do mercado e necessidades dos clientes.

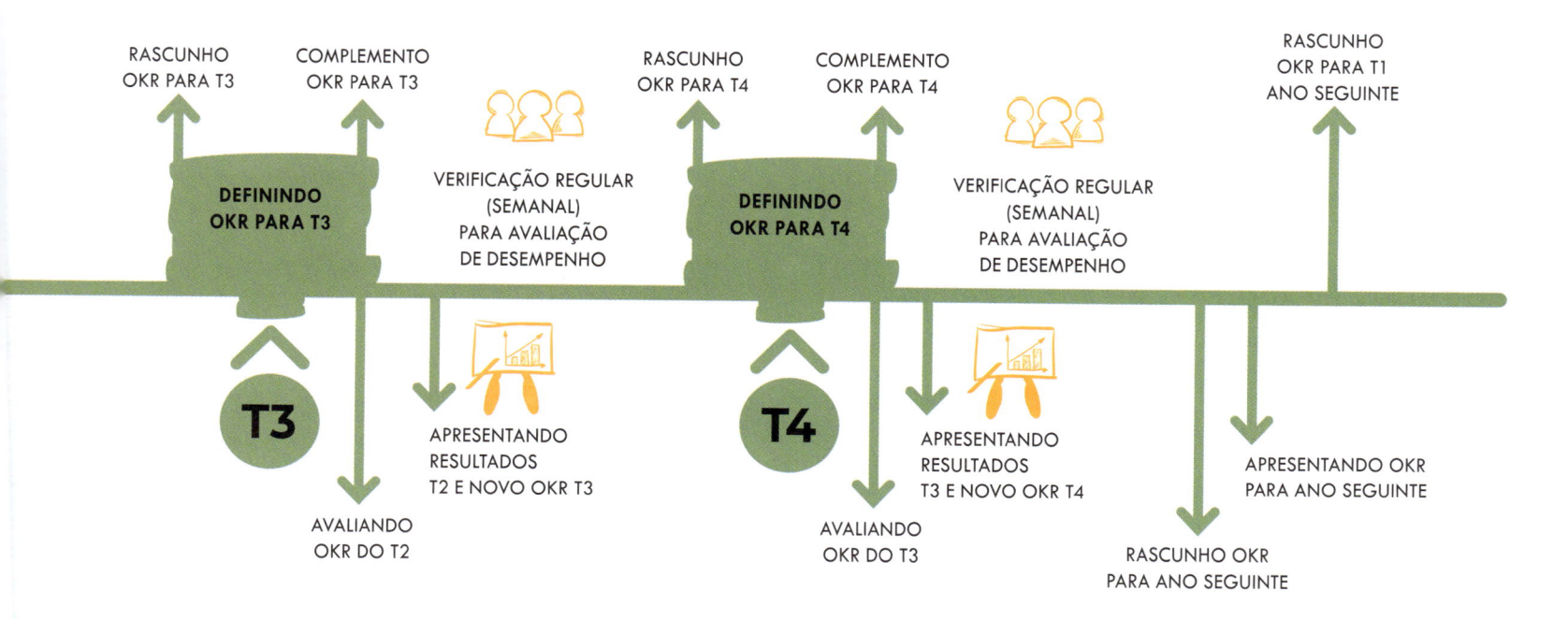

T3
- RASCUNHO OKR PARA T3
- COMPLEMENTO OKR PARA T3
- DEFININDO OKR PARA T3
- VERIFICAÇÃO REGULAR (SEMANAL) PARA AVALIAÇÃO DE DESEMPENHO
- AVALIANDO OKR DO T2
- APRESENTANDO RESULTADOS T2 E NOVO OKR T3

T4
- RASCUNHO OKR PARA T4
- COMPLEMENTO OKR PARA T4
- DEFININDO OKR PARA T4
- VERIFICAÇÃO REGULAR (SEMANAL) PARA AVALIAÇÃO DE DESEMPENHO
- AVALIANDO OKR DO T3
- APRESENTANDO RESULTADOS T3 E NOVO OKR T4

Ano seguinte
- RASCUNHO OKR PARA T1 ANO SEGUINTE
- RASCUNHO OKR PARA ANO SEGUINTE
- APRESENTANDO OKR PARA ANO SEGUINTE

Mapa da jornada de aplicação do OKR

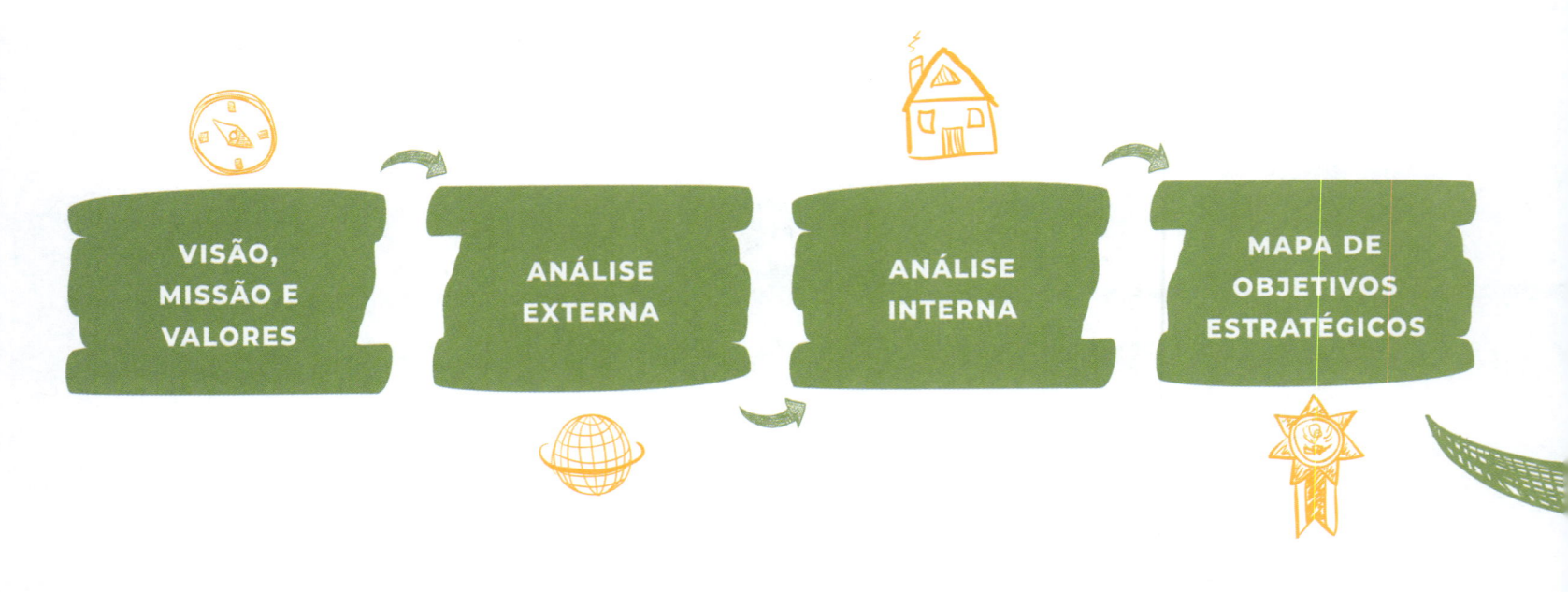

- VISÃO, MISSÃO E VALORES
- ANÁLISE EXTERNA
- ANÁLISE INTERNA
- MAPA DE OBJETIVOS ESTRATÉGICOS

Jornada Ágil

OBJETIVOS → **RESULTADOS-CHAVE** → **TAREFAS** → **ACOMPANHAMENTO SEMANAL**

Capítulo 4 • O planejamento estratégico ágil

Visão, missão e valores

O que são

Visão:

é uma declaração das aspirações globais de uma organização sobre o que ela espera alcançar ou se tornar. Ela não fornece metas específicas. Em vez disso, a visão é uma descrição ampla do valor que uma organização oferece. É uma imagem visual das intenções da organização, que deve inspirar as pessoas e motivá-las a querer fazer parte dela e contribuir. As declarações de visão devem ser claras e concisas, geralmente não mais longas do que um pequeno parágrafo.

Missão:

é usada por uma empresa para explicar, em termos simples e concisos, o que precisa ser feito. Essa declaração têm um duplo propósito, ajudando os colaboradores a permanecerem focados nas tarefas em questão, bem como incentivando-os a encontrar maneiras inovadoras de se mover em direção à realização dos objetivos da empresa, de forma cada vez mais produtiva.

Valores:

também podem ser chamados de código de ética. Definem em que a organização acredita e como se espera que as pessoas se comportem umas com as outras, com clientes e fornecedores e com outras partes interessadas. Eles fornecem uma direção moral para a organização e orientam as tomadas de decisão, estabelecendo um padrão para avaliar as ações. Também fornecem um padrão para os colaboradores julgarem as violações dos princípios da empresa.

Quando (ou por que) utilizar

Visão e missão são termos que costumam ser confundidos, e muitas empresas os utilizam de maneira intercambiável. No entanto, cada um deles tem um propósito diferente:

> A **visão** descreve onde a organização deseja estar no futuro.

> A **missão** descreve o que a organização precisa fazer agora para alcançar a visão.

A visão e a missão devem apoiar uma à outra, mas a missão é mais específica: ela define como a organização será diferente de outras empresas em seu setor. Por ser mais específica, a missão é mais acionável do que a visão.

A missão leva aos objetivos estratégicos gerais que a organização busca alcançar. Ao descrever por que a organização existe, onde e como competirá, permite que os líderes definam um conjunto coerente de metas que se encaixem para apoiar a própria missão.

O conjunto visão, missão e valores orienta tudo o que acontece em uma organização. Ele mantém todos os colaboradores focados na direção para a qual a organização está voltada e o que ela busca alcançar. Define, ainda, os valores centrais da organização e como as pessoas devem se comportar, além de orientar decisões e comportamentos para alcançar fins comuns.

Como aplicar

O uso correto e eficaz da declaração de visão da organização:

→ Fornece uma imagem de como a empresa será no futuro.

→ Representa um sonho que está além do que se pensa ser possível.

→ Esclarece a direção em que a organização precisa se mover e faz com que todos avancem para alcançá-la.

→ Direciona para um propósito.

→ Inspira e envolve as pessoas.

→ Potencializa as competências essenciais das pessoas.

Já a missão deve ser realista, específica, curta, bem focada e de fácil compreensão. Deve ainda servir como guia para as operações do dia a dia e como base para futuras tomadas de decisão, além de:

→ Instaurar a organização na direção da satisfação das necessidades do cliente, por meio de produtos ou serviços.

→ Motivar e inspirar o comprometimento de todos os colaboradores (executivos, líderes e equipes).

→ Facilitar a todos os colaboradores perceberem que seu trabalho tem significado e que contribui para melhorar a vida das pessoas.

Como Ming Zeng defende em seu livro que descreve a estratégia de sucesso do Alibaba,[28] a visão e a missão de uma organização precisam ser reavaliadas com a realidade atual dos ambientes interno e externo, incorporando *feedbacks* continuamente e evoluindo dentro de um ambiente maior. Executivos e líderes precisam reconfigurar com frequência as suas visões de futuro, utilizando as ferramentas que vêm a seguir.

---

[28] Ming Zeng. *Alibaba: estratégia de sucesso*. São Paulo: M. Books, 2019.

MISSÃO, VALORES E VISÃO

MISSÃO

A essência da empresa, razão de sua criação e motivo pelo qual vale a pena acordar todo dia para trabalhar.

VALORES

Características, comportamentos e atitudes a serem praticados por líderes e colaboradores.

VISÃO

Definição de como a empresa se vê no futuro.

Análise externa

O que é

O objetivo principal da análise externa é determinar as oportunidades e ameaças em um segmento de mercado, que poderão interferir, positiva ou negativamente, na lucratividade, no crescimento e na volatilidade de um negócio. É no ambiente externo que estão os fatores sobre os quais a organização não tem controle.

Fazer uma análise externa é examinar o ambiente do setor de mercado em que a empresa está inserida, incluindo fatores como estrutura de concorrência, posição competitiva, dinâmica e história. Em uma escala macro, a análise externa inclui análises macroeconômicas, além de condições globais, políticas, sociais, demográficas e tecnológicas. A partir da análise externa, é possível determinar estratégias para resguardar a organização das ameaças ou, ainda, desenvolver novas oportunidades.

Quando (ou por que) utilizar

Uma vantagem de conduzir uma análise externa é que ela proporciona as condições para que a empresa seja avaliada em relação às oportunidades e ameaças que afetam seus negócios. Quando um elemento externo se mostra favorável à empresa, estamos diante de uma oportunidade, enquanto as circunstâncias que criam perspectivas desfavoráveis podem ser definidas como ameaças para o negócio.

Essa visão é essencial para o planejamento estratégico, além de sinalizar quais ações devem ser tomadas para minimizar as fraquezas da organização ou mesmo impedir que elas prejudiquem seus resultados.

A análise externa também garante que a empresa não se torne introspectiva, mas se concentre nos clientes e concorrentes, bem como no ambiente de negócios.

Como aplicar

Quando a maioria das equipes começa a desvendar o contexto de seu produto ou organização, elas podem assumir um ponto de vista míope, enraizado no aqui e agora. O Context Canvas®, ou Mapa de Contexto, criado por David Sibbet, da The Grove Consultants International, se destina a ajudar a expandir o pensamento além dos limites do produto ou serviço e da própria organização, levando a uma análise mais profunda sobre o que está acontecendo no mundo, o que está mudando e o que afetará seus negócios no futuro.

É importante saber que essa representação gráfica começa a agregar valor real ao planejamento depois que é revisitada algumas vezes. Na primeira vez, usar essa ferramenta servirá somente para mapear as tendências mais lembradas de sua equipe. Revisitá-la repetidamente torna mais fácil para os membros do time adicionar evidências de tendências significativas ou caçar ativamente as tendências que a equipe não identificou em ocasiões anteriores.

CONTEXT MAP CANVAS

TENDÊNCIAS DEMOGRÁFICAS

Procure dados sobre demografia, educação, emprego.

Existem grandes mudanças que afetarão seus negócios?

LEGISLAÇÃO

Existem tendências nas leis e marcos regulatórios que afetarão seus negócios no futuro próximo?

ECONOMIA E AMBIENTE

Quais são as tendências da economia e do ambiente que afetarão seus negócios?

CONCORRÊNCIA

Quais tendências você vê entre seus concorrentes? Existem novos entrantes?

SUA EMPRESA

TENDÊNCIAS TECNOLÓGICAS

Quais são as grandes mudanças tecnológicas que impactarão seus negócios no futuro próximo?

NECESSIDADES DO CLIENTE

Quais são as grandes tendências nas necessidades dos clientes? Como as expectativas dos clientes se desenvolvem no futuro próximo?

INCERTEZAS

Você vê grandes incertezas? Coisas que podem ter um grande impacto, mas não está claro como ou quando?

Adaptado e traduzido pelos autores.

Fonte: The Grove Consultants International
Designabetterbusiness.com

Análise interna

O que é

Uma ferramenta muito usada para esse tipo de avaliação é a conhecida matriz Swot – do inglês *strengths*, *weaknesses*, *opportunities*, *threats*. Criada pelo norte-americano Albert S. Humphrey, consultor de negócios e especialista em gestão organizacional, quando trabalhava para o SRI International (Stanford Research Institute), é uma ferramenta que ajuda a desenvolver estratégias de negócios, seja para construir uma *startup*, seja para conduzir uma empresa existente. Além disso, ela também pode evidenciar o potencial de uma equipe e os eventuais problemas que limitem seu desempenho.

Quando (ou por que) utilizar

Dedicar tempo para fazer uma análise Swot significa que a organização está trabalhando na elaboração de uma estratégia sólida para priorizar o trabalho que todas as equipes precisarão executar para expandir seus negócios.

Mesmo quando os líderes pensam que já conhecem tudo o que é necessário fazer para ter sucesso, uma análise Swot sempre traz novos horizontes e possibilidades, pois força o olhar para novas maneiras e novas direções para o negócio. Por meio dessa análise, é possível identificar os pontos fortes e os *gaps* técnicos e comportamentais que precisam ser trabalhados para aproveitar as oportunidades e evitar as ameaças que existem no mercado.

Para que uma análise Swot seja eficaz, executivos e líderes da empresa precisam estar profundamente envolvidos na busca pelas informações, nas reflexões e na tomada de decisão, mesmo quando a consolidação seja feita por consultorias externas contratadas.

Como aplicar

É importante reunir pessoas de diferentes áreas da empresa, pois assim será possível observar que diferentes grupos terão perspectivas totalmente diversas, as quais serão úteis para tornar a análise Swot bem-sucedida e mais realista.

Fazer uma análise Swot é semelhante a fazer reuniões de *brainstorming*;[29] da mesma forma, existem maneiras certas e erradas de conduzi-la. Uma ou duas horas devem ser mais do que suficientes para uma reunião de análise Swot. Nesse tempo, o grupo deverá responder a perguntas como:

QUANTO ÀS FORÇAS: quais são (liste) os atributos positivos da equipe? O que a equipe faz bem? Que vantagens a equipe tem sobre outras equipes?

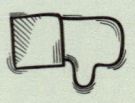

QUANTO ÀS FRAQUEZAS: quais são (liste) são as áreas em que a equipe pode melhorar? Podem ser mencionados falta de experiência, falta de direção, membros da equipe não trabalhando juntos etc.

QUANTO ÀS OPORTUNIDADES: como a equipe poderia ter um desempenho melhor? Quais benefícios haveria em atuar de uma forma diferente? Essas oportunidades podem ser externas à equipe.

QUANTO ÀS AMEAÇAS: quais são os fatores que são ameaças ao sucesso da equipe? Qual seria a pior coisa que poderia acontecer?

---

[29] *Brainstorming* é uma atividade – desenvolvida individualmente ou em grupo – que visa explorar toda a capacidade criativa e intelectual para a geração de ideias, a fim de resolver algum problema ou oportunidade com solução desconhecida ou encontrar oportunidades.

Matriz SWOT

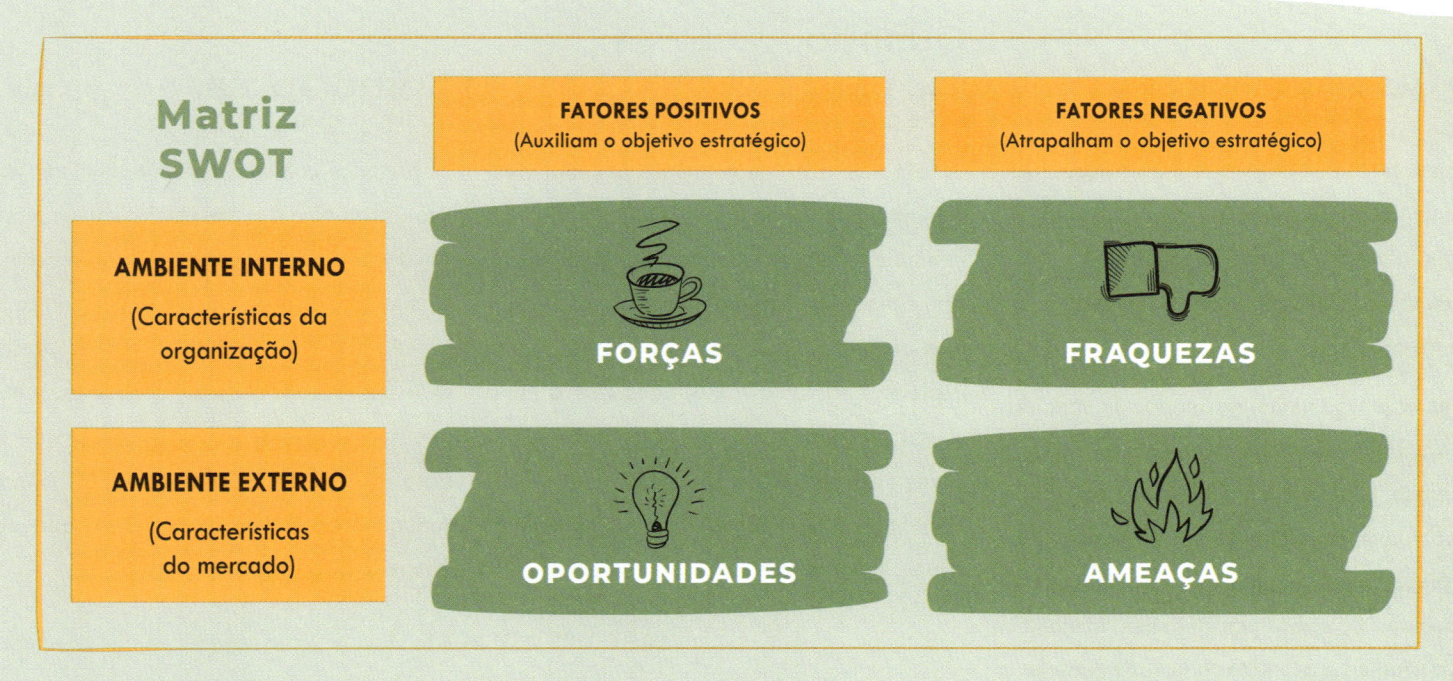

	FATORES POSITIVOS (Auxiliam o objetivo estratégico)	**FATORES NEGATIVOS** (Atrapalham o objetivo estratégico)
AMBIENTE INTERNO (Características da organização)	FORÇAS	FRAQUEZAS
AMBIENTE EXTERNO (Características do mercado)	OPORTUNIDADES	AMEAÇAS

Fonte: Adaptado de Ansoff (1990,93).

Mapa de objetivos estratégicos

O que é

Objetivos estratégicos são declarações que indicam o que é crítico ou importante na estratégia organizacional. São metas almejadas para um determinado período (trimestre, semestre ou ano).

Esses objetivos estão vinculados às medidas e iniciativas adotadas pela equipe, ou pela empresa, e descrevem o que será feito para buscar cumprir a missão. Os objetivos estratégicos são, em geral, algum tipo de meta de desempenho, como, por exemplo, lançar um novo produto e aumentar a lucratividade ou a participação da empresa no mercado.

Quando (ou por que) utilizar

Estratégias não implementadas são frustrantes para os líderes e executivos. Mas, mesmo as melhores ideias e estratégias, devem passar pelo crivo das pessoas e da cultura organizacional, para serem totalmente implementadas. Portanto, para que a ideia ou estratégia possa seguir em frente, os líderes devem envolver ativamente seus colaboradores na elaboração de planos claros, viáveis e implementáveis.

Como aplicar

O principal conselho ao se definir um objetivo estratégico é manter as coisas simples. O objetivo estratégico deve ser fácil de lembrar e compreensível por todos na organização. Isso significa que nenhum jargão (se possível) deve ser usado. Deve-se escrevê-lo, sempre que possível, em uma única frase curta – embora mais detalhes possam ser adicionados. A sugestão de estrutura recomendada para descrever um objetivo estratégico é:

Começar com um verbo força a pessoa a ser específica sobre o que se está tentando fazer. Incluir um prazo no final da frase ajudará a acompanhar o progresso do trabalho naquele objetivo.

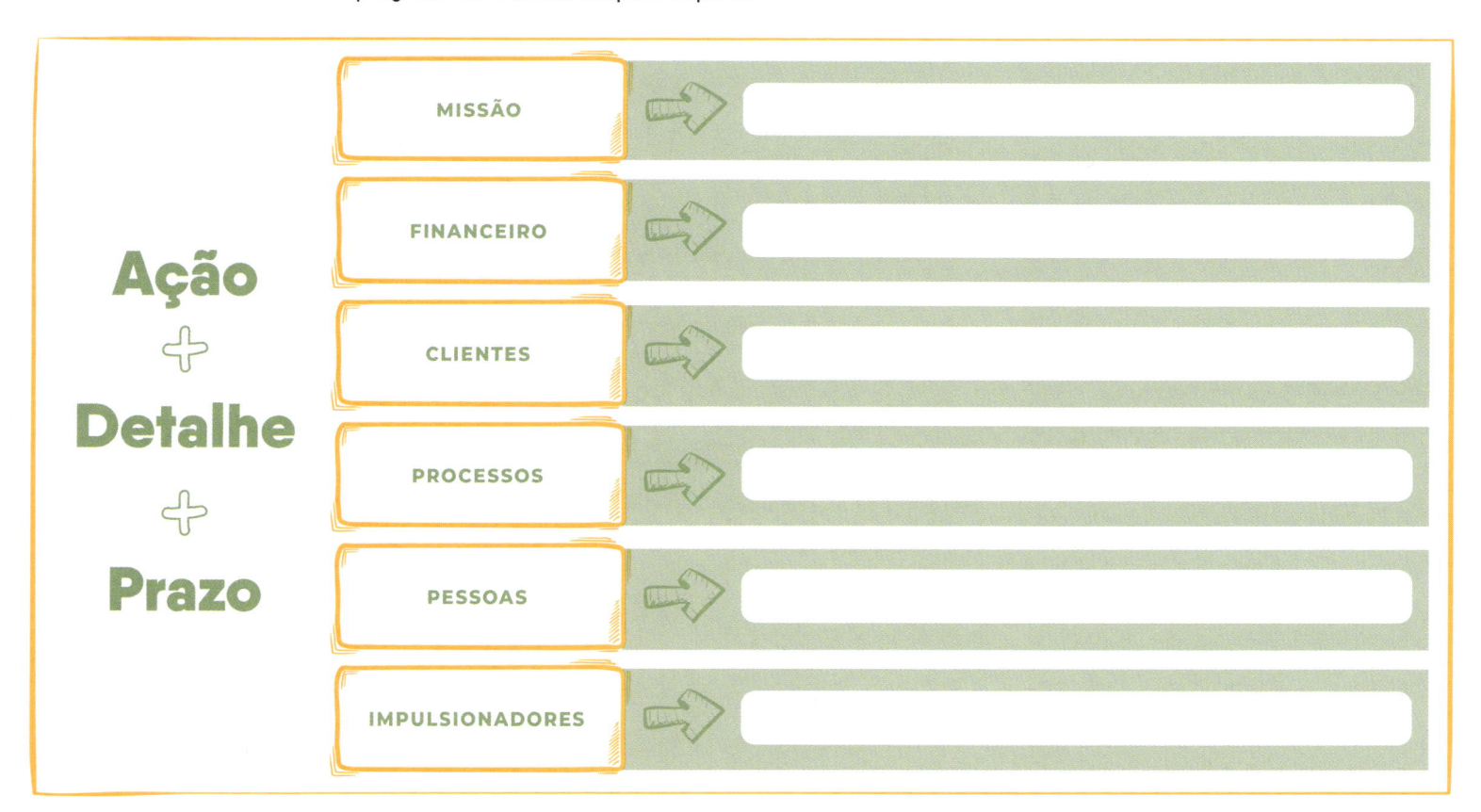

**Ação
+
Detalhe
+
Prazo**

MISSÃO	➩	
FINANCEIRO	➩	
CLIENTES	➩	
PROCESSOS	➩	
PESSOAS	➩	
IMPULSIONADORES	➩	

Objetivo

O que é

Um objetivo afirma "o que" se quer alcançar. É um título que nomeia um conjunto ou um grupo de resultados-chave. Um objetivo, em OKRs, deve retratar um "tema estratégico", um tema abrangente daquilo que se quer realizar. Objetivos são os alvos da sua empresa para o trimestre. Eles são medidos pelos principais resultados.

Um objetivo deve ser claro, ambicioso e inspirador, de modo que os colaboradores de todos os níveis possam entendê-lo e embarcar nas tarefas para alcançá-lo.

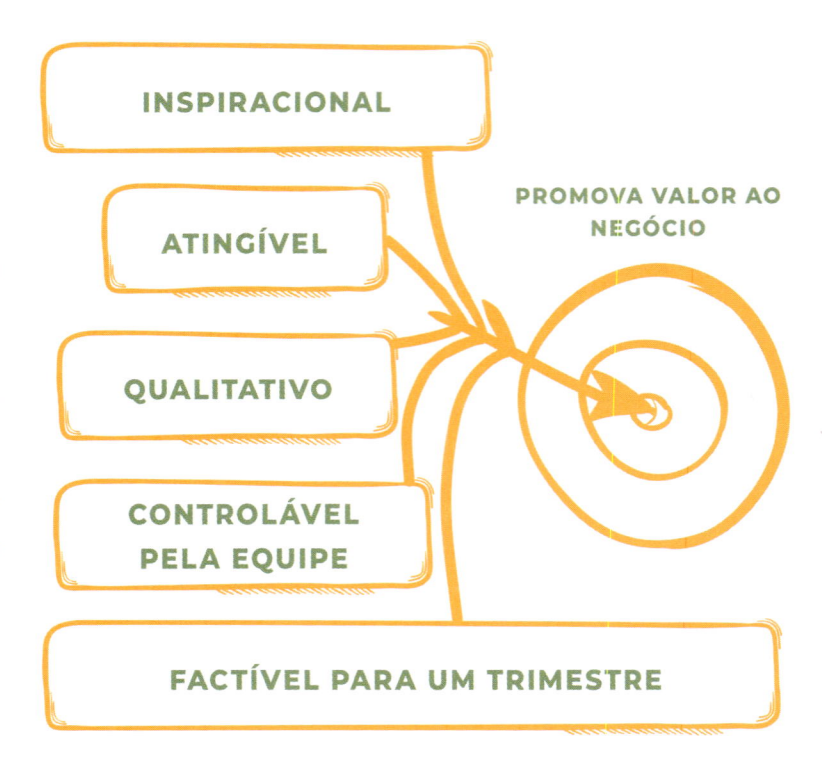

- INSPIRACIONAL
- ATINGÍVEL
- QUALITATIVO
- CONTROLÁVEL PELA EQUIPE
- FACTÍVEL PARA UM TRIMESTRE

→ PROMOVA VALOR AO NEGÓCIO

Características de um objetivo
Fonte: Adaptado de Niven e Lamorte (2016).

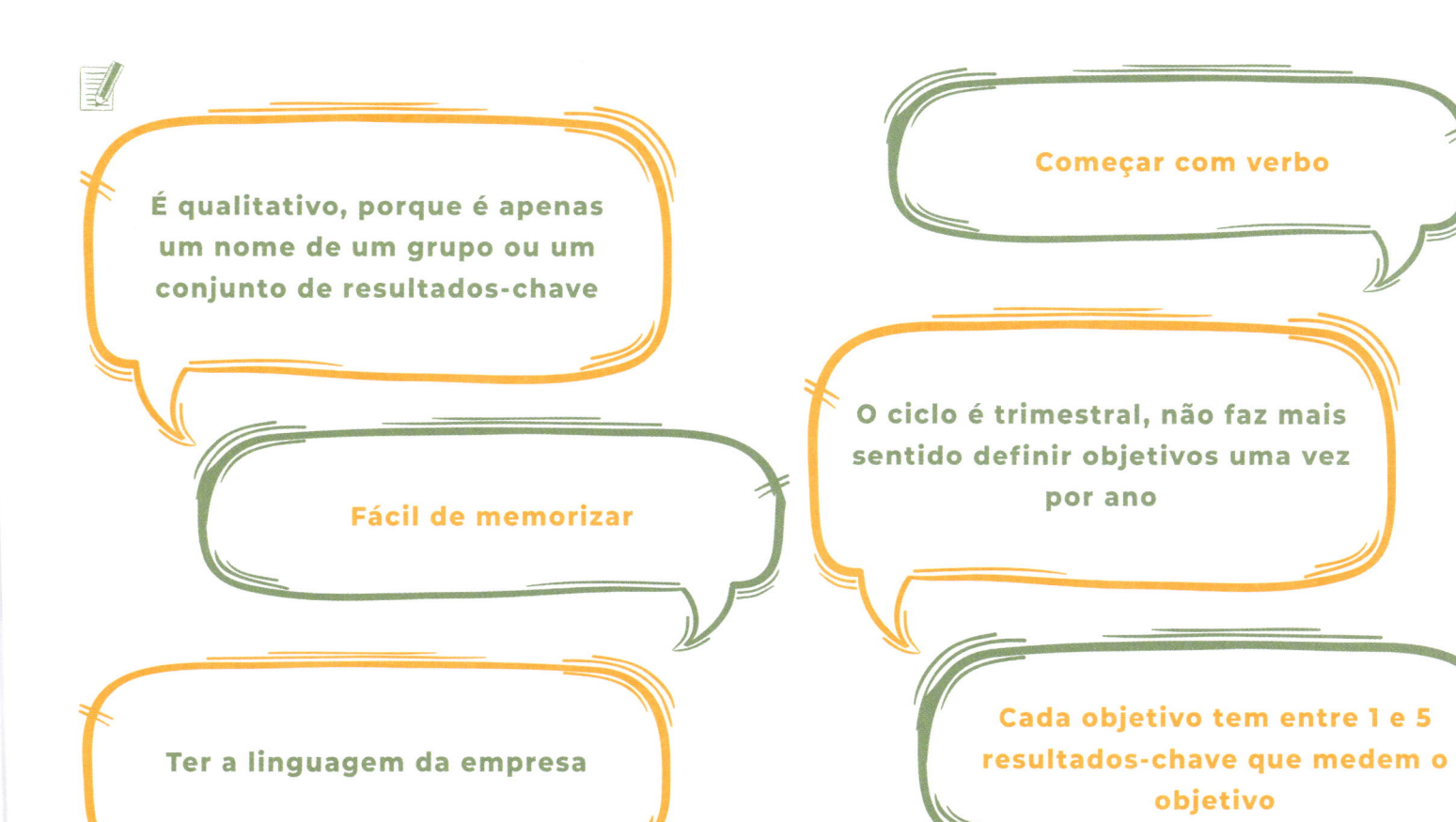

- É qualitativo, porque é apenas um nome de um grupo ou um conjunto de resultados-chave
- Fácil de memorizar
- Ter a linguagem da empresa
- Começar com verbo
- O ciclo é trimestral, não faz mais sentido definir objetivos uma vez por ano
- Cada objetivo tem entre 1 e 5 resultados-chave que medem o objetivo

Características de um objetivo
Fonte: Adaptado de Niven e Lamorte (2016).

Quando (ou por que) utilizar

A fórmula de John Doerr, que popularizou o uso da metodologia OKR, é oportuna para começarmos. Isso ajuda no processo de escolha dos principais objetivos de sua empresa e na decisão de como o progresso em relação a eles deve ser medido. O processo de OKR depende muito do estabelecimento de objetivos mensuráveis. Por isso, a fórmula de Doerr é bem simples e direta:

"Eu vou realizar o objetivo 'X' conforme será medido pelo resultado-chave 'Y'"

Ou seja, um bom objetivo tem de listar o *que se vai realizar* e também o modo como se vai *medir se o alvo foi atingido*. A medição cria um objetivo real, direcionável e pelo qual se pode lutar.

Como aplicar

Ao começar a definir os primeiros OKRs, opte por apenas um objetivo para a empresa, ou para a área, ou para o colaborador envolvido. À medida que você fica mais confortável usando OKRs, pode adicionar mais objetivos – lembre-se sempre de não ultrapassar o máximo de três. Qualquer coisa além disso exigirá muito "malabarismo", e pode acontecer de os indivíduos não conseguirem dedicar tempo suficiente para executar cada OKR.

Comunique e explique o objetivo para as equipes funcionais (por exemplo, as de desenvolvimento de produto, marketing, vendas etc.) e peça-lhes que definam seus objetivos de contribuição, mantendo-os sempre alinhados com o objetivo da empresa ou da área. É importante que cada time pense em como pode ajudar a levar adiante os objetivos da organização.

Os objetivos devem ser ambiciosos, qualitativos, limitados no tempo e acionáveis. Por exemplo:

→ Alcançar receita recorde enquanto aumenta a lucratividade.

→ Desenvolver uma estratégia de contratação ágil de líderes.

→ Revisar e melhorar os procedimentos de segurança de dados.

Acesse o formulário apontando a câmera do seu celular para o QR Code ao lado ou pelo link: http://amostras.dvseditora.com.br/jornadaagil/OKR.xlsx

OBJETIVO 1:	INDICADOR PARA MEDIÇÃO	RESULTADO ATUAL	RESULTADO EM % ATÉ
Resultado-chave 1A:			
Resultado-chave 1B:			
Resultado-chave 1C:			
Resultado-chave 1D:			
OBJETIVO 2:	**INDICADOR PARA MEDIÇÃO**	**RESULTADO ATUAL**	**RESULTADO EM % ATÉ**
Resultado-chave 2A:			
Resultado-chave 2B:			
Resultado-chave 2C:			
Resultado-chave 2D:			
OBJETIVO 3:	**INDICADOR PARA MEDIÇÃO**	**RESULTADO ATUAL**	**RESULTADO EM % ATÉ**
Resultado-chave 3A:			
Resultado-chave 3B:			
Resultado-chave 3C:			
Resultado-chave 3D:			

Capítulo 4 • O planejamento estratégico ágil

Resultado-chave

O que é

Resultado-chave — ou Key Results (KR) — é um "resultado" que se procura, não é uma tarefa. Cada resultado-chave descreve como se alcançará o objetivo e ainda ajuda a saber se foi possível atingi-lo. Cada KR é um referencial para a "medição" dos objetivos, ou seja, auxilia a medir o progresso feito em cada objetivo.

Assim, um resultado-chave inclui um Key Performance Indicator (KPI), ou indicador-chave de performance, e é escrito como um Management by Objectives (MBO), porque é o resultado parcial ou final que pode ser um marco mensurável e potencialmente quantificado como uma métrica. Resultados-chave adequados têm as seguintes características:

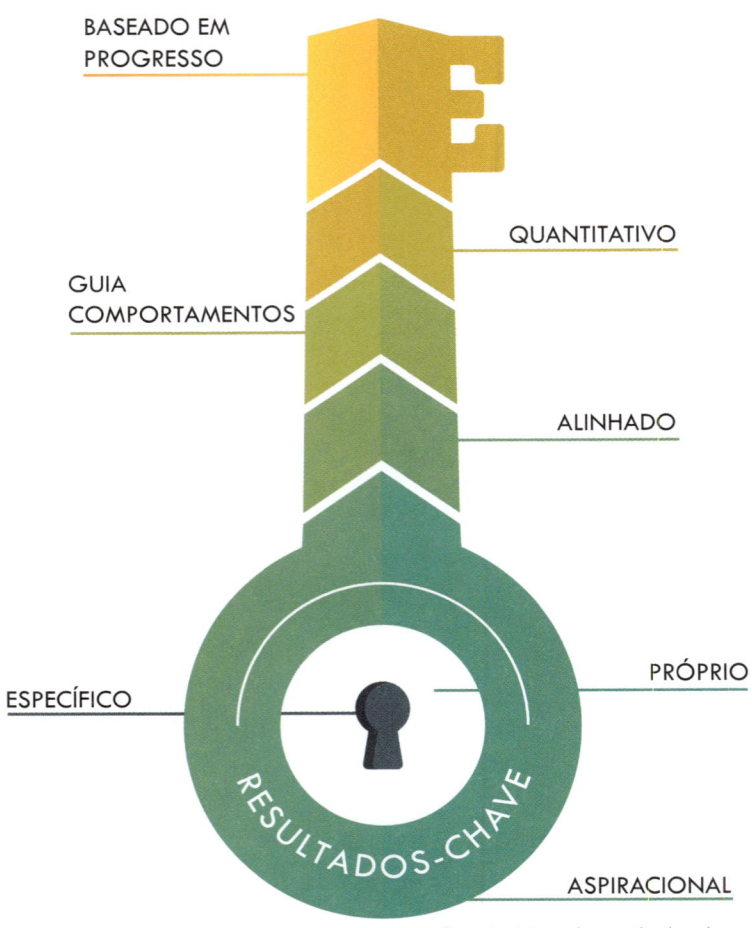

Características dos resultados-chave.
Fonte: Adaptado de Niven e Lamorte (2016).

- BASEADO EM PROGRESSO
- QUANTITATIVO
- GUIA COMPORTAMENTOS
- ALINHADO
- ESPECÍFICO
- PRÓPRIO
- ASPIRACIONAL

- Ou também pode ser uma métrica, então é quantitativo, com um valor monetário ou quantidade de unidades, por exemplo.
- Pode ser um marco, portanto é qualitativo, mas mensurável por completo ou por % de progresso.
- Possui métricas / KPI.
- Começa com verbo.
- Difícil, mas não impossível. Torna o objetivo real.
- Tem prazo para acabar.

Características dos resultados-chave
Fonte: Adaptado de Niven e Lamorte (2016).

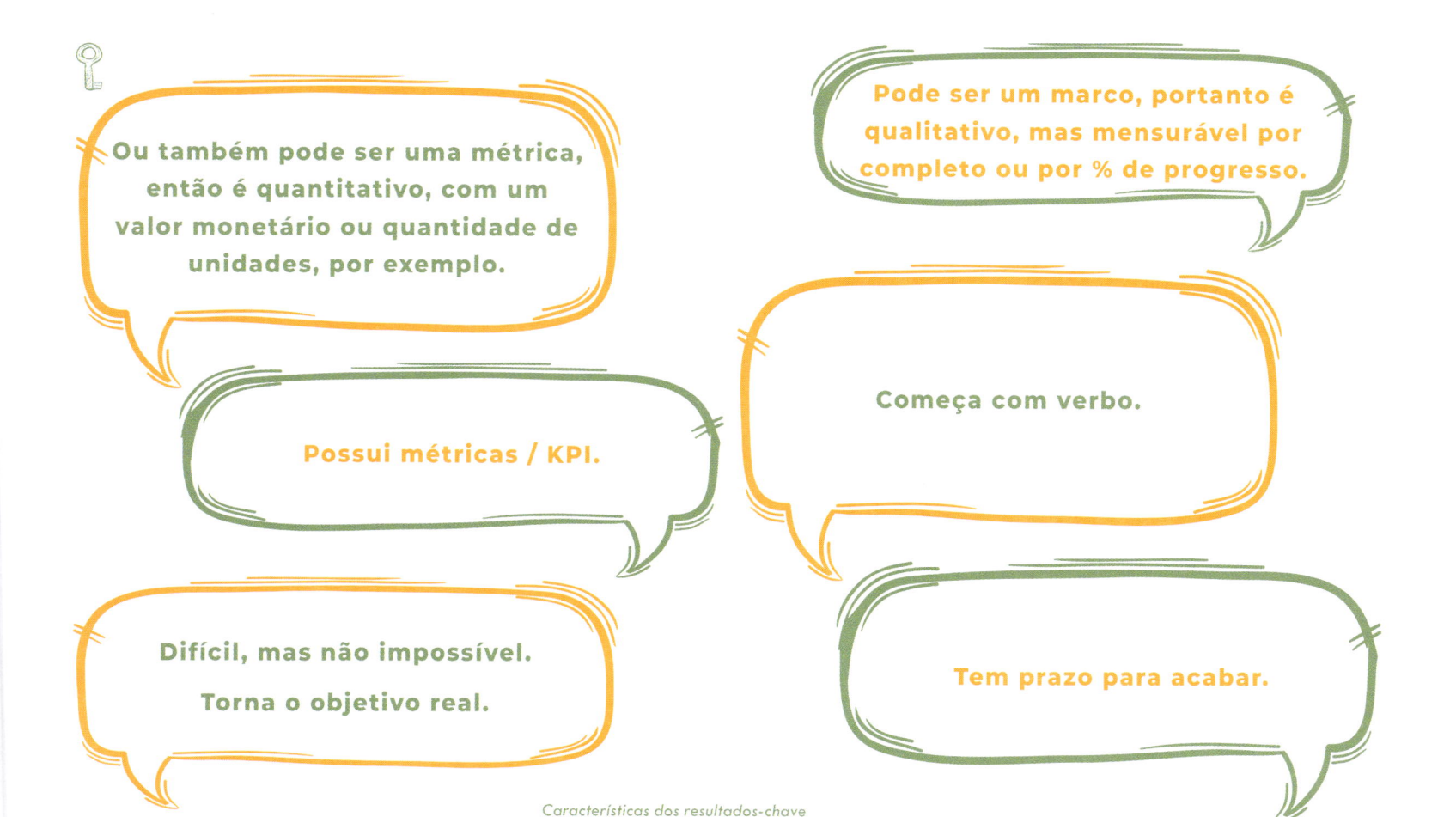

Resultados-chave refletem o resultado da realização do seu objetivo, sendo a meta geralmente definida até o final do trimestre. Cada objetivo precisa de dois a cinco resultados-chave.

Podemos classificar os resultados-chave de acordo com o tipo de informação que eles nos fornecem. Seguem alguns exemplos.

- → **Métrica positiva:** faturar R$ 2 milhões com o produto X no seu ano de lançamento.
- → **Métrica negativa:** reduzir o tempo de *setup* da máquina de duas horas para uma hora.
- → **Qualidade:** ter, no máximo, duas correções de falhas no aplicativo.
- → *Baseline*: melhorar o resultado da pesquisa de satisfação de clientes de 72% para 85%.

Quando (ou por que) utilizar

Os resultados-chave devem ser usados como referenciais para as entregas que são definidas para cada objetivo, de modo que se possa medir o progresso em direção a esses objetivos. Recomenda-se que cada objetivo tenha de dois a cinco resultados-chave principais e que todos eles sejam mensuráveis.

Como aplicar

Recomendam-se alguns padrões para escrever os KRs (resultados-chave):

VERBO + ESPECIFICIDADE + MÉTRICA

Exemplo: reduzir o cancelamento de clientes em 5%.

VERBO + DE X PARA Y + MÉTRICA

Exemplo: elevar de 10% para 15% a participação de mercado do produto Z.

Verbo
+
Especificidade
+
Métrica

Verbo
+
De X para Y
+
Métrica

OBJETIVO 1:	INDICADOR PARA MEDIÇÃO	RESULTADO ATUAL	RESULTADO EM % ATÉ
Resultado-chave 1A:			
Resultado-chave 1B:			
Resultado-chave 1C:			
Resultado-chave 1D:			

OBJETIVO 2:	INDICADOR PARA MEDIÇÃO	RESULTADO ATUAL	RESULTADO EM % ATÉ
Resultado-chave 2A:			
Resultado-chave 2B:			
Resultado-chave 2C:			
Resultado-chave 2D:			

OBJETIVO 3:	INDICADOR PARA MEDIÇÃO	RESULTADO ATUAL	RESULTADO EM % ATÉ
Resultado-chave 3A:			
Resultado-chave 3B:			
Resultado-chave 3C:			
Resultado-chave 3D:			

Tarefa

O que é

Uma tarefa é basicamente um item "a fazer". É necessário executar muitas tarefas (e talvez muitos projetos) para se atingir um objetivo. Porém, uma tarefa, em si mesma, não informa se o que se está fazendo é a "coisa certa". São os "resultados-chave" dos OKRs que indicam o que é certo ou não para sua empresa, e o que é mais importante para a organização em um trimestre específico.

Líderes e colaboradores das organizações frequentemente confundem KRs com tarefas, mas é preciso compreender que são coisas completamente diferentes. Entender que KRs não são tarefas pode tornar o gerenciamento de metas significativamente menos complicado para CEOs e executivos.

Convém, portanto, ter muito claros os seguintes pontos:

→ Uma tarefa é algo que você faz: um projeto é um esforço temporário empreendido para criar um produto, serviço ou resultado exclusivo, de acordo com a definição do PMBOK®.[30] Para concluir seu projeto, você precisa executar várias tarefas.

---

[30] O PMBOK® (Project Management Body of Knowledge) é uma padronização relacionada a processos, áreas de conhecimento, ferramentas e técnicas da gestão de projetos. É um guia criado para indicar boas práticas no gerenciamento de projetos.

→ Um objetivo é o que você deseja alcançar, e geralmente você precisa concluir uma combinação de vários projetos para atingir seu objetivo: essa reflexão nos leva a entender que **OKRs tratam especificamente resultados**, não sobre tarefas.

Quando (ou por que) utilizar

No nível mais básico, uma tarefa é apenas uma ação. Qualquer projeto consiste em muitas tarefas (ou seja, há um relacionamento muitos-para-um entre tarefas e pro-

Como aplicar

jetos). E é necessário concluir vários projetos ao longo do trimestre para atingir um objetivo (ou seja, há uma relação muitos-para-um entre projetos e objetivos).

Esclarecer essas diferenças – entre tarefas, projetos e OKRs – é essencial para que se possa obter o melhor desempenho e o alinhamento das metas da empresa em toda a organização. Afinal, cabe aos colaboradores executar pequenas tarefas todos os dias, o tempo todo, e elas precisam, necessariamente, estar direcionadas à realização dos objetivos traçados.

Existem metodologias específicas que são úteis para ajudar a definir e executar tarefas. Entre elas, uma das mais conhecidas e utilizadas é a chamada 5W2H. Criada no Japão por profissionais da indústria automobilística durante os estudos sobre a qualidade total, é uma ferramenta utilizada quando há necessidade de elaboração de um plano de ação, seja para um grande projeto, seja para uma tarefa mais simples. Com essa ferramenta, a empresa evita que tarefas e metas genéricas sejam definidas – desse modo, é possível tornar os esforços mais produtivos e fazer com que os recursos sejam mais bem utilizados.

Não é raro que um resultado-chave não seja atingido porque não tem o prazo ou as responsabilidades bem definidas. Os "5Ws" e os "2Hs" foram criados justamente para evitar essas falhas. O gestor que utiliza o 5W2H sabe que precisa dividir cada objetivo e cada resultado-chave em tarefas e planos de ação, seguindo um manual de boas práticas ao fazê-lo.

Em resumo, o 5W2H é a união de sete perguntas determinantes para definir uma tarefa. O nome é derivado do original em inglês: *what*, *why*, *who*, *where*, *when*, *how* e *how much*. Eis o que isso significa, em termos práticos:

What:
O que deve ser feito?

Todo resultado-chave deve ter uma especificação transformada em tarefa.

Why:
Por que a tarefa deve ser realizada?

Cada ação precisa ter um motivo. Uma empresa não pode definir um plano sem algo maior como diretriz. Este "W" ajuda o líder a refletir sobre a atividade como um todo, dentro de uma hierarquia de priorização.

Who:
Quem deve executar a ação?

Uma tarefa sem responsável tem poucas chances (ou nenhuma) de conclusão. Também não resolve ter um grupo de pessoas responsáveis pela atividade. É necessário eleger uma pessoa como responsável pela tarefa, mesmo que haja outras envolvidas na execução.

Where:
Onde a ação deve ser executada?

Pode haver um ou vários locais, e isso vai depender da tarefa. Definir esse ponto no plano ajudará a considerar as mudanças necessárias e seus custos, dentro dos prazos e do orçamento.

When:
Quando a ação deve ser realizada?

Datas de início e término previstas, considerando os riscos. O cumprimento do cronograma deve ser uma meta do plano de ação.

How:
Como a ação deve ser realizada?

Neste item, é inserida uma especificação mais detalhada da tarefa. Pode ser um detalhamento de atividades, datas e responsáveis.

How much:
Qual será o custo da ação?

Toda tarefa deve ter um orçamento, seja financeiro, seja em termos de horas de trabalho.

5W2H

RESULTADO-CHAVE	O QUE SERÁ FEITO?	POR QUE SERÁ FEITO?	ONDE SERÁ FEITO?	QUANDO SERÁ FEITO?	POR QUEM SERÁ FEITO?	COMO SERÁ FEITO?	QUANTO VAI CUSTAR?

Acompanhamento semanal

O que é

O acompanhamento semanal é uma reunião entre o colaborador e o líder da equipe, e tem o objetivo de avaliar os resultados definidos para o período e o que foi conquistado até o momento. É o termômetro do OKR e busca alinhamento de resultados, comentários e dificuldades.

Quando (ou por que) utilizar

O acompanhamento semanal dos OKRs da equipe é crucial para um ciclo de OKR bem-sucedido. Alinhamento, transparência e progresso não são importantes apenas em relação a OKRs, mas também quando se trata de agir em direção aos objetivos e aos resultados-chave esperados.

Como aplicar

O acompanhamento semanal do OKR é uma reunião rápida, de 15 a 20 minutos, em que líder e colaboradores refletem sobre o progresso do trabalho da equipe e definem novas prioridades para a semana seguinte. O objetivo é garantir o progresso dos OKRs, e isso é feito examinando os planos e tarefas realizados, os resultados conquistados e as lições aprendidas ao avançar. Basicamente, cada participante responde a três perguntas:

Na semana passada, quais foram os seus resultados?

↳ **Quais foram as dificuldades?**

↳ **Qual é a previsão para a próxima semana?**

5

6

As ferramentas ágeis

Pelo que é observado nos mercados brasileiro e mundial, a estrutura organizacional ágil, desenhada por jornadas de processos e entregas para clientes internos ou externos, está se tornando o modelo operacional de negócios que melhor responde a ambientes complexos e incertos, com 71% das organizações[31] já usando algum tipo de abordagem ágil.

É fundamental ter claro que, em muitos casos, somente um bom gerenciamento não basta para administrar processos mais complexos. É preciso manter as equipes alinhadas e focadas na entrega de valor para o cliente e ainda conseguir que a comunicação flua de modo rápido e preciso.

É nesse contexto que as empresas têm adotado os métodos ágeis, buscando tornar suas atividades mais assertivas e mais bem direcionadas para os objetivos estratégicos definidos e compartilhados.

Qualquer organização pode se tornar ágil, mas precisa ter clareza sobre o motivo pelo qual deseja fazer essa mudança, para que os pilares iniciais possam ser estabelecidos e seja possível definir onde, como e quando as mudanças serão implementadas.

A pergunta agora é: quais são as ferramentas que permitem a uma organização tornar-se ágil?

---

[31] Project Management Institute. *Success Rates Rise: Transforming the High Cost of Low Performance*, 2017. Disponível em: https://www.pmi.org/-/media/pmi/documents/public/pdf/learning/thought-leadership/pulse/pulse-of-the-profession-2017.pdf. Acesso em: 16 jan. 2021.

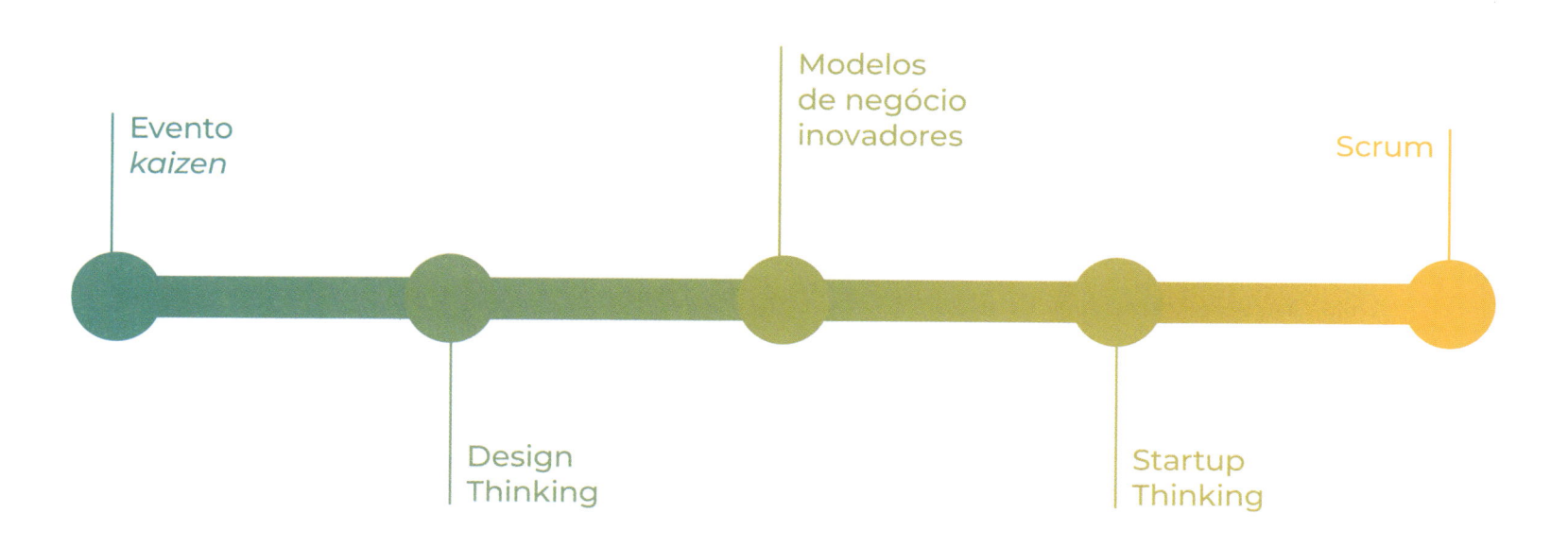

Evento *kaizen* — Design Thinking — Modelos de negócio inovadores — Startup Thinking — Scrum

Capítulo 5 • As ferramentas ágeis

Evento *kaizen*

Hoje melhor do que ontem e pior do que amanhã: essa é a essência da ideia do *kaizen*. Em japonês, *kaizen* significa melhoria contínua. Ou seja, é preciso ser hoje melhor do que fomos ontem, e ainda melhor amanhã do que estamos sendo hoje. Essa filosofia visa manter em constante melhoria a nossa maneira de viver e de trabalhar. Valoriza um progresso contínuo, apoiado em experiências e aprendizados de cada dia. Um dos grandes objetivos do *kaizen* é eliminar os diversos desperdícios que não agregam valor ao processo produtivo, resultando em melhoria na qualidade, redução de custos, aumento na satisfação do cliente, redução de riscos, redução de desperdício e aumento de produtividade. A proposta do *kaizen* geralmente envolve melhorias que não são disruptivas, porém apresenta resultados expressivos e estimula a cultura de melhoria.

Design Thinking

Abordagem para lidar com problemas complexos, permitindo ao participante se pôr no lugar do cliente e apresentar seu ponto de vista, explorar as diversas possibilidades de causas e fatores limitantes, redefinir o problema de forma clara e precisa e, assim, partir para a exploração das possíveis soluções e construção de protótipos para implementação.

Modelos de negócio inovadores

Modelos de negócio representam possibilidades para melhorar a forma de fazer negócios, em condições de extrema incerteza. Têm sua maior identificação nas áreas de inovação, no posicionamento estratégico da organização como criação de valor e cultura organizacional. Também são considerados como o elo conceitual entre a estratégia, os processos organizacionais e a transformação digital, facilitando a comunicação entre eles e permitindo compartilhar conhecimento. Algumas vezes, são associados à forma como a organização é remunerada pelas entregas efetuadas.

Startup Thinking

Encurta os ciclos de desenvolvimento, adotando uma combinação de experimentação, lançamentos de produtos mínimos viáveis (MVPs) iterativos e aprendizagem validada. A hipótese central da metodologia é a construção de produtos ou serviços para atender às necessidades dos primeiros clientes, antecipando receita, reduzindo os riscos de falhas e evitando a necessidade de financiamento inicial do projeto.

Scrum

Uma metodologia ágil de gestão de projetos que permite a entrega antecipada de valor para o cliente, com qualidade e buscando aumentar a assertividade para atender às dores e necessidades dos clientes, sem deixar de lado objetivos estratégicos da empresa. Promove um processo disciplinado que incentiva as adaptações frequentes, conforme a iteração com usuários. Incentiva o trabalho em equipe, a auto-organização, o protagonismo e a responsabilidade.

5
6
7

Horizonte 1 – Inovação em processos

O horizonte 1 da inovação representa as principais atividades que fornecem os maiores lucros, mantêm um fluxo de caixa favorável para a empresa e são reconhecidas mais diretamente por acionistas e analistas de mercado. O principal desafio desta etapa é sustentar a posição no mercado e aproveitar eventuais oportunidades adicionais com o produto ou serviço existente. O foco é melhorar o desempenho para maximizar o valor presente e financiar ações que serão desenvolvidas nos horizontes 2 e 3.

A melhoria dos processos e a inovação em produtos e serviços são inevitáveis. Da mesma forma, após analisadas todas as possibilidades de melhoria e desenvolvimento de produtos, chega também a hora da discussão de uma transformação digital.

Em um movimento lógico, as empresas devem inicialmente revisar a forma como tudo é feito, em vez de focar logo de partida a implementação de transformações digitais, muitas vezes até sem sentido e buscando inovação a qualquer custo. Quando a implementação de ferramentais digitais ocorre sem planejamento, a tendência é de se acelerar a propagação de erros e de custos atrelados a esses desenvolvimentos. Em resumo, as organizações precisam ter processos simples e ágeis por meio da avaliação de maturidade, automação e gestão *lean* (enxuta e fluida), para melhorar os processos que já existem. E, a partir desse ponto, investir na adoção de tecnologia para promover a transformação digital dos processos.

Empresas que se encontram nesse estágio da inovação têm o foco nas principais atividades que lhes fornecem os maiores lucros e fluxo de caixa.

Uma vez que os processos dos negócios existentes estejam revisados, garantindo a devida agregação de valor para clientes internos ou externos, pode-se, então, passar a investir na inovação dos modelos de negócio.

Evento *kaizen*

A necessidade de crescimento constante e a sustentabilidade dos resultados são fatores cada vez mais discutidos nas empresas. No entanto, mesmo com essas necessidades e debates, muitas vezes os gestores não acompanham seus processos atentamente e de forma regular, o que resulta em poucas melhorias e pode comprometer suas receitas e sua capacidade de inovação.

Ainda que a empresa elabore produtos e serviços de sucesso e conquiste fatias relevantes do mercado, com resultados financeiros expressivos, a busca pela melhoria dos seus processos deve ser contínua.

O mercado muda a cada segundo, assim como as necessidades dos clientes. Portanto, os processos que não forem devidamente monitorados e melhorados estarão fatalmente expostos a uma série de ameaças. A acomodação com os resultados positivos e com os negócios consolidados é fator de risco para a empresa, pois os concorrentes estão constantemente criando novos produtos e serviços, e revendo seus processos.

Os negócios que estão no horizonte 1 e que, portanto, já estão consolidados precisam obter o máximo do seu potencial, pois representam as atividades principais da organização. Dessa forma, são responsáveis por maior rentabilidade.

Nesse cenário, é fundamental melhorar os processos, não somente para que os negócios permaneçam rentáveis, mas também porque essa rentabilidade será fundamental para viabilizar e financiar os próximos horizontes da inovação.

Um dos principais métodos para se fazer isso é através dos eventos *kaizen*, que possibilitam revisar os processos de forma ágil, com alta participação da equipe e entendimento das necessidades dos clientes. A execução de eventos *kaizen* promove o aumento da rentabilidade das empresas, por meio da revisão dos processos existentes, permitindo defender e ampliar o negócio principal atual.

Outro benefício de se adotar os eventos *kaizen* é em relação ao tempo de realização das atividades. São ciclos curtos de atuação e duração e possuem um objetivo específico; a recorrência é importante não só para o desenvolvimento da cultura, mas também para a constante evolução dos resultados.

O *kaizen* se originou após a Segunda Guerra Mundial, quando o Japão se encontrava em enormes dificuldades econômicas e sociais. O governo japonês e as empresas se viram obrigados a liderar diversas iniciativas nas frentes de gestão administrativas e industriais para que seus processos pudessem ser reestruturados, tornando-os competitivos novamente.[32]

Foi nesse contexto que Taiichi Ohno, Shingeo Shingo e Eiji Toyoda, da Toyota, estudaram o trabalho de William Deming, que é conhecido com um dos mestres do controle de qualidade moderno e criador do método PDCA – ciclo planejar-executar-verificar-agir, como o conhecemos –, além de conceitos de Adam Smith e Henry Ford, e passaram doze semanas visitando as empresas norte-americanas, em 1950. Constataram que não foram realizadas muitas mudanças desde sua última viagem, em 1930, e que havia muitas oportunidades de melhoria.

Dessa forma, os japoneses continuaram desenvolvendo seus métodos e chegaram ao Sistema Toyota de Produção (STP), com os conceitos principais de maximizar o valor para o cliente de forma contínua, reduzir prazos de entrega e eliminar o desperdício. Dentre os pilares do STP, destacam-se o respeito às pessoas e o conceito de melhoria contínua, no qual se encontra o *kaizen*. O *kaizen*, que significa "mudança para melhor", refere-se à filosofia de melhorar continuamente todas as funções e envolve todos os colaboradores. Estende-se à melhoria em vários aspectos: na vida pessoal, na vida social e no trabalho. Segundo Masaaki Imai, um dos principais expoentes e disseminadores do *kaizen* e do STP no Ocidente, *kaizen* significa melhorar todo dia, com todo mundo e em todo lugar.

A abordagem *kaizen* promove mudanças que melhoram a qualidade e eficiência dos processos, sendo adequada para a manutenção dos negócios maduros das empresas. O evento *kaizen* baseia-se no ciclo PDCA e consiste em resolver problemas de maneira racional e eficiente, em um curto período de tempo. A estrutura comumente usada para aplicação do evento *kaizen* é de cinco dias. Alguns eventos podem ser feitos em período menor ou maior, mas, aqui, apresentaremos o modelo mais tradicional.

Um ponto que merece atenção é que, geralmente, os melhores resultados acontecem quando a execução se dá em dias contínuos. Isso porque a equipe permanece com foco no projeto, com alto nível de energia e sem a necessidade de resgatar informações sobre o ponto em que haviam parado.

Outro aspecto importante é que a equipe trabalhará com muitos cartazes e blocos adesivos ao longo da semana. Esse deve ser o material de apoio para a reunião final. Eventualmente, um ou outro material complementar pode ser construído em computador, mas a essência do processo já estará à mostra. Esse material causa um impacto visual que demonstra como era o processo antes e como ele passará a ser.

---

[32] James P. Womack, Daniel T. Jones e Daniel Roos. *A máquina que mudou o mundo*. Pref. José Roberto Ferro. Rio de Janeiro: Campus Elsevier, 2007.

As atividades desses cinco dias são, geralmente, distribuídas da seguinte forma:

Período	Segunda	Terça	Quarta	Quinta	Sexta
Manhã	*Kick* off com líderes e equipe Início do mapeamento do processo	*Gemba walk* Reunião com clientes	Geração de ideias Início do desenho do novo processo	Revisão dos planos de ação, prazos e responsáveis Implementação de *quick wins*	Gestão da mudança Acompanhamento dos *quick wins*
Tarde	Continuidade do mapeamento do processo Identificação de desperdícios Fluxo de valor Reunião com liderança	Análise de causa-raiz Reunião com liderança	Finalização do desenho do novo processo Reunião com liderança	Acompanhamento dos *quick wins* Preparação para a reunião final Reunião com liderança	Reunião com liderança Celebração

No evento *kaizen*, são utilizadas técnicas de **lean management** e ferramentas da **qualidade**,[33] que geralmente resolvem grande parte dos problemas encontrados. Outras ferramentas que podem ser utilizadas são da metodologia **Seis Sigma**.[34]

Importante ressaltar que é vital que o evento *kaizen* seja parte de um sistema maior, que considere a melhoria contínua como parte das atribuições do dia a dia da organização, e não apenas como eventos isolados.

Para empresas comprometidas com a melhoria contínua, uma sugestão é estabelecer um programa *kaizen* em toda a organização, com engajamento de seus líderes, orçamento dedicado e até mesmo alocação de equipes de tecnologia.

---

[33] Disponível em: https://ferramentasdaqualidade.org. Acesso em: 16 jan. 2021.

[34] Disponível em: https://endeavor.org.br/estrategia-e-gestao/seis-sigma/. Acesso em: 16 jan. 2021. A metodologia Seis Sigma é um sistema de gestão que tem três grandes objetivos: redução de custos, otimização de produtos e processos e incremento da satisfação do cliente.

Mapa da jornada de aplicação do evento *kaizen*

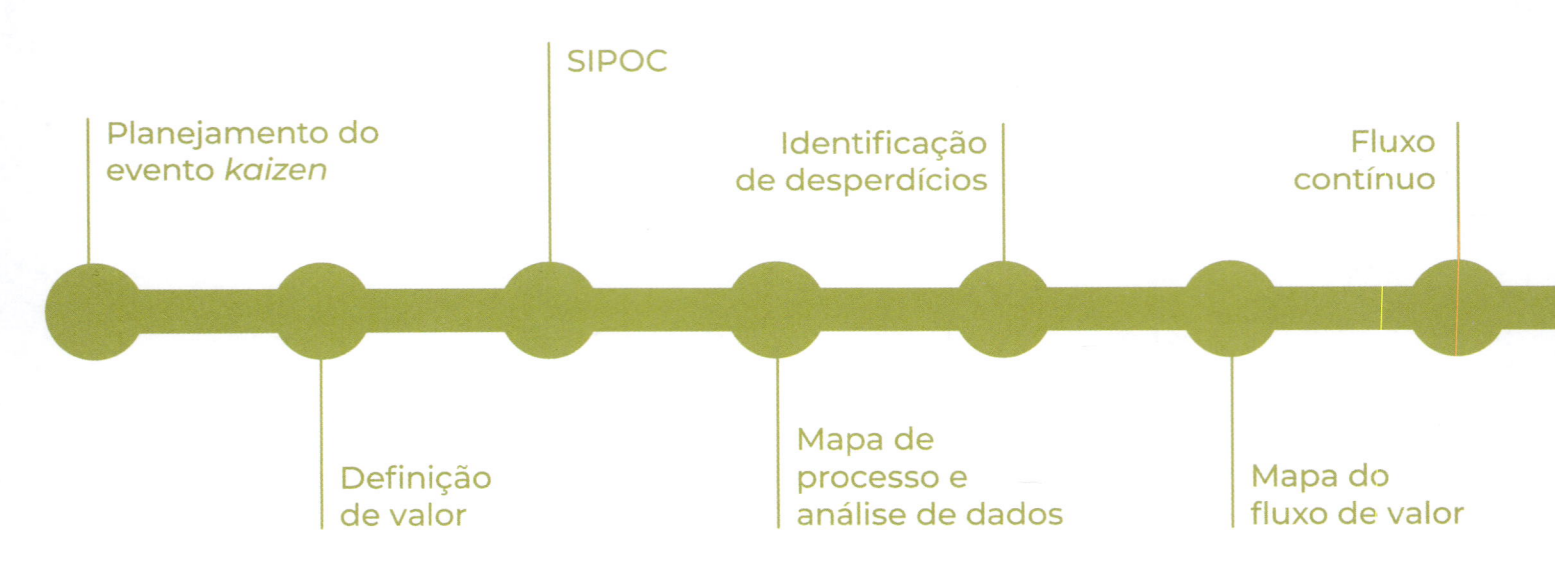

- Planejamento do evento *kaizen*
- Definição de valor
- SIPOC
- Mapa de processo e análise de dados
- Identificação de desperdícios
- Mapa do fluxo de valor
- Fluxo contínuo

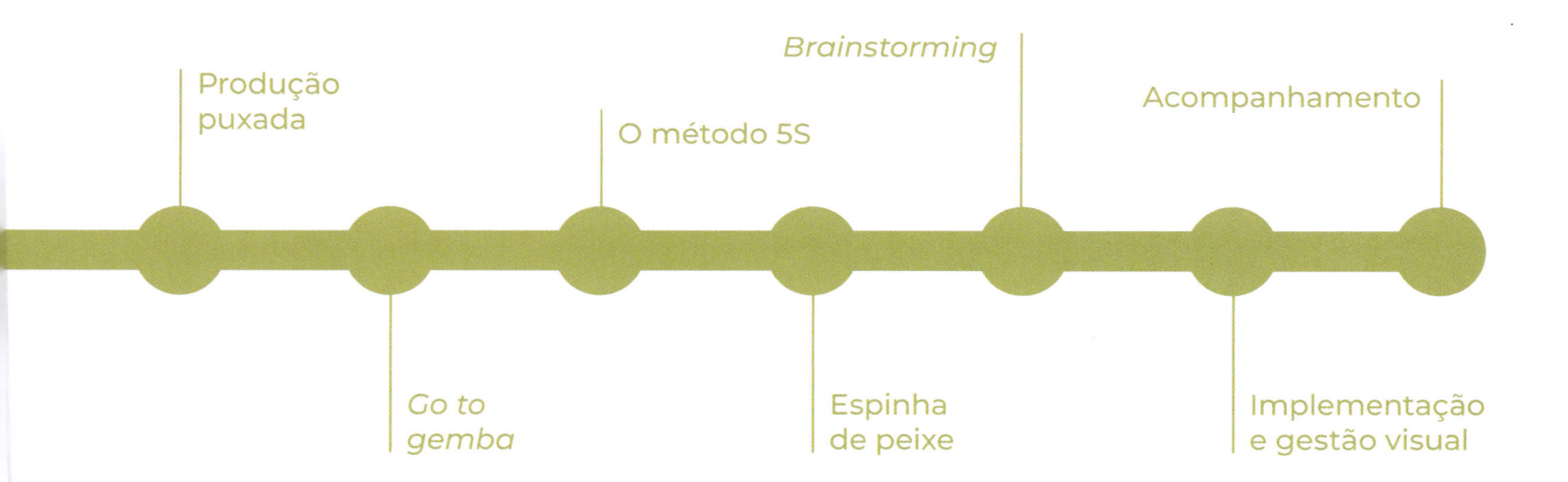

- Produção puxada
- *Go to gemba*
- O método 5S
- Espinha de peixe
- *Brainstorming*
- Implementação e gestão visual
- Acompanhamento

Planejamento do evento *kaizen*

O que é

Para que um evento *kaizen* seja bem-sucedido, é importante um bom planejamento. Isso consiste em escolha do tema, definição do objetivo, escolha e capacitação da equipe, reserva de um bom local para a realização do evento e comunicação eficiente.

Quando (ou por que) utilizar

Geralmente, é importante escolher o tema a ser abordado quatro semanas antes do evento *kaizen*. Isso possibilita um correto levantamento de dados preliminares, definição e reserva de agenda dos membros da equipe e dos convidados.

É importante também que seja realizada uma capacitação para a equipe sobre *lean management* e ferramentas da qualidade. Todos esses fatores possibilitarão que a equipe esteja focada apenas na resolução do problema durante o evento *kaizen*.

Como aplicar

1. Definir o processo:

o primeiro passo é definir o processo que será trabalhado no evento. Alguns bons parâmetros para essa definição podem ser:

→ Produtos de giro rápido e alto volume de vendas.
→ Indicadores de produtividade e qualidade, como defeitos, reclamações e retrabalho.
→ Excesso de estoque.
→ Prazo longo ou falhas para entrega.
→ Produção excessiva.
→ Problemas com fornecedores.
→ Problemas com equipamentos e ferramentas.

2. Definir a equipe:

o segundo passo é definir a equipe que fará parte do evento. Este é um dos pontos mais importantes, pois devem estar integralmente na sala aqueles que conhecem o processo e que tenham autonomia pelos seus líderes para conduzir as soluções – com um planejamento antecipado, as pessoas podem se programar para estar na sala durante o evento e redistribuir atividades cotidianas com demais membros da equipe.

É importante convidar para o evento pessoas que conheçam todas as etapas do processo, não importando o seu cargo. Eventualmente, poderão ser convidadas outras pessoas para participações pontuais, validações e eliminação de dúvidas. Essas pessoas deverão ser avisadas antecipadamente de que poderão ser acionadas a qualquer momento ou em um horário específico para a sua participação.

Com o processo e a equipe definidos, é importante proceder então à capacitação em *lean* e ferramentas da qualidade do pessoal envolvido. Dessa forma, todos saberão exatamente o que melhorar e a forma de se fazer isso.

3. Definir o líder:

uma vez escolhida a equipe, é importante definir o líder do evento. O líder deve conhecer o método, além de ser capaz de fazer uma boa gestão de equipe, uma boa gestão de *stakeholders*, para eliminar eventuais barreiras e facilitar soluções, manter a meta e o prazo sob controle e ter sempre em mente os passos seguintes que o projeto exigirá.

4. Definir metas e coletar dados:

com os indicadores iniciais estabelecidos, o próximo passo é definir as metas que a equipe deverá buscar no evento *kaizen* e iniciar a coleta de dados. Alguns dados já existirão em sistemas e planilhas, mas outros deverão ser criados. Esse é um aspecto crítico e, por vezes, ignorado. Contudo, é um dos fatores de sucesso do projeto. Caso os números do processo não sejam levantados previamente, a equipe fatalmente sentirá necessidade dessas informações durante o evento, o que resultará em perda de tempo, que já é muito escasso em projetos dessa natureza. Muitas vezes, alguém da equipe já deverá ser alocado para identificar e quantificar previamente os desperdícios em campo.

5. Realizar comunicação:

finalmente, todos são envolvidos a partir de uma comunicação eficiente. A comunicação não deve se restringir aos integrantes do evento *kaizen*, mas envolver tanto os demais integrantes das equipes cujo processo será impactado quanto, eventualmente, clientes e fornecedores, considerando o que é relevante para cada público e o melhor canal para atingi-lo.

Capítulo 6 • Horizonte 1 — Inovação em processos

Definição de valor

O que é

Um dos primeiros conceitos que a equipe deve ter é o de valor agregado, pois ele é o direcionador para as decisões na metodologia. Da mesma forma, é importante ressaltar que valor é diferente de preço. Em resumo, valor agregado é produzir aquilo que o cliente está disposto a pagar.

Quando (ou por que) utilizar

Quando queremos aumentar o lucro do processo, por meio da redução de desperdícios identificados, dado que o preço é regulado pelo mercado. É importante conhecer o que agrega valor para o cliente, refinar esse conhecimento durante a entrevista com ele e avaliar as oportunidades do processo.

Como aplicar

Qualquer operação pode ser dividida em três categorias:

Agrega valor: representa uma transformação pela qual o cliente está disposto a pagar e pode ser otimizada.

Não agrega valor: não influi no estado do produto e pode ser eliminada sem afetar o processo.

Não agrega valor, mas é necessário: não influi no estado do produto, mas é necessária para que outras tarefas de valor agregado possam ser realizadas.

Dessa forma, o projeto deve focar manter atividades de valor agregado, trabalhar para diminuir as atividades que não podem ser eliminadas imediatamente, embora não sejam necessárias, e finalmente eliminar os desperdícios, que só interferem negativamente no processo, seja em tempo, seja em recursos.

Embora pareça óbvio, muitas equipes erram ao iniciar os projetos, pois tentam melhorar o que já funciona bem. O ideal é começar pelas atividades que não agregam valor, já que elas não apresentam nenhum benefício ao processo. Em seguida, reduzir, tanto quanto possível, atividades que não agregam valor, mas que são necessárias. E, finalmente, olhar para as atividades que agregam valor, pois também pode haver oportunidades de melhorias, por exemplo, melhorar o processo para que a atividade seja realizada corretamente desde a primeira vez que for executada, sem retrabalho ou desperdícios.

O fato é que as atividades que não agregam valor são maioria e consomem muito do processo. Ao atacá-las, o benefício será enorme e os ganhos, mais rápidos. Com tudo isso, espera-se que o tempo total do processo (*Lead Time*) seja reduzido; a sua flexibilidade, aumentada; o inventário, reduzido; o nível de serviço, melhorado; a complexidade, diminuída; os custos, reduzidos; e a qualidade, melhorada.

SEM VALOR AGREGADO

- Tarefa que não influencia o estado do produto final e que poderia ser eliminada sem afetar o processo

VALOR AGREGADO

- Tarefa que representa uma transformação pela qual o cliente está disposto a pagar

SEM VALOR AGREGADO INCIDENTAL

- Tarefa que não influencia o estado do produto final, mas que é necessária para poder realizar tarefas de valor agregado

SIPOC

O que é

SIPOC é um acrônimo da língua inglesa, que significa:

- → **Suppliers** (Fornecedores do processo): providenciam os recursos necessários.
- → **Inputs** (Entradas do processo): recursos e informações para a realização do processo.
- → **Process** (Etapas do processo): atividades daquele processo.
- → **Outputs** (Saídas): entrega e resultados de cada etapa.
- → **Clients** (Clientes): aqueles que recebem os produtos de cada etapa.

O SIPOC, criado por Bill Smith em conjunto com a metodologia Seis Sigma, é um diagrama utilizado para a definição do processo de forma não tão detalhada, mas que permite visualizar o escopo e suas principais interfaces. Os detalhes serão acrescentados durante o mapeamento do processo, em etapas posteriores. É utilizado para a elaboração assertiva e um melhor planejamento do projeto.

Quando (ou por que) utilizar

O SIPOC pode ser utilizado logo na escolha do desafio ou no início do projeto. Quando realizado na escolha do desafio, pode auxiliar, inclusive, na definição dos participantes da equipe, no que está dentro ou fora do escopo e nos dados que precisam ser levantados. Quando utilizado no começo do projeto, apoia o desenvolvimento do mapeamento do processo.

Como aplicar

Devemos começar sempre pela coluna do P (Processo), preenchendo-a integralmente do primeiro ao último macroprocesso e, então, passar às demais letras (colunas), da esquerda para a direita. O processo é mais bem concebido através de *brainstorming* e, geralmente, contempla de cinco a oito processos.

Capítulo 6 • Horizonte 1 — Inovação em processos

MAPA SIPOC

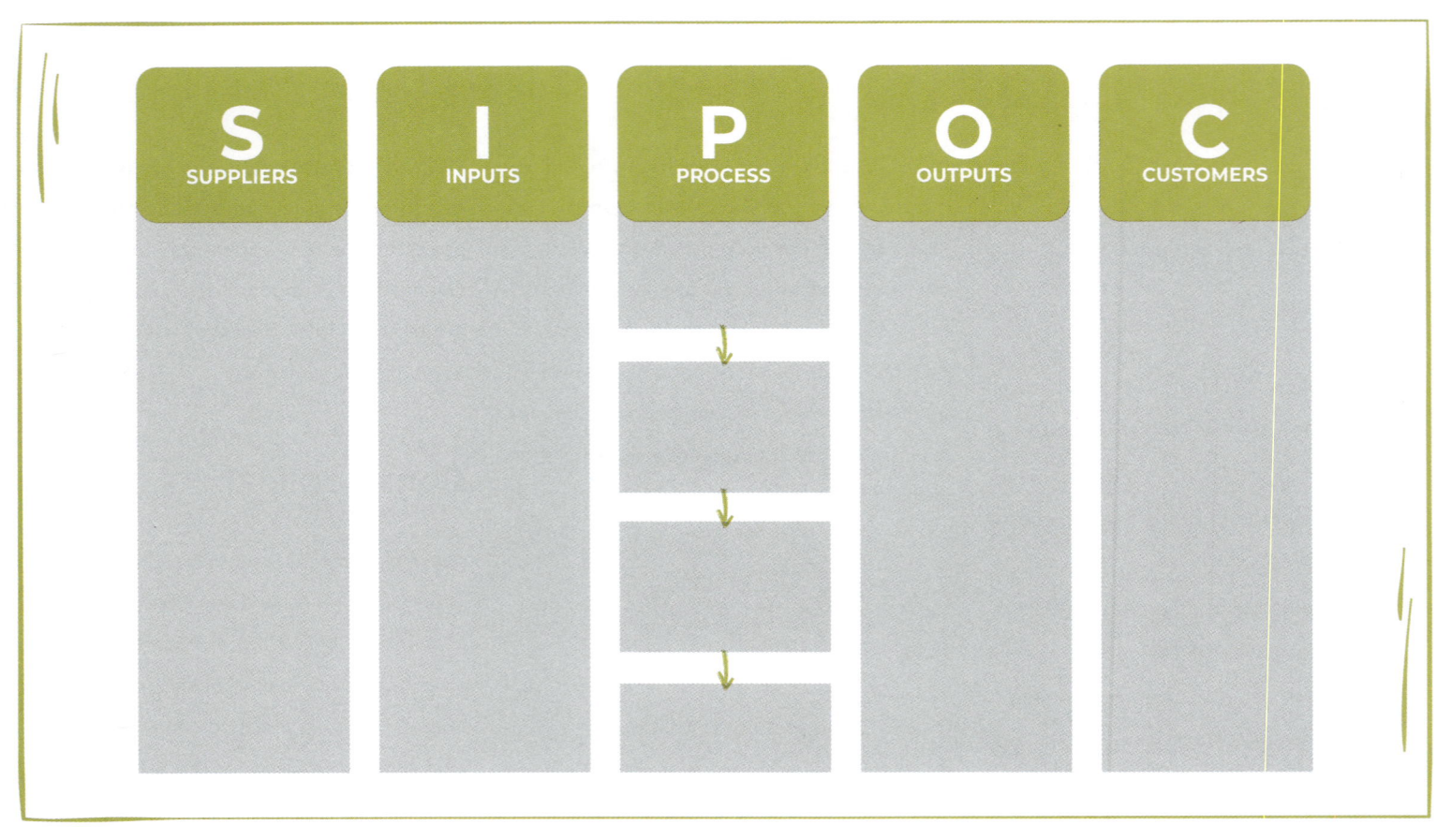

S	I	P	O	C
SUPPLIERS	INPUTS	PROCESS	OUTPUTS	CUSTOMERS

Fonte: Adaptado de Praven (2012).

Mapa de processo e análise de dados

O que é

O mapa de processo e análise de dados, criado em 1950 por William Edwards Deming, o pioneiro nos estudos e na aplicação de melhorias no âmbito da qualidade, é um esquema para mostrar os processos de uma organização, chamado de LoP – Linkage of Process. É uma representação gráfica de um conjunto de atividades, que possibilita entender e visualizar como funciona um processo como um todo.

Quando (ou por que) utilizar

O mapeamento do processo é utilizado em duas situações: para identificar como o processo é no momento em que o projeto está sendo realizado e, em um segundo momento, projetar as melhorias desenhadas.

No primeiro caso, ele é realizado no primeiro dia do evento *kaizen* e permite identificar desperdícios nas etapas que não agregam valor, perceber riscos existentes e potenciais, entender como funciona o processo do início ao fim e todas as suas interfaces e também identificar oportunidades de melhorias. Além desses fatores, o mapeamento é importante por documentar o processo, diminuindo a dependência de um colaborador específico e facilitando a gestão do conhecimento.

No segundo caso, com as melhorias já identificadas, o novo mapeamento é desenhado no terceiro dia do evento *kaizen*.

Capítulo 6 • Horizonte 1 – Inovação em processos

Como aplicar

O mapeamento deve ser utilizado para aprofundar o conhecimento das etapas do processo. É muito importante que o processo seja mapeado do jeito que ele de fato acontece, e não como eventualmente foi mapeado antes ou como as pessoas gostariam que fosse. Somente dessa forma é possível identificar pontos de melhoria. O mapeamento deve descrever onde as atividades começam e onde terminam.

Em um evento *kaizen*, os participantes precisam conhecer o processo. Caso não conheçam algum ponto, é importante entrevistar pessoas que possam fornecer os detalhes relevantes. Outros aspectos essenciais que devem ser verificados são: o processo está sendo executado como deveria? Existe alguma etapa redundante ou faltante?

Para cada etapa, é preciso avaliar se ela gera valor ou não. Conforme vimos anteriormente, devemos resolver inicialmente as etapas que não geram valor. Para cada uma delas, é preciso levantar informações, evidências e indicadores de performance ou risco. Essas informações serão fundamentais para avaliar se de fato se trata de um problema, de quanto é o custo desse problema e de quanto será o ganho ao eliminá-lo. As evidências devem ser coladas junto às etapas, pois isso destaca os desperdícios e a necessidade da mudança.

O mapeamento é normalmente realizado em forma de raias horizontais, nas quais são inseridas as áreas responsáveis pelas atividades. As colunas dividem os fluxos por macroetapas. Dessa forma, começando-se da esquerda para a direita e de cima para baixo, é fácil de acompanhar o fluxo do processo. As caixas retangulares representam os processos e devem ser escritas com um verbo de ação no infinitivo. As caixas em forma de losango representam decisões a serem tomadas. Em alguns momentos, as etapas podem ser momentaneamente interrompidas, devendo ser retomadas em outro momento. Quando isso acontecer, para evitar que várias linhas cruzem o fluxo, dificultando o seu entendimento, é comum associar um número ou uma letra ao local onde houve a interrupção e ao local onde ele foi retomado.

Além desses símbolos, visíveis no exemplo a seguir, existem outros que também podem e devem ser utilizados para facilitar o entendimento do processo, pois se trata de uma linguagem universal padronizada, facilitando a qualquer pessoa entender o fluxo simplesmente ao analisar a sua representação.

REPRESENTAÇÃO DE MAPEAMENTO DE PROCESSOS

RAIAS: **QUEM** executa a atividade

COLUNAS: **MACROETAPAS** do processo

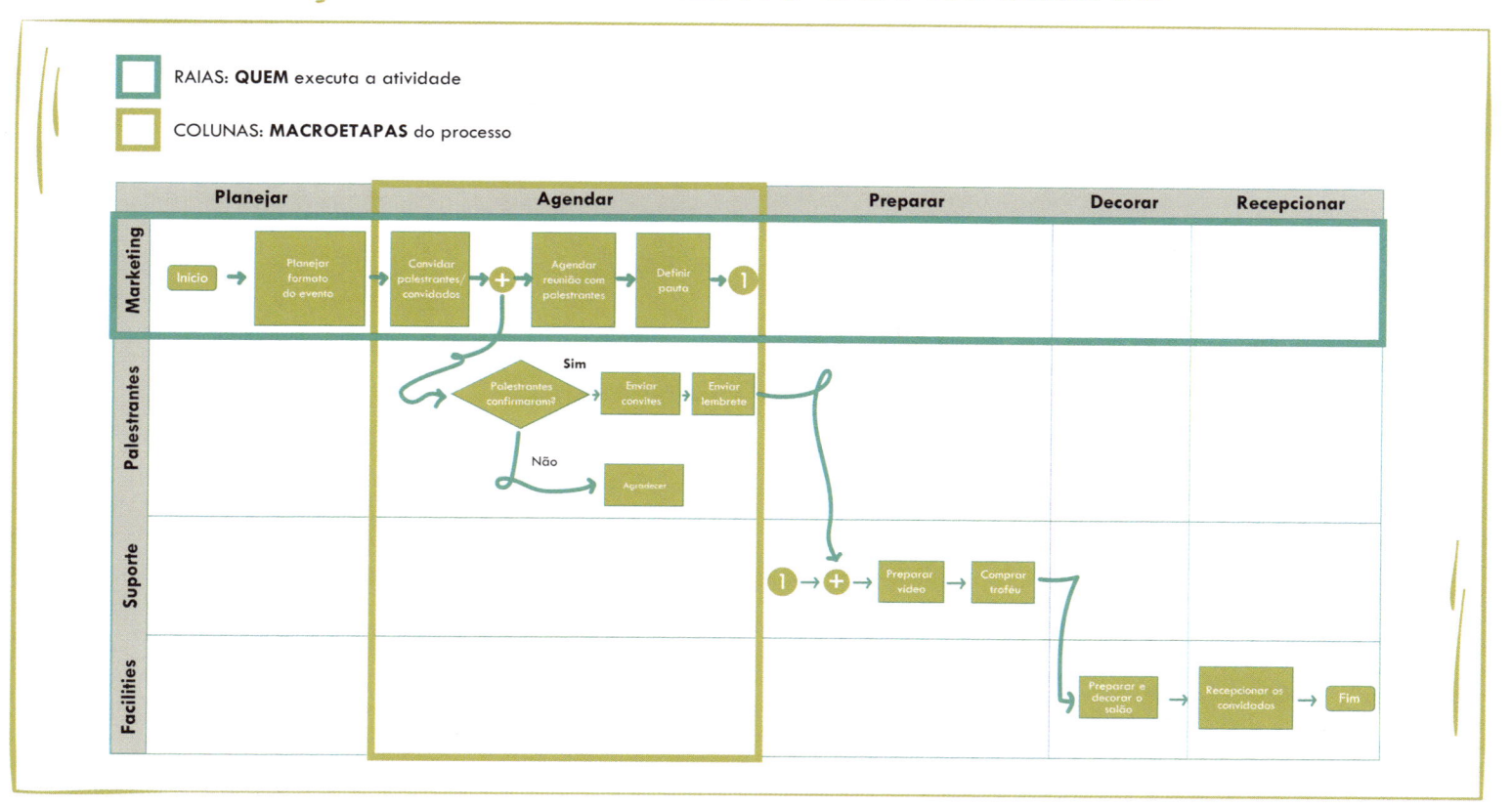

	Planejar	Agendar	Preparar	Decorar	Recepcionar
Marketing	Início → Planejar formato do evento	Convidar palestrantes/convidados → + → Agendar reunião com palestrantes → Definir pauta → ①			
Palestrantes		Palestrantes confirmaram? — Sim → Enviar convites → Enviar lembrete; Não → Agradecer			
Suporte			① → + → Preparar vídeo → Comprar troféu		
Facilities				Preparar e decorar o salão →	Recepcionar os convidados → Fim

Capítulo 6 • Horizonte 1 — Inovação em processos 171

PRINCIPAIS ÍCONES PARA MAPEAMENTO DE PROCESSOS[35]

Operação	Decisão	Input Output	Conexão de páginas
Inspeção	Preparação	Memória principal	Cartão perfurado
Demora	Terminal	Sub-rotina	Display
Transporte	Junção	Tambor magnético	Extrair
Armazenamento	"Ou"		
Ações Combinadas	Disco magnético	Conector	Vários documentos
Processo	Fita magnética	Classificar	Agrupar
Operação Manual	Documento	Fita papel perfurada	Entrada manual

---

[35] Ícones utilizados no BPMN (Business Process Model and Notation) – em português, Modelo e Notação de Processos de Negócio –, desenvolvido pela Business Process Management Initiative (BPMI), para unificar a forma como as empresas faziam a modelagem de seus processos.

Jornada Ágil

Identificação de desperdícios

O que é

Em geral, um dos principais pontos a serem realizados em um evento *kaizen* é a redução de desperdícios, que é o foco da filosofia *lean*.

A eliminação dos desperdícios é essencial para a construção de uma empresa de sucesso e auxilia no aumento da lucratividade.

O conceito de eliminação de desperdícios foi criado por Taiichi Ohno,[36] no Sistema Toyota de Produção. Taiichi identificou três aspectos que influenciam negativamente a produtividade de uma empresa: *muda* (atividades de desperdício), *muri* (sobrecarga) e *mura* (desigualdade).

Dessa forma, foram classificados sete tipos de desperdícios (sete *muda*), que consomem recursos e não agregam valor para o consumidor final.

Analisando-se as atividades, observa-se que as que realmente agregam valor para o cliente correspondem a uma pequena proporção de todo o processo. Esse fato reforça a necessidade de eliminação, ou ao menos de mitigação, das atividades que geram desperdício, aumentando a produtividade do processo. Mais recentemente, agregou-se um oitavo item, relacionado ao desperdício de talentos.

Quando (ou por que) utilizar

Ao se realizar o mapeamento do processo, a equipe deverá identificar os desperdícios nas etapas correspondentes, aumentando, assim, a sua produtividade.

---

[36] Taiichi Ohno é considerado o principal responsável pela criação do Sistema Toyota de Produção.

Como aplicar

Os desperdícios são de oito tipos, podendo ocorrer de forma isolada ou até mesmo todos eles em um mesmo processo. Podem ser descritos como:

1. Sobreprodução ou superprodução:

é evidenciada quando se produz mais que o necessário ou de forma muito antecipada à demanda do cliente. Algumas de suas consequências: volume excessivo de recursos (humanos, materiais, serviços), estrutura de armazenamento maior do que a necessária e excesso de informação.

2. Espera:

é evidenciada quando se identifica tempo ocioso de colaboraores, máquinas, sistemas e recursos necessários para geração do produto ou serviço. Alguns exemplos: filas de espera, atrasos, falhas no dimensionamento de recursos, perda de recursos (validade de matéria-prima ou produtos acabados).

3. Transporte:

este tipo se refere ao deslocamento desnecessário de estoque, equipamentos, materiais ou pessoas, o que pode causar danos aos equipamentos e desorganização ao processo, diminuindo a produtividade.

4. Sobreprocessamento ou superprocessamento:

este é um desperdício muito comum e ocorre quando existem muitas etapas desnecessárias que retardam a entrega do produto ou serviço.

5. Estoque:

o armazenamento excessivo de materiais significa dinheiro parado. Para isso, devem-se observar a movimentação e o estoque de insumos, além de produzir quando realmente for necessário.

6. Falta de qualidade ou retrabalho:

qualquer tipo de defeito detectado no produto, serviço ou processo que resultar em retrabalhos, rejeitos, não conformidades, baixa qualidade, falta de informação, erros e afins.

7. Movimentos:

qualquer movimento a mais durante a execução da atividade significa perda de produtividade e poderia ser utilizado agregando valor em outro processo. Portanto, uma boa organização no ambiente de trabalho, seja dos equipamentos, seja dos colaboradores, é fundamental para eliminar este desperdício.

8. Desperdício de talentos:

o desperdício intelectual consiste em não usar racionalmente o recurso intelectual das pessoas na geração de produto ou serviço, ou simplesmente não o aproveitar em atividades que venham a agregar valor para a empresa.

DESPERDÍCIOS DO LEAN

1. Sobreprodução
2. Espera
3. Transporte
4. Sobreprocessamento
5. Estoque
6. Falta de qualidade
7. Movimentos
8. Inutilização do conhecimento/Desperdício de talentos

Utilização ineficiente de recursos, além do estritamente necessário para satisfazer as necessidades do cliente

Mapa do fluxo de valor

O que é

Oqmapa do fluxo de valor (ou Value Stream Map – VSM) é um fluxograma originado no Sistema Toyota de Produção e utilizado para analisar e melhorar as etapas necessárias para entregar um produto ou serviço. É utilizado na análise do fluxo de etapas e informações do processo, desde o início da criação até a entrega ao cliente.

O VSM utiliza símbolos que representam as atividades e os fluxos de informação. A ferramenta é útil para identificar os desperdícios no estado atual e, em seguida, projetar as melhorias e eliminar os desperdícios.

Pode ser utilizado para realizar o mapeamento do fluxo de material e das suas informações, e levantar o tempo de execução de cada atividade.

Quando (ou por que) utilizar

O mapa do fluxo de valor é utilizado geralmente após o mapeamento de processos. É importante para identificar oportunidades de melhorias, além de desperdícios que ocorrem na cadeia de produção do processo.

Como aplicar

1

O primeiro passo é selecionar o produto a ser trabalhado e desenhar o processo atual. É importante que esse mapeamento seja feito do ponto de vista do cliente, não sendo necessário entrar nos detalhes da atividade para obter um ótimo nível de informação. O nível do processo é suficiente para identificar os desperdícios.

2

Levantar dados essenciais por etapa do processo, como:

- **a** tempo de ciclo (tempo de cada etapa da produção);
- **b** estoque;
- **c** número de colaboradores para a operação de cada processo;
- **d** turnos;
- **e** índice de desperdício;
- **f** tempo de *setup* (tempo necessário para a mudança de produção de outro produto).

3

Com essas informações, utilizamos figuras como retângulos para representar os processos, triângulos para os estoques ou tempos de espera, setas para o fluxo do processo e se é transacionado de forma digital ou física.

4

Para criar o fluxo atual, deve-se inserir inicialmente a representação do cliente, no canto superior direito do fluxo. Na sequência, em sentido anti-horário, a área de planejamento e controle de produção, que recebe o pedido, e, posteriormente, o fornecedor. A partir daí, temos as etapas do processo produtivo, nas quais é possível identificar estoques, pontos de gargalo e locais em que o fluxo se encontra parado. Da mesma forma, é possível identificar se as demandas são realizadas de forma puxada ou empurrada e quantidade de pedidos e entregas, tanto em relação aos fornecedores quanto aos clientes.

Na caixa de informações do cliente, deve-se registrar o seu *takt time*, que é o tempo disponível para a produção dividido pela demanda do mercado. Esse tempo é calculado pelo tempo reservado disponível para produção dividido pelas unidades de produção necessárias.

Na sequência, caixas de dados devem ser adicionadas em cada uma das etapas, indicando a quantidade de operadores. Além disso, podem ser incluídas diversas informações relevantes da etapa, como:

→ tempo de ciclo, que é o tempo necessário para completar uma parte;

→ tempo de troca, que é o tempo para trocar o tipo de produto;

→ tempo de atividade, que é basicamente a porcentagem de tempo em que a máquina está em funcionamento.

Essas são as informações minimamente desejadas para cada etapa. Porém, vale inserir outras informações relevantes e que auxiliem a tomada de decisão.

O próximo passo é inserir o inventário e os tempos de espera. Para isso, é preciso interligar os pontos do início ao fim. As caixas de processos devem ser ligadas por setas para indicar o fluxo do processo, sinalizando, inclusive, através do formato da seta, se é um processo empurrado ou puxado.

Entre cada etapa, deve-se acrescentar um triângulo, que indica o número de peças que você possui no WIP (Work In Process – Trabalho em Processamento) no final de cada etapa. O WIP é o número de atividades que um time possui no momento da análise. É utilizado para demonstrar a capacidade do fluxo de trabalho da equipe em um determinado momento, permitindo um melhor gerenciamento e evitando sobrecarga de produção.

Para indicar o método de transporte, seja do fornecedor para a empresa, seja da empresa para o cliente, é preciso adicionar símbolos de caminhão, avião ou outro.

Além de indicar o fluxo da produção, o VSM indica também o fluxo de informações do processo.

Outra informação usual do VSM é a indicação da equipe responsável pelo planejamento do controle de produção, que realiza o planejamento e controle da produção entre os pontos inicial e final.

Além disso, na segunda metade, que fica abaixo dessa caixa, você também pode registrar as responsabilidades do grupo que é responsável por essa etapa.

Outro tipo de informação indicada no VSM diz respeito ao tipo de comunicação. São utilizadas setas irregulares para comunicação eletrônica, como email, telefone ou troca de arquivos por internet. Vale também destacar os tipos de dados que são trocados e a frequência dessa ação.

As setas retas indicam comunicação manual, como memorandos, relatórios impressos ou conversas pessoais.

5

Na parte inferior, em um formato de "serra", devemos indicar o tempo que uma peça leva para percorrer o fluxo inteiro, do início da sua produção até a entrega para o cliente. Com isso, será possível identificar os tempos que agregam valor e os tempos que podem ser melhorados. Essa linha do tempo é composta de dois estágios, sendo que as linhas inferiores são utilizadas para indicar os tempos de valor agregado para cada etapa, levantadas e apontadas nas caixas de dados. Na linha superior devem ser inseridos os tempos de valor não agregado, calculados pelo estoque (que indica o desperdício de superprodução) ou tempos de espera para a realização da atividade. Na extrema direita da linha do tempo, apresenta-se uma caixa de dados, contendo o Tempo de Espera da Produção (Production Lead Time – PLT), que representa a soma dos tempos das linhas da parte superior, que indicam o valor não agregado. Deve-se também indicar o Tempo de Valor Agregado (VAT – Value Added Time), que representa a soma dos tempos de valor agregado das linhas inferiores da linha do tempo. Outro item a ser indicado é a Eficiência do Ciclo de Processo (PCE – Process Cycle Efficiency), que representa o percentual do tempo limite de valor agregado do tempo de espera de produção (PLT).

6

Todos esses fatores são importantes para identificar oportunidades de melhoria, desde o tempo de cada atividade comparado ao *takt time* até mesmo a revisão do fluxo em determinadas etapas, passando de empurrado para puxado, por exemplo. Além disso, é possível avaliar o nível de estoque entre as etapas, o que leva a uma reavaliação da relação com os fornecedores e da previsão de vendas.

7

A partir dessa visão, é possível criar o mapa futuro, eliminando os desperdícios, reduzindo gargalos, identificando as atividades que realmente possuem valor agregado e avaliando a criação de fluxo contínuo. A ideia é que seja possível estruturar um novo fluxo em que as etapas estejam organizadas de tal forma que a produção seja puxada a partir da demanda do cliente.

Exemplo de fluxo de valor

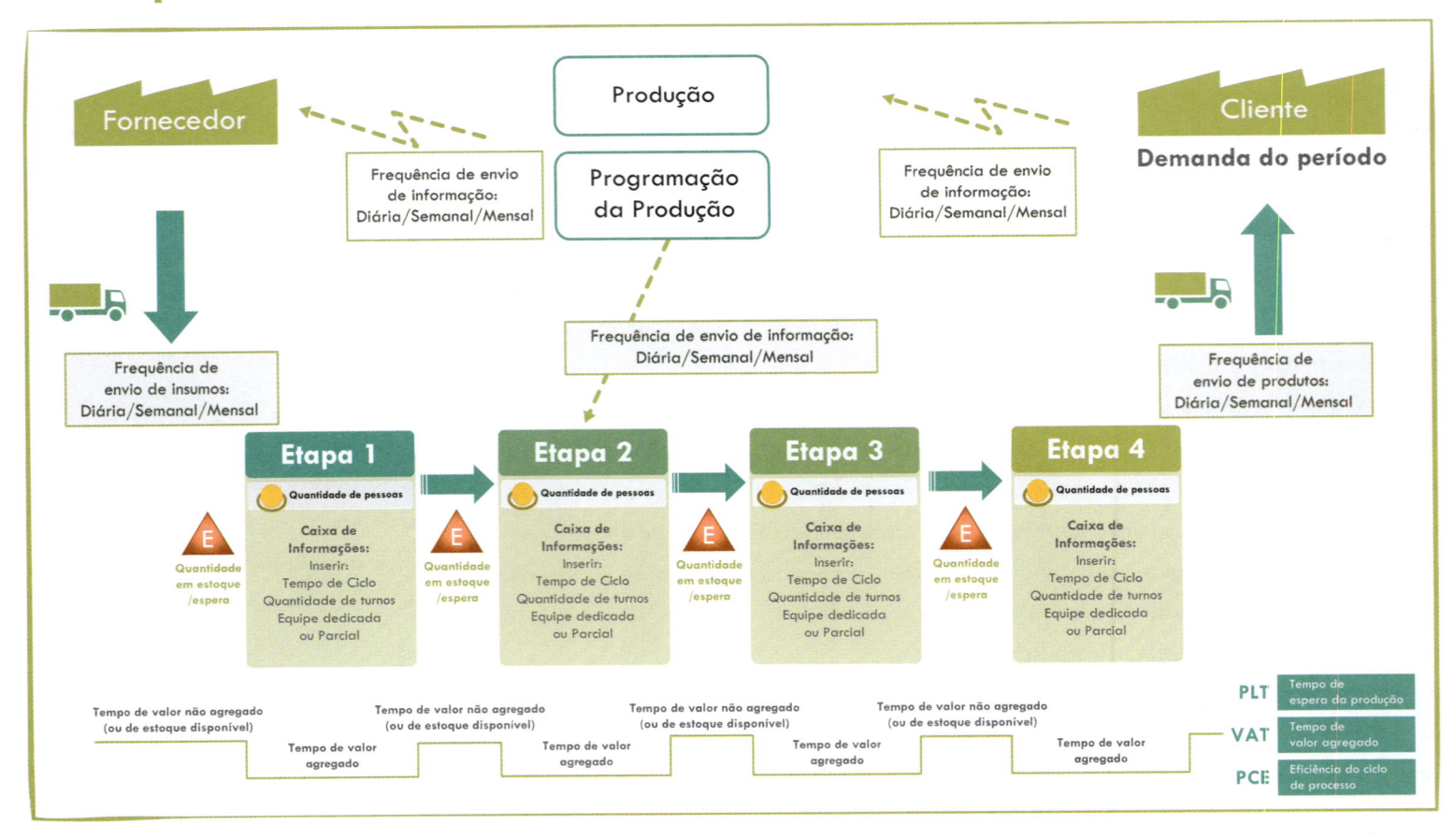

Fornecedor

Produção

Programação da Produção

Cliente
Demanda do período

Frequência de envio de informação:
Diária/Semanal/Mensal

Frequência de envio de informação:
Diária/Semanal/Mensal

Frequência de envio de insumos:
Diária/Semanal/Mensal

Frequência de envio de informação:
Diária/Semanal/Mensal

Frequência de envio de produtos:
Diária/Semanal/Mensal

Etapa 1
Quantidade de pessoas

Caixa de Informações:
Inserir:
Tempo de Ciclo
Quantidade de turnos
Equipe dedicada ou Parcial

E Quantidade em estoque /espera

Etapa 2
Quantidade de pessoas

Caixa de Informações:
Inserir:
Tempo de Ciclo
Quantidade de turnos
Equipe dedicada ou Parcial

E Quantidade em estoque /espera

Etapa 3
Quantidade de pessoas

Caixa de Informações:
Inserir:
Tempo de Ciclo
Quantidade de turnos
Equipe dedicada ou Parcial

E Quantidade em estoque /espera

Etapa 4
Quantidade de pessoas

Caixa de Informações:
Inserir:
Tempo de Ciclo
Quantidade de turnos
Equipe dedicada ou Parcial

Tempo de valor não agregado (ou de estoque disponível)
Tempo de valor agregado
Tempo de valor não agregado (ou de estoque disponível)
Tempo de valor agregado
Tempo de valor não agregado (ou de estoque disponível)
Tempo de valor agregado
Tempo de valor não agregado (ou de estoque disponível)
Tempo de valor agregado

PLT Tempo de espera da produção
VAT Tempo de valor agregado
PCE Eficiência do ciclo de processo

Principais ícones de mapeamento de fluxo de valor[37]

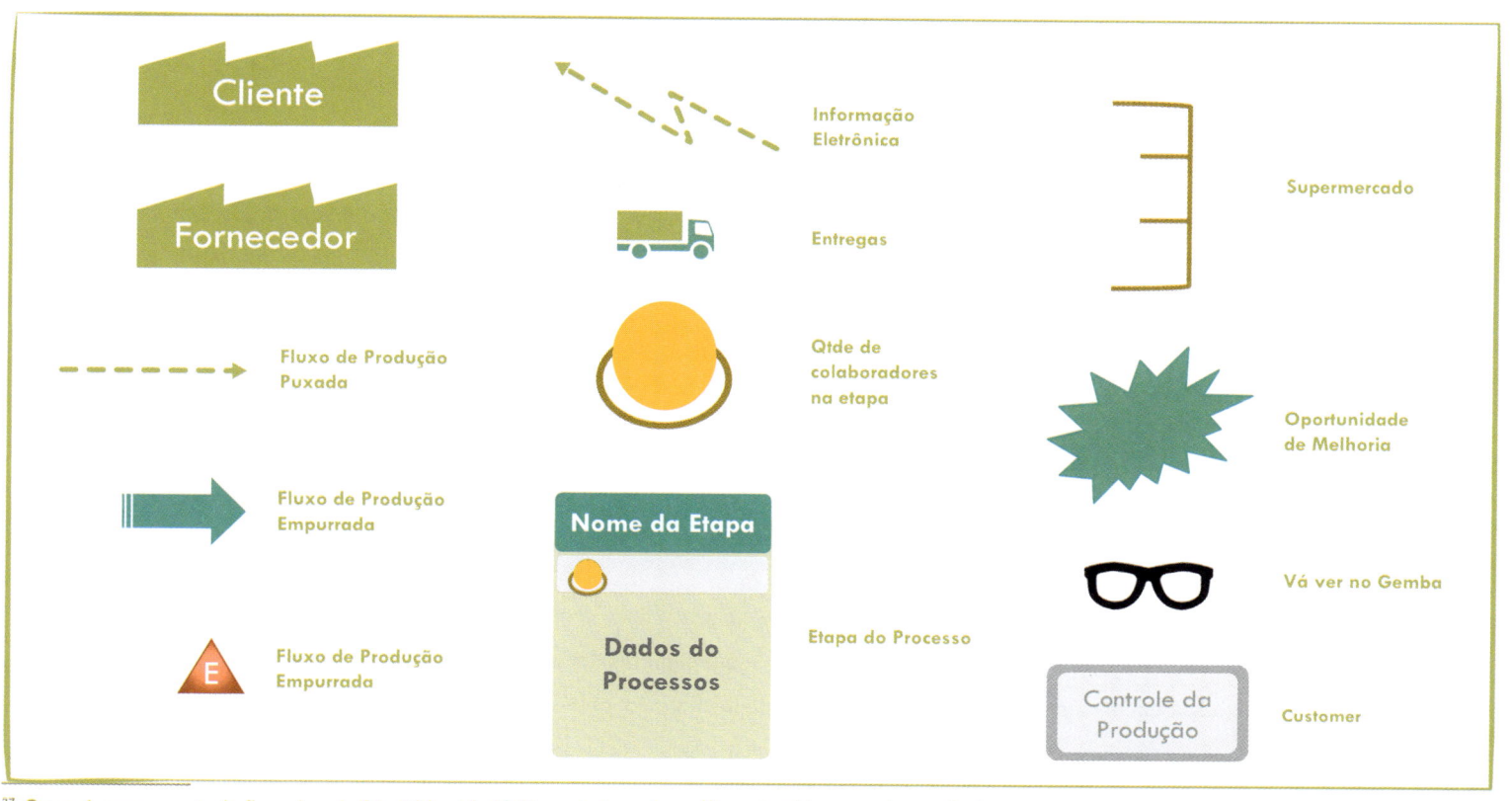

Ícone	Significado
Cliente	Cliente
Fornecedor	Fornecedor
Fluxo de Produção Puxada (seta tracejada)	Fluxo de Produção Puxada
Fluxo de Produção Empurrada (seta cheia)	Fluxo de Produção Empurrada
Fluxo de Produção Empurrada (triângulo com E)	Fluxo de Produção Empurrada
Seta tracejada em raio	Informação Eletrônica
Caminhão	Entregas
Círculo amarelo	Qtde de colaboradores na etapa
Nome da Etapa / Dados do Processos	Etapa do Processo
Colchete	Supermercado
Explosão	Oportunidade de Melhoria
Óculos	Vá ver no Gemba
Controle da Produção	Customer

[37] O que é mapeamento de fluxo de valor? *Lucidchart*, [s.d.]. Disponível em: https://www.lucidchart.com/pages/pt/o-que-e-mapeamento-de-fluxo-de-valor#section_0. Acesso em: 16 jan. 2021.

Fluxo contínuo

O que é

Fluxo contínuo é um método que se caracteriza por produzir sem interrupções, com maior velocidade.

O método indica que a produção de um item seja realizada apenas quando exigida pelo processo seguinte ou pelo cliente final. Dessa forma, evita-se que estoques sejam gerados, reduzindo o tempo total do processo.

Originado na Ford, em 1910, através da montagem em série, o método foi capaz de fazer seus funcionários produzirem em menos tempo e a um menor custo. E é sobre esse método organizacional nos processos de produção que se baseia o fluxo contínuo.

Quando (ou por que) utilizar

Esse método permite que um único produto seja movido em cada estágio do seu processo, em vez de ser agrupado em vários itens, fazendo com que a entrega ao cliente seja feita de forma contínua.

Como aplicar

Uma boa forma de se aplicar o fluxo contínuo é através do *takt time* – que significa ritmo, em alemão –, que orienta a maneira pela qual a matéria-prima avança pelos processos. Em outras palavras, é a sua taxa de vendas. Por exemplo, para um *takt time* de cinco dias que a empresa apresente, um produto necessitará estar pronto nesse mesmo período, que representa a média de compra desse produto. Para se calcular o *takt time*, basta dividir o *tempo total disponível para se produzir* pelo *número de unidades solicitadas*.

Porém, para que o *takt time* esteja ajustado, é importante que ocorra o nivelamento da produção, para que não haja excesso de estoque nem ociosidade. A equipe também deve estar atenta para paralisar a produção tão logo uma anomalia no processo seja encontrada. Embora em um primeiro momento possa parecer que essa paralisação venha a causar um atraso na entrega, na realidade esse movimento contribuirá para a qualidade e para evitar retrabalho no futuro.

Comparativo entre produção tradicional e fluxo contínuo

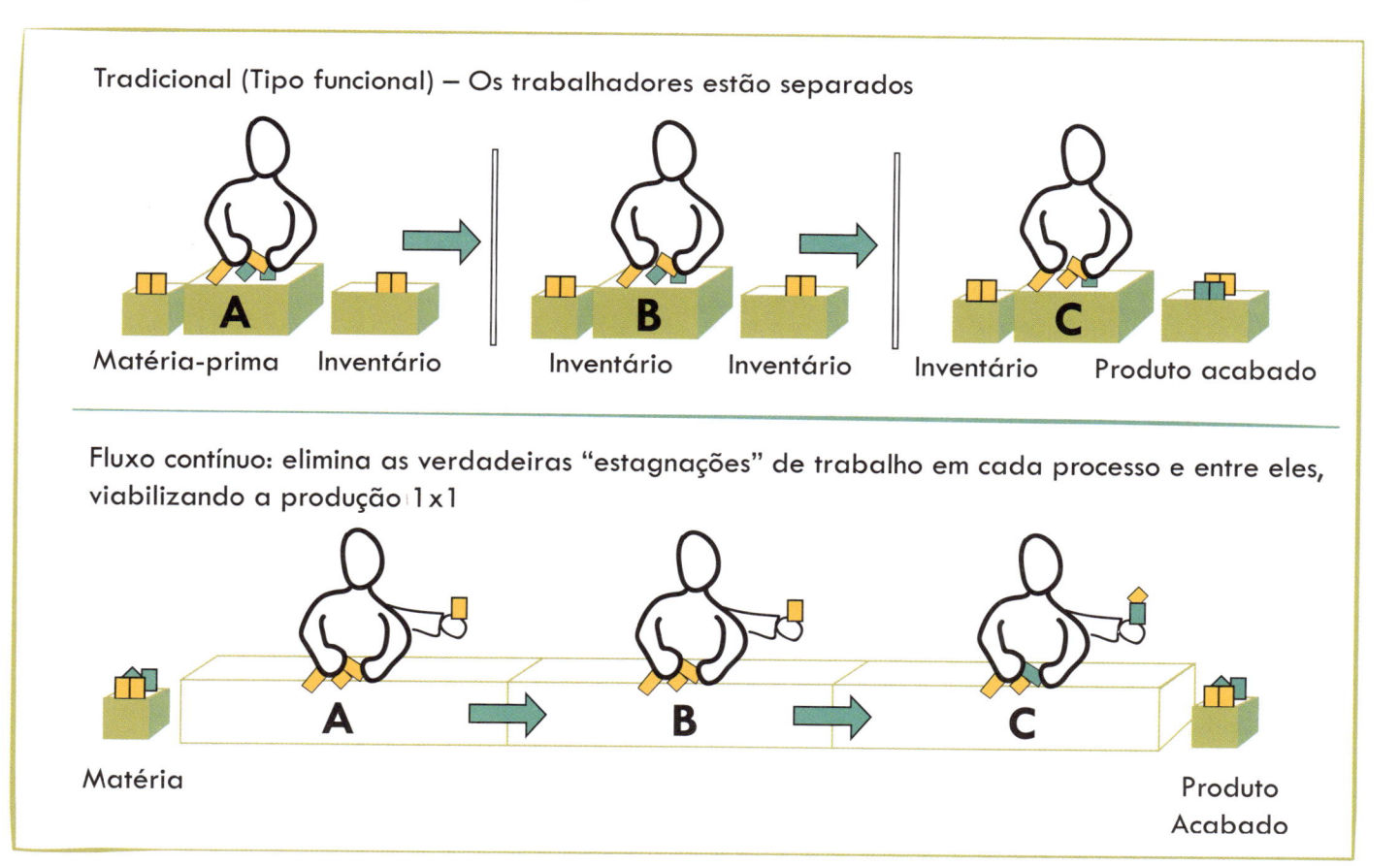

Tradicional (Tipo funcional) – Os trabalhadores estão separados

| Matéria-prima | Inventário | Inventário | Inventário | Inventário | Produto acabado |

(A) → (B) → (C)

Fluxo contínuo: elimina as verdadeiras "estagnações" de trabalho em cada processo e entre eles, viabilizando a produção 1x1

Matéria → A → B → C → Produto Acabado

Capítulo 6 • Horizonte 1 – Inovação em processos

Produção puxada

O que é

A produção puxada, ou Just in Time, é um método que se caracteriza por produzir apenas quando solicitado pelo cliente, conforme descrito por Henry Ford.[38] Dessa forma, evita-se o desperdício. Para empresas que precisam de grande quantidade de produtos e que não têm interferência de sazonalidade, geralmente observa-se a produção empurrada (normalmente caracterizada por um grande volume de estoque).

O método continua bastante relevante. Conforme observado por Ming Zeng, a produção puxada tem sido levada ao limite nos dias atuais, como nas vendas online por celebridades da internet. Por exemplo, quando celebridades exibem roupas, aquelas que obtêm a melhor receptividade e interação com o público pautam as decisões de produção e venda-relâmpago sob demanda. A lógica é válida para os mais variados tipos de produtos, ajustando a produção ao que é de fato demandado. Esse modelo interfere diretamente no modelo de consumo, evitando o excesso de estoque e estimulando um novo desenho na cadeia produtiva, pois o que antes era feito em meses agora deve ter a flexibilidade para atender à demanda em menos de uma semana.

Quando (ou por que) utilizar

É realizada para entregar ao cliente o que ele precisa, na quantidade e no tempo que ele desejar.

---

[38] Henry Ford. *My Life and Work: an autobiograph*. Greenbook Publications, 2010.

Como aplicar

Para realizar a produção puxada, os passos são:

1 Mapear o processo

Ter o processo mapeado no evento *kaizen* permite entender como se dá a produção dos itens pedidos pelo cliente. Já é possível observar o mapa de fluxo de valor e contribuir para a sua versão com melhorias, apontando o que pode ser feito de forma puxada.

2 Implementar o Kanban

Trata-se de um modelo de controle de fluxo de produção, utilizado para gestão de projetos e também para controlar a produção puxada.

O Kanban baseia-se em diversos cartões que representam o pedido do cliente. As etapas do processo são apresentadas em um quadro, em colunas ou linhas.

Os cartões são colados na linha ou coluna que indica os processos em que eles se encontram. Conforme o pedido é enviado para outra etapa do processo, a posição do deverá ser alterada no quadro.

Com essa estrutura, é possível controlar o cumprimento dos prazos e a execução dos pedidos na produção, de forma simples e de fácil interpretação.

3 Produzir de forma puxada

Este é o grande ponto de mudança. As equipes tendem a manter seus pequenos estoques por segurança e por hábito. Portanto, esse é um dos fatores que exigem uma nova forma de se pensar e uma nova cultura na operação. Essa nova forma de trabalhar faz com que o produto tenha a sua produção iniciada somente com o pedido feito pelo cliente. Assim, o primeiro pedido que entra é o primeiro que sai, também conhecido como FIFO (*First In, First Out*).

4 Acompanhar os indicadores

Assim como qualquer processo de melhoria, o acompanhamento das ações implementadas é fundamental para que sejam feitos ajustes na produção e na orientação aos colaboradores, em especial nos primeiros contatos com o novo método.

Os indicadores são conjuntos de medidas que se caracterizam por avaliação de performance ou riscos dos processos ao longo do tempo, trazendo um histórico de dados. Esses indicadores são utilizados para acompanhar o progresso e o alcance de seus objetivos estratégicos.

Exemplo de indicadores-chave de performance

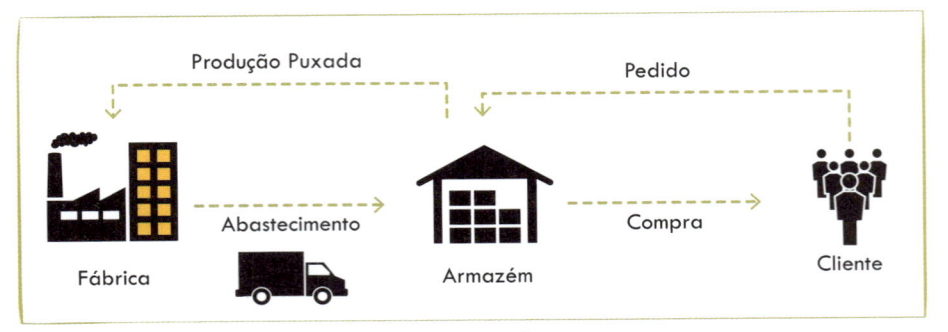

FIGURA: PRODUÇÃO PUXADA

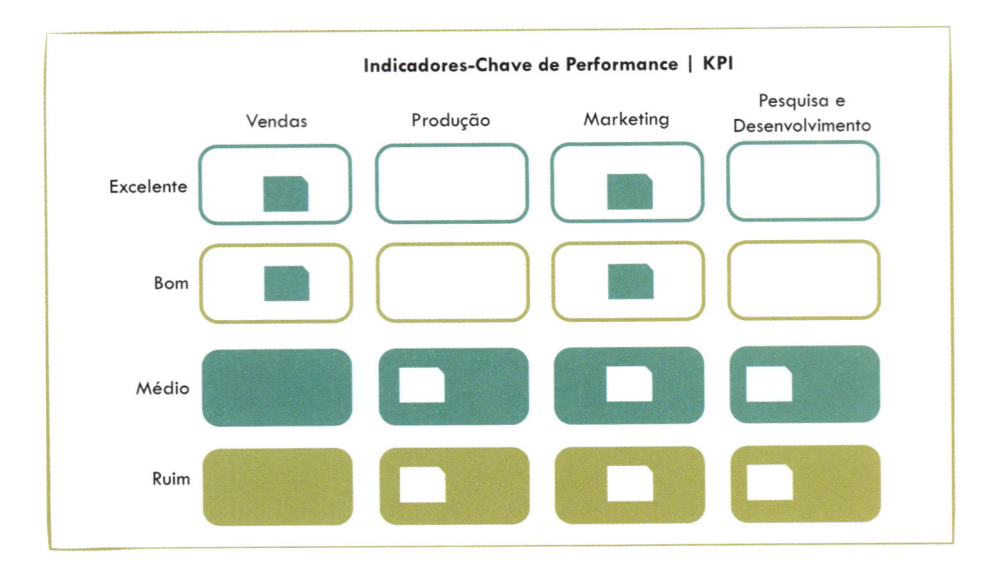

Go to gemba

O que é

Go to gemba significa ir aonde as coisas acontecem no local de trabalho.

É importante que se vá até ao local onde o problema acontece para se coletar dados, visando a tomada de decisão e a posterior resolução. A compreensão completa de um problema fará com que o colaborador tenha sua própria visão dos fatos que compõem o problema.

Essa atitude faz toda diferença nas empresas, pois assim os problemas serão solucionados de forma ágil, com esforço, tempo e recursos reduzidos.

Esse conceito sinaliza que a solução não pode ser feita simplesmente em uma mesa de escritório, sem que a pessoa veja onde, de fato, está o problema, permitindo, assim, que a melhoria seja feita efetivamente.

Quando (ou por que) utilizar

Após o mapeamento, a equipe já deve ter um bom conhecimento de como funciona o processo. Dessa forma, esse é um bom momento para percorrer o fluxo mapeado e ver como as coisas acontecem de fato, esclarecer dúvidas e coletar novas informações. Após o evento kaizen, é importante manter o hábito de visitar a operação frequentemente, para sentir como está a realidade em campo.

Como aplicar

Um dos primeiros aspectos a serem considerados em relação ao go to gemba é o respeito que se deve ter ao visitar o local de trabalho. Isso acontece porque as pessoas estão ali desenvolvendo suas atividades, e se estas estão sendo feitas da forma atual, é porque houve algum motivo no passado para isso. Tirando questões antiéticas, as pessoas não erram porque querem. Lembre-se de que o objetivo não é julgar as pessoas, e sim avaliar os pontos fracos do processo.

Outro ponto relevante é a preparação que se deve ter para esse momento. Levante previamente os pontos que você gostaria de esclarecer durante a visita, evitando perguntas fechadas.

Outro ponto importante é seguir o fluxo do processo para fazer a visita. Agende previamente com todos os participantes do processo, para que eles se preparem para a reunião.

O evento *kaizen* é um processo que exige que muitas atividades sejam feitas simultaneamente. Portanto, programe-se para que apenas uma parte da equipe vá para o local de trabalho, enquanto a outra esteja fazendo atividades diferentes. Além de aumentar a produtividade, geralmente as áreas que recebem os participantes do *kaizen* possuem um espaço limitado. Portanto, além de aumentar a produtividade de todos, também não há perturbação no local de trabalho.

Ao voltar dessa visita ao local de trabalho, a equipe compartilha as informações obtidas.

A visita ao *gemba* também pode ser realizada durante a etapa de planejamento, de tal forma que os participantes conheçam o processo in loco, facilitando seu entendimento e o mapeamento.

CHECKLIST PARA UM *GEMBA WALK* DE SUCESSO:

1	Identifique o propósito do *gemba*	Caso esteja fazendo a visita antes do evento *kaizen*, vá para conhecer como o processo é feito. No caso de a visita ocorrer durante o evento *kaizen*, é importante realizar levantamento prévio das dúvidas a serem esclarecidas na visita.
2	Especifique o tempo para a visita	O tempo para a visita é importante tanto para não atrapalhar a área a ser visitada quanto para não atrasar o cronograma do projeto. Informe previamente a área a ser visitada.
3	Observe o fluxo do processo	Analise o processo em relação à qualidade do serviço fornecido e às entradas, saídas e interações sociais que acontecem.
4	Identifique o *gap*	Avalie a diferença entre o estado desejado e o estado atual do processo.
5	Verifique oportunidades de melhoria	Identifique, por observação e conversando com a equipe, os obstáculos encontrados no dia a dia e as sugestões para melhorá-los.

O método 5S

O que é

O método 5S, criado por Kaori Ishikawa, visa reduzir o desperdício de recursos e de espaço, para aumentar a eficiência operacional. Os 5Ss significam:

- *Seiri* ou senso de utilização;
- *Seiton* ou senso de organização;
- *Seiso* ou senso de limpeza;
- *Seiketsu* ou senso de padronização;
- *Shitsuke* ou senso de disciplina.

Quando (ou por que) utilizar

Nesse momento do projeto, após visitas, mapeamentos e levantamentos de informações, muitas ações de melhoria já começam a ser identificadas. Dessa forma, já podem ser estabelecidas algumas ações que poderão fazer parte da implementação já durante a semana do evento *kaizen*. Espera-se que 70% das ações estejam concluídas durante a semana do projeto. Dentre essas ações, muitas delas podem ser originadas pelo 5S.

Como aplicar

Seiri ou senso de utilização

O objetivo é separar o que é essencial para utilização daquilo que não é necessário e deve ser descartado ou destinado para outra finalidade.

Seiton ou senso de organização

Visa padronizar, classificar e ordenar a quantidade e a utilização dos materiais.

Seiso ou senso de limpeza

Mais do que limpar o ambiente de trabalho após a sua utilização, é importante evitar que o ambiente se suje, ou, se sujar, que seja num patamar reduzido. Portanto, deve-se identificar e eliminar o motivo da sujeira.

Seiketsu ou senso de padronização

As etapas do 5S vão se complementando, e aqui se trabalha na padronização das etapas anteriores para que elas façam parte do cotidiano da empresa.

Shitsuke ou senso de disciplina

Significa o comprometimento com todas as etapas anteriores. Verifica-se que esse senso está sendo bem-sucedido quando as demais são feitas regularmente.

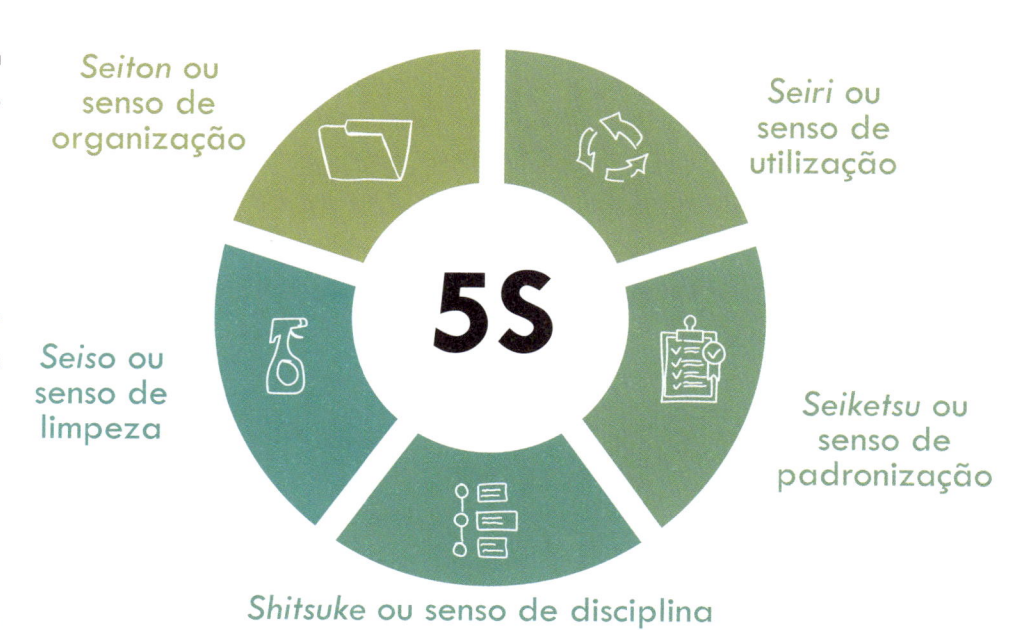

Seiton ou senso de organização

Seiri ou senso de utilização

5S

Seiso ou senso de limpeza

Seiketsu ou senso de padronização

Shitsuke ou senso de disciplina

Espinha de Peixe

O que é

A Espinha de Peixe, também conhecida como Diagrama de Causa e Efeito, ou Diagrama de Ishikawa, criada em 1943 por Kaoru Ishikawa, engenheiro químico da Universidade de Tóquio, ajuda uma equipe a chegar às causas reais de problemas que ocorrem nos processos.

Quando (ou por que) utilizar

Com todas as informações já obtidas, é possível saber os problemas que ocorrem e os efeitos que causam no processo.

Como aplicar

De forma visual, é possível verificar as relações entre o efeito, disposto no lado direito do diagrama, e as suas prováveis causas, à esquerda. As espinhas principais representam as causas primárias, e as suas ramificações mostram as causas secundárias.

As causas secundárias são obtidas geralmente com a técnica dos "5 porquês". Essa ferramenta se baseia em perguntar cinco vezes o porquê de um problema ou defeito ter ocorrido, para descobrir a sua causa-raiz – muitas vezes, não é necessário perguntar cinco vezes "por que" para identificá-la.

Embora seja uma ferramenta simples de ser aplicada, é importante que o debate seja feito com seriedade, concentração, dados sobre o problema e escuta ativa. Também é importante verificar se a causa a que o grupo chegar não é, na verdade, um efeito.

O método tradicional classifica cada uma das principais espinhas como 6M, conforme o detalhamento a seguir. Porém, essa é uma ferramenta flexível, que apoia a organização das informações por similaridade e que pode ser organizada conforme a necessidade. Os 6M são:

- **Máquinas:** falhas em virtude de máquinas e equipamentos.
- **Materiais:** materiais fora de especificação.
- **Mão de obra:** relacionada aos erros de qualificação, imprudência ou incompetência na execução das atividades.
- **Meio ambiente:** pode ser relacionado ao ambiente externo, como poluição e clima. Em relação ao aspecto interno, pode ser relacionado, por exemplo, ao barulho ou à disposição do ambiente físico.
- **Medidas:** métricas de medição do processo, podendo gerar informações incorretas para a tomada de decisão.
- **Métodos:** procedimentos que são utilizados nas atividades.

Matriz Espinha de Peixe

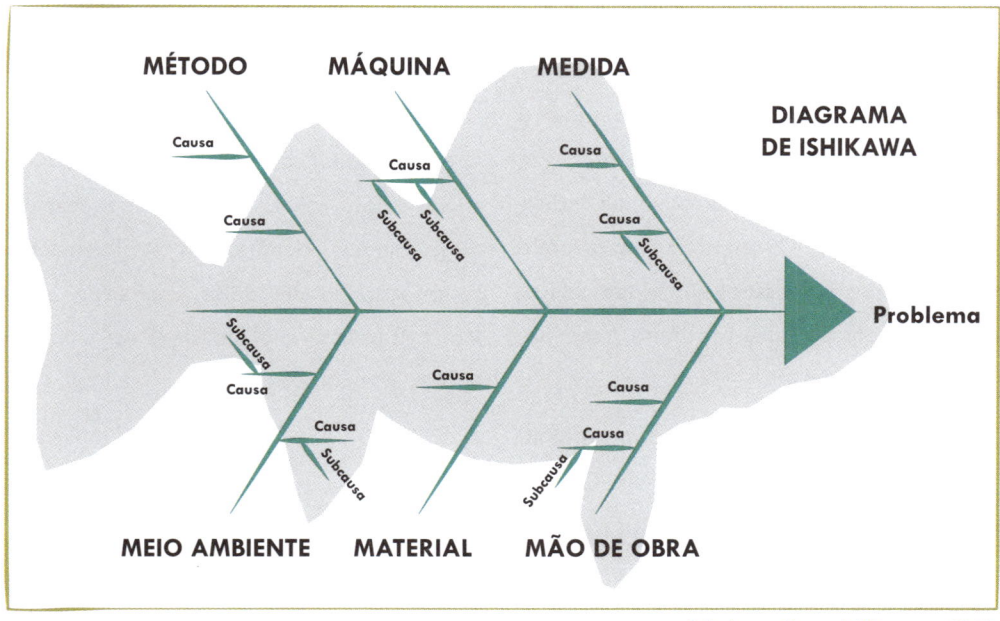

Criado por Kaoru Ishikawa em 1943.

Brainstorming

O que é

É uma técnica para gerar ideias para a solução de problemas, usada para criar e explorar a capacidade criativa de indivíduos ou grupos. O *brainstorming* propõe que um grupo de pessoas utilize suas ideias e criem a solução para problemas, sem julgamento de valores.

A técnica foi criada na década de 1940 por um publicitário chamado Alex Osborn, e as premissas para sua utilização são uma equipe engajada na solução de um problema, com liberdade de ideias para encontrá-la.

Quando (ou por que) utilizar

Após a identificação das causas-raiz, a equipe deve gerar ideias para resolver os problemas identificados. A ferramenta de priorização de ideias, conhecida como Matriz Esforço x Impacto, deve ser utilizada após a geração das ideias.

Como aplicar

Embora o momento de gerar ideias seja após a identificação das causas-raiz, é válido que algumas ideias de melhorias sejam anotadas, conforme o processo vai sendo mapeado e os desperdícios, identificados. Porém, é importante ressaltar que essas ideias sejam anotadas para ser discutidas justamente nesse momento do *brainstorming*, quando todas as informações já estiverem coletadas e validadas. Dessa forma, será possível avaliar se as ideias anteriores continuam válidas.

Para o *brainstorming*, uma boa sugestão de dinâmica é percorrer o processo e, nos pontos indicados como *oportunidades de melhoria* ou como *desperdícios verificados*, solicitar aos participantes que gerem ideias. Em geral, dez minutos por tema costumam ser suficientes para a geração de uma boa quantidade de ideias.

Jornada Ágil

De um modo geral, o *brainstorming* tem algumas regras, como:

- ✓ Todas as ideias devem ser respeitadas. Não deve haver críticas.
- ✓ É importante o volume de ideias. A filtragem para selecionar as melhores ideias ocorre em um segundo momento.
- ✓ Ideias podem ser combinadas para gerar novas ideias ou novas soluções.

Com as ideias geradas, os participantes apresentam seus benefícios aos demais integrantes, que podem contribuir para aprimorar cada ideia.

Nem todos os participantes do evento precisam participar ao mesmo tempo da geração de ideias. As pessoas podem participar dos pontos que estejam mais familiarizados, trabalhando em subgrupos.

Para cada ideia gerada, avaliar o esforço necessário para ela ser implementada e o benefício que ela gerará. A partir dessas avaliações, é possível classificar as ideias de acordo com os seguintes critérios:

→ **FAÇA AGORA – Alto impacto, baixo esforço:** se seu benefício tiver um alto impacto positivo e for fácil de ser obtido, deve ser classificado no quadrante "faça agora".

→ **PRIORITÁRIOS – Baixo impacto, baixo esforço:** se as ideias tiverem um impacto baixo, mas forem fáceis de ser implementadas, também devem ser priorizadas.

→ **COMPLEXOS – Alto impacto, alto esforço:** aquelas ideias que possuem alto impacto, mas exigem um elevado grau de esforço, deverão ser implementadas em até três meses após o evento *kaizen*.

→ **DESCARTAR – Baixo impacto, alto esforço:** já as ideias com baixo impacto e elevado esforço devem ser descartadas.

A equipe deve ter a sensibilidade para avaliar qual é a sua escala de esforço e de impacto. Uma dica é avaliar o quanto a ideia resolve o problema. Além disso, se envolve outras áreas para o desenvolvimento da solução, como por exemplo, tecnologia, ou ainda se levará mais de três meses para entregar a solução. Nesses casos, a solução pode ser considerada complexa. Porém, se o benefício compensar, deve ser ponderada em termos de custo/benefício.

MATRIZ DE PRIORIZAÇÃO: IMPACTO X ESFORÇO

	Esforço Baixo	Esforço Alto
Impacto Alto	Faça Agora!	Complexos
Impacto Baixo	Prioritários	Descartar

Implementação e gestão visual

O que são

Após a geração e a priorização das ideias, é necessário definir responsáveis pela sua implementação e prazos. Para isso, é recomendado realizar o preenchimento da ferramenta 5W2H, conforme abordado no capítulo sobre OKR.

Acompanhamento

Após a reunião de apresentação com os resultados obtidos durante a semana do evento *kaizen* e o planejamento das ações seguintes, é necessário o acompanhamento periódico para garantir o sucesso do projeto.

Quando (ou por que) utilizar

O grupo do projeto deve continuar se reunindo semanalmente. A reunião com os líderes deverá acontecer com trinta, sessenta e noventa dias após o término do evento *kaizen*.

Como aplicar

A equipe que participou do evento *kaizen* deverá se reunir semanalmente para discutir e acompanhar o andamento dos planos de ação. Eventualmente, caso necessário, será preciso solicitar a algum gestor apoio em alguma ação. É interessante enviar reportes semanais para todos os interessados, tanto gestores quanto equipes, com o status do projeto e das principais ações.

Uma boa sugestão é o acompanhamento das ações através do quadro Kanban. Com ele, é possível sinalizar as tarefas que ainda deverão ser feitas (*to do*), as tarefas em andamento (*doing*) e as tarefas finalizadas (*done*).

Mensalmente, deverá ocorrer reunião com os líderes para posicionamento e direcionamento. É importante que as ações planejadas durante o evento *kaizen* estejam finalizadas em até noventa dias. Caso contrário, perde-se a característica de se ter resultados rápidos. Para casos em que se verifica a necessidade de mais ações, é prudente fazer um novo evento *kaizen*.

> **É importante que as ações planejadas durante o evento *kaizen* estejam finalizadas em até noventa dias.**

QUADRO KANBAN

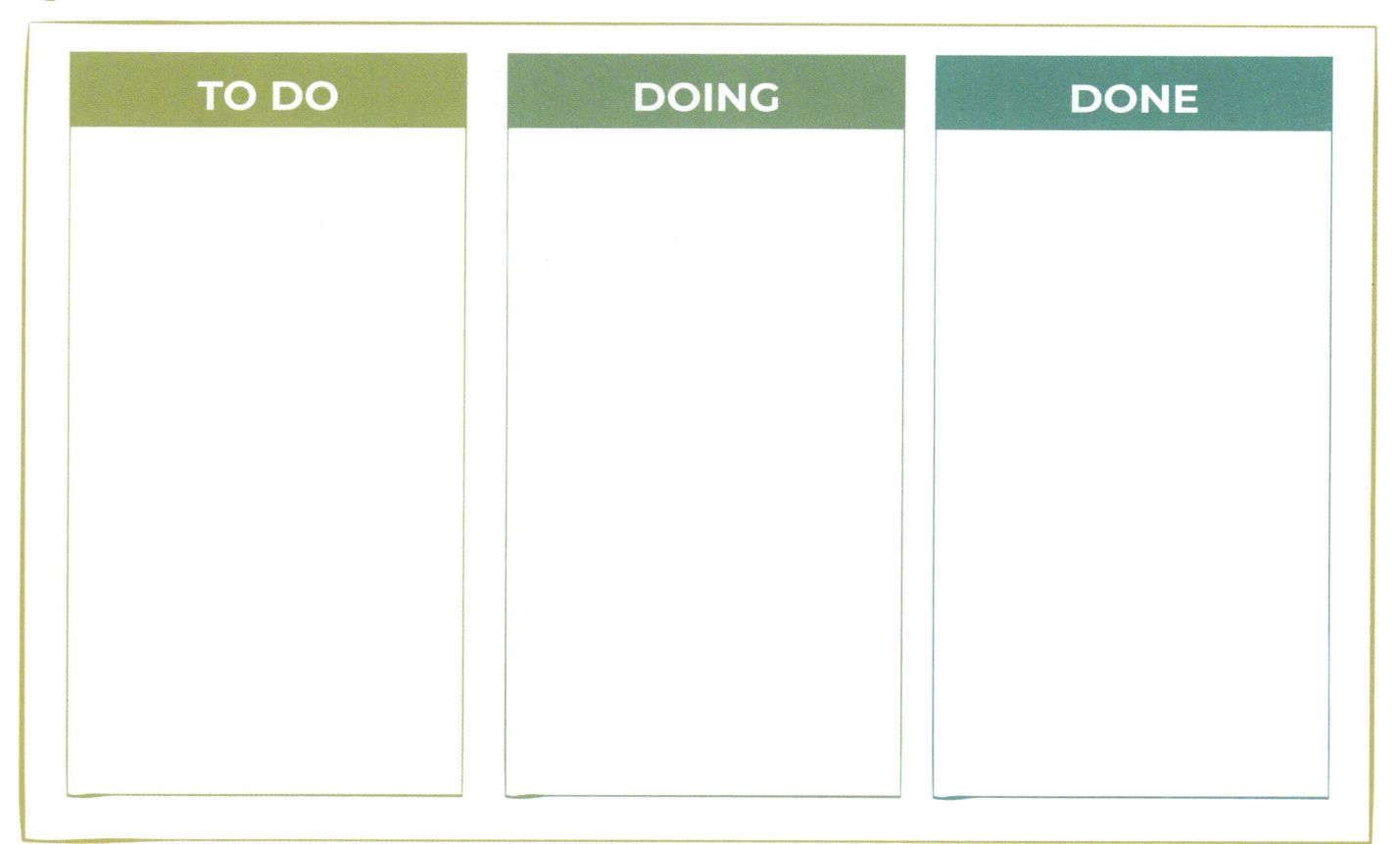

TO DO	DOING	DONE

Criado por Taiichi Ohno na Toyota após a Segunda Guerra Mundial.

Capítulo 6 • Horizonte 1 — Inovação em processos

7

Horizonte 2 – Inovação em modelos de negócio

Com os processos dos negócios existentes revisados, garantindo-se assim a devida agregação de valor para clientes internos ou externos, pode-se investir na inovação dos modelos de negócio, ou seja, o horizonte 2 da inovação.

O horizonte 2, que está diretamente relacionado à criação de novas fontes de renda, compreende as oportunidades emergentes que, provavelmente, gerarão lucros significativos no futuro, atraindo a atenção dos acionistas, mas podem exigir investimentos consideráveis.

Em geral, esses novos produtos e serviços já possuem clientes e faturamento, mas grandes lucros estão distantes de ser atingidos, complementando ou substituindo as atividades atuais da empresa. Sem o desenvolvimento desse horizonte, o crescimento da organização diminuirá e, mais à frente, pode cessar por completo.

Para provocarmos o desenvolvimento e a implantação de novos modelos de negócio inovadores, utilizamos ferramentas muito reconhecidas pelas organizações ágeis, como Design Thinking, modelos de negócio inovadores, Startup Thinking e projetos ágeis com Scrum.

7.1 *Design Thinking*

A construção colaborativa de soluções é uma estratégia de atuação que encoraja a participação de pessoas no contexto de criação de alternativas e que faz da aprendizagem organizacional um processo ativo e efetivo. Consiste em organizar as informações, aplicar o conhecimento coletivo e saber quando e como utilizá-lo na forma de resolução dos temas em estudo, a fim de atingir os objetivos da organização.

A abordagem do Design Thinking implica pensar em equipe e ocorre somente em grupos. Requer a formação de um time interdisciplinar e heterogêneo que trabalhe de forma harmônica na construção de propostas que atendam à praticabilidade, à viabilidade e à desejabilidade na busca da solução do tema em estudo.

A dinâmica do Design Thinking

Foi Richard Buchanan, no estudo "Wicked Problems in Design Thinking", de 1992,[39] que mudou o conceito do design, extrapolando o seu uso na produção industrial, revelando sua aplicabilidade também em outros setores, em diferentes situações. Aqui, consideramos o design como uma ação, um verbo, uma atitude. Assim, de forma resumida, o Design Thinking é uma abordagem voltada para a elaboração e a solução de problemas complexos e para a geração de valor por meio da identificação e do solucionamento das necessidades das pessoas.

---

[39] Richard Buchanan. Wicked Problems in Design Thinking. *Design Issues*, v. 8, n. 2, p. 5-21, 1992. Disponível em: https://web.mit.edu/jrankin/www/engin_as_lib_art/Design_thinking.pdf. Acesso em: 18 jan. 2021.

Por se tratar de um processo colaborativo e com foco em pessoas, o Design Thinking proporciona benefícios claramente perceptíveis, por promover a empatia entre todos os envolvidos em um projeto ou tarefa e por prever a observação das necessidades das pessoas, antes de definir-se uma solução.

O Design Thinking é uma abordagem que considera três aspectos:

- **Praticabilidade:** o que é possível ser aplicado em um futuro próximo.
- **Viabilidade:** o que poderá ser implantado de forma sustentável na organização.
- **Desejabilidade:** o que faz sentido para as pessoas.

Como uma abordagem centrada no ser humano, que acelera a inovação e soluciona problemas complexos, o Design Thinking engloba grandes mudanças de pensamento, que giram em torno de decisões centradas no ser humano e na prática intensa do questionamento. Em um processo altamente iterativo, no qual se prioriza o "construir para pensar", os valores defendidos pelo Design Thinking são basicamente a colaboração, a experimentação e a empatia, conforme detalhados a seguir:

→ **Colaboração:** é proporcionar que as pessoas trabalhem juntas para compreender os diferentes pontos de vista e criar soluções que gerem impacto real e positivo na vida de todos.

→ **Experimentação:** é visualizar, o mais rápido possível, novas situações para compreender, melhorar e testar hipóteses, antes que sejam desperdiçados tempo e recursos financeiros.

→ **Empatia:** é compreender, efetivamente, as necessidades das pessoas para desenvolver soluções que estejam profundamente comprometidas com a melhoria da situação atual.

Uma das vantagens do Design Thinking está na diversidade humana que estará envolvida em suas etapas. A diversidade é uma necessidade para que soluções inovadoras e eficazes sejam construídas. Afinal, de pouco adianta querer realizar um *brainstorming*, por exemplo, na fase de levantamento de ideias do Design Thinking, contando apenas com pessoas com a mesma cultura, o mesmo modo de pensar, e com habilidades, especialidades e experiências profissionais semelhantes. É até possível que surjam boas ideias em casos assim, mas é bem provável que elas serão limitadas e que muitas outras possíveis opções interessantes não serão levantadas e analisadas.

Quando há pessoas diferentes, ou seja, mentes diversificadas, construindo em conjunto, há uma complementação dos conhecimentos, que estimula o surgimento da inovação.

Portanto, o primeiro cuidado que se deve tomar ao compor grupos para participarem do Design Thinking é juntar integrantes que tenham especialidades e experiências profissionais diferentes — em casos mais específicos, também se torna interessante pensar em termos de reunir pessoas que pertençam a círculos sociais, de trabalho, ou classes diferentes, ou ainda de faixas etárias diversificadas, além de tantas outras possibilidades, conforme o escopo do problema que se deseja resolver. Dessa forma, ampliam-se as possibilidades, os debates se tornam mais ricos e aumenta a probabilidade de se conseguir soluções que atendam melhor o usuário.

Outro ponto a considerar para formar grupos colaborativos tem a ver com o ambiente de trabalho. Ele precisa ser construído de tal forma que estimule a inovação e a criatividade. Anil Cheriyan,[40] especialista em transformação digital, afirma que um ambiente propício para inovar deve estimular toda a empresa a colaborar. Essa condição costuma acontecer quando cuidamos em especial de três fatores: colaboração, arquitetura e cultura.

É importante preparar a cultura organizacional para a inovação, por meio de trocas de conhecimentos, comunicação clara, boa definição da arquitetura do negócio, flexibilização das hierarquias e, em especial, criação de ambientes em que as ideias possam nascer e evoluir.

De acordo com Cheriyan, as empresas precisam ter clareza para construir uma arquitetura de negócios com certo grau de flexibilidade, em que parceiros – tanto internos quanto externos – possam se integrar e colaborar mutuamente. Essa é uma condição para que, toda vez que houver uma mudança, ela seja integrada às demais plataformas existentes, aumentando a probabilidade de reunir recursos para inovar.

Ainda quanto à cultura organizacional, ela é um dos pilares à formação de grupos colaborativos para participar da dinâmica do Design Thinking. É necessário moldar a cultura da empresa para a inovação. A transformação cultural é um processo de intenso aprendizado e deve ser estimulada e acompanhada de perto.

Grupos colaborativos funcionam muito melhor em ambientes em que não haja impedimentos para que as pessoas sugiram melhorias, e em que seja disponibilizado um espaço informal, para que a equipe tenha a liberdade de transitar dentro e fora de seu ambiente de trabalho, a fim de buscar informações e coletar e apresentar sugestões.

O alinhamento dos pontos citados leva à criação de um ambiente próprio, com as condições adequadas para a formação de grupos colaborativos, visando a dinâmica do Design Thinking.

O Design Thinking proporciona a percepção de algo que não está na cena, deslocando o olhar do cenário convencional para vislumbrar cenários futuros. O objetivo é atender às necessidades das pessoas com o que seja tecnologicamente viável e, a partir da aplicação de uma adequada estratégia de ação, transformar tais necessidades em valor.

---

[40] Anil Cheriyan. 3 Keys to Innovation: Collaboration, Architecture, and Culture. *The Enterprisers Project*, 9 ago. 2018. Disponível em: https://enterprisers-project.com/article/2018/7/innovation-all-about-collaboration-architecture-and-culture. Acesso em: 18 jan. 2021.

Há várias maneiras de se aplicar o Design Thinking. Uma abordagem muito adotada é a do duplo diamante, criada pelo Conselho Britânico de Design,[41] em 2005, que prevê quatro momentos distintos, sendo duas etapas de divergência de opiniões e duas etapas de convergência.

Graficamente, o duplo diamante é assim representado:

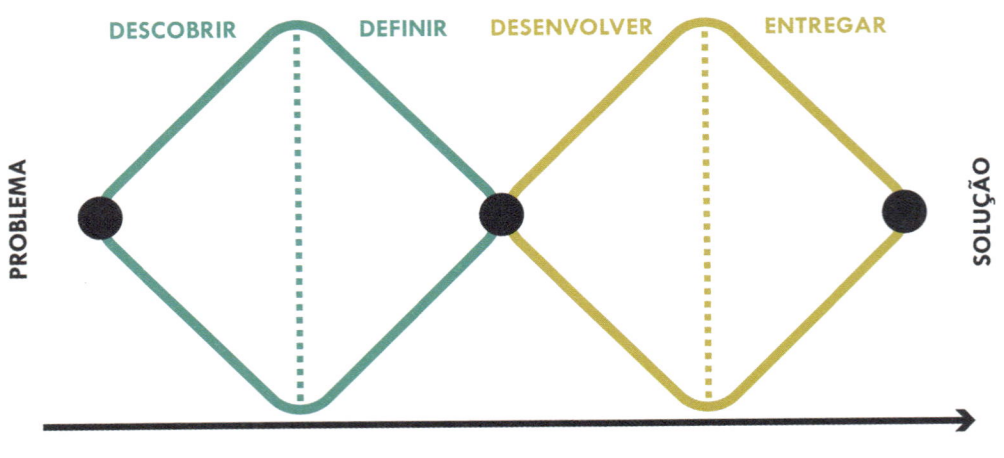

REPRESENTAÇÃO DO DUPLO DIAMANTE

O primeiro momento é de divergência e nele se busca DESCOBRIR o tema em questão e em estudo. O segundo é de convergência e se trabalha para DEFINIR a *persona* (personagem fictício com perfil, comportamento e necessidades do público-alvo). O terceiro momento volta a ser de divergência e serve para DESENVOLVER uma solução para o tema em questão. A quarta fase, chamada de ENTREGA, é quando se define um protótipo para teste da solução.

---

[41] Cat Drew. The Double Diamond, 15 Years. *Design Council*, 2 set. 2019. Disponível em: https://medium.com/design-council/the-double-diamond-15-years-on-8c7bc594610e. Acesso em: 10 fev. 2021.

Mapa da jornada de aplicação do Design Thinking

ETAPA DESENVOLVER
Ideação e *brainstorming*
Diagrama de afinidade
Síntese
Ponto de vista

ETAPA ENTREGAR
Prototipagem
Matriz A3

ETAPA DESCOBRIR
Entender o desafio
Conhecer os agentes
Conhecer o problema
Matriz GUT
Definir o problema
Matriz CSD
Pesquisa de campo
Matriz A3

ETAPA DEFINIR
Mapa de empatia
Persona
Mapa da jornada do usuário

1. DESCOBRIR

O que é

Consiste no entendimento do tema em estudo e é o período em que os diferentes olhares devem ser ajustados. Criar soluções significativas para as pessoas requer, inicialmente, um profundo entendimento a respeito de suas necessidades, bem como uma série de atividades, conforme detalhadas a seguir.

Quando utilizar

Entendendo o desafio

Entender o desafio escolhido e verificar a compreensão, por parte de cada integrante da equipe, sobre o tema em análise. O que o time entende sobre o tema em estudo? Nesse momento, ainda não se devem buscar soluções.

O que são problemas complexos e como identificá-los

- Exigem rápidas respostas a mudanças.
- Não se sabe, a princípio, quais serão os efeitos das soluções escolhidas.
- Necessitam, para sua solução, de metodologias que contemplem o aprendizado a partir da experimentação.

Entre as dificuldades principais ao se lidar com um problema complexo, estão:

- Incertezas internas ou externas à organização, criando dúvidas quanto aos resultados das ações.
- Fatores limitantes presentes na organização, como restrições orçamentárias, insuficiência de conhecimento técnico das equipes ou cronogramas inadequados, podem dificultar a solução do problema.
- Os resultados almejados são sensíveis às diferenças culturais nas diversas áreas e equipes envolvidas.
- Exigem soluções exclusivas, criativas e, muitas vezes, inéditas.

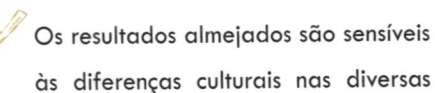

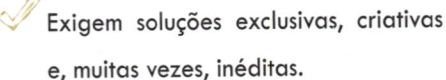

É conveniente considerar que soluções organizacionais precisam de uma abordagem centrada no cliente e criada para resolver problemas complexos de maneira objetiva e criativa. É nesse contexto que se encaixam as metodologias ágeis. Os métodos ágeis nos permitem olhar para os problemas complexos de modo fracionado, o que torna muito mais simples a abordagem.

Como aplicar

Acompanhe a seguir alguns itens que fazem parte de uma estratégia para definir o que é um problema complexo.

A) Conheça os agentes

Comece o estudo conhecendo os agentes envolvidos no problema. Levante informações sobre:

→ Quem está visualizando o possível problema.

→ Onde essa pessoa se encontra na organização.

→ Qual poder ela tem.

→ Onde o problema está situado.

B) Conheça o problema

Prossiga a análise, buscando conhecer o problema. Levante informações sobre:

1. Quais são **os parâmetros** que indicam que existe um problema:

→ **Sentimentos:** que tipos de sentimentos estão emergindo em relação a determinadas situações? Como as pessoas monitoram seus sentimentos?

→ **Resultados:** quais são os resultados que estão sendo obtidos? Quais são os resultados que se gostaria de obter? Como se monitoram os resultados?

2. **Nível de análise:** onde se encontra o problema?

→ Nas pessoas.

→ Nos grupos.

→ Nas organizações – processos, tecnologias, ergonomia, meio ambiente, produtos, cultura organizacional, estrutura organizacional, missão, alinhamento.

→ No mercado – economia, legislação, concorrência.

1.1 – Matriz GUT

Uma vez que os problemas foram identificados, é o momento de definir qual dos problemas é o mais relevante para ser estudado no processo do Design Thinking. Para isso, pode-se fazer uso da ferramenta GUT.

A matriz GUT é uma ferramenta utilizada na priorização de problemas. GUT é o acrônimo de Gravidade, Urgência e Tendência, e auxilia na identificação do desdobramento do tema de estudo com maior impacto, aquele cuja solução trará os melhores resultados esperados. O seu uso é recomendado quando há muitos temas a serem resolvidos, e é preciso classificá-los para auxiliar o processo de tomadem de decisão.

Entendendo a matriz GUT

GRAVIDADE

A intensidade dos danos que o tema em estudo pode causar se ele não for resolvido. A pontuação da gravidade varia de 1 a 5, conforme os seguintes critérios:

1: Sem gravidade
2: Pouco grave
3: Grave
4: Muito grave
5: Extremamente grave

URGÊNCIA

O tempo para o surgimento de danos ou resultados indesejáveis se o tema em estudo não for solucionado. A pontuação da urgência varia de 1 a 5, seguindo os critérios:

1: Pode esperar
2: Pouco urgente
3: Urgente, merece atenção no curto prazo
4: Muito urgente
5: Necessidade de ação imediata

TENDÊNCIA

O desenvolvimento que o tema em estudo terá na ausência de uma ação. Representa o potencial de crescimento do tema em estudo e a sua probabilidade em tornar-se maior com o passar do tempo. A pontuação da tendência varia de 1 a 5, de acordo com os seguintes critérios:

1: Não mudará
2: Irá piorar em longo prazo
3: Irá piorar
4: Irá piorar em curto prazo
5: Irá piorar rapidamente

Representação da matriz GUT

Problema (colar o post-it com o problema escolhido)	Gravidade (a)	Urgência (b)	Tendência (c)	Multiplicação (a x b x c)
Legenda: Escolher o grau que melhor identifica o estágio do problema	5. Extremamente grave 4. Muito grave 3. Grave 2. Pouco grave 1. Sem gravidade	5. Precisa de ação imediata 4. É urgente 3. Mais rápido possível 2. Pouco urgente 1. Pode esperar	5. Irá piorar rapidamente se nada for feito 4. Irá piorar em pouco tempo se nada for feito 3. Irá piorar 2. Irá piorar a longo prazo 1. Não irá mudar	

Aplicação da matriz GUT

Aplica-se a pontuação para cada problema em análise, obtendo-se diferentes resultados, que são anotados na matriz GUT. A partir da análise desses números, escolhe-se o problema que será o tema de estudo da equipe. Acompanhe no exemplo a seguir:

Problema	Gravidade	Urgência	Tendência	Prioridade
Problema [A]	4	3	1	12
Problema [B]	5	3	2	30
Problema [C]	3	5	4	60

EXEMPLO DA MATRIZ GUT

IMPORTANTE: esse momento ainda é de descoberta. É uma etapa de divergência, para ampliar o entendimento do problema. Ainda NÃO se devem apresentar soluções.

1.2 – Definindo o problema

O que é

Em muitas ocasiões, elegemos situações que não representam efetivamente um problema. Para entendermos se o que foi escolhido é, de fato, um problema complexo, sugerimos utilizar a técnica dos "5 porquês".

Em um processo de cascateamento, inicia-se com a pergunta "por que isso ocorre?". Da resposta que surgir, faz-se uma nova pergunta, "por que essa situação acontece?". E assim sucessivamente, até se chegar à causa-raiz do problema.

5 PORQUÊS

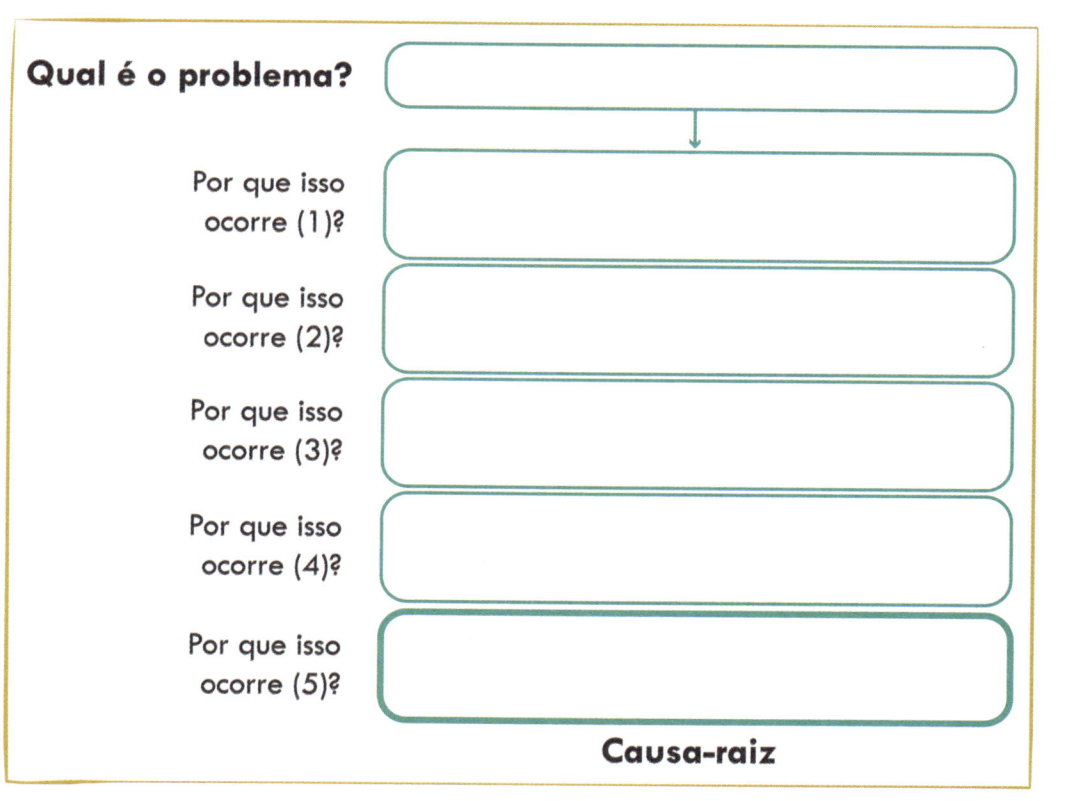

Qual é o problema?

Por que isso ocorre (1)?

Por que isso ocorre (2)?

Por que isso ocorre (3)?

Por que isso ocorre (4)?

Por que isso ocorre (5)?

Causa-raiz

Criado por Sakichi Toyoda, fundador da Toyota, na década de 1930.

Quando utilizar

Uma vez que o problema foi definido e se concluiu que a sua solução trará benefícios, recomenda-se a ampliação do entendimento sobre ele, fazendo uma nova avaliação, agora com o uso da matriz CSD, de autoria de Luis Alt, um especialista brasileiro em service design.

Em diálogo com a equipe, conseguimos definir quais as **certezas** que temos sobre o problema (C), as **suposições** sobre o estudo em questão (S) — coisas que deduzimos, mas não precisamos aprofundar, pois não são relevantes ao estudo — e o que realmente são as grandes **dúvidas** (D) e que merecem um aprofundamento pontual.

Em resumo, é fundamental entender claramente a diferença entre esses três conceitos:

→ **Certezas:** aquelas informações que nos parecem dominadas, sobre as quais nos sentimos seguros.

→ **Suposições:** informações que não temos e não parecem necessárias. Podem ficar à deriva.

→ **Dúvidas:** informações que não temos, mas que precisamos ou queremos ter.

MATRIZ CSD

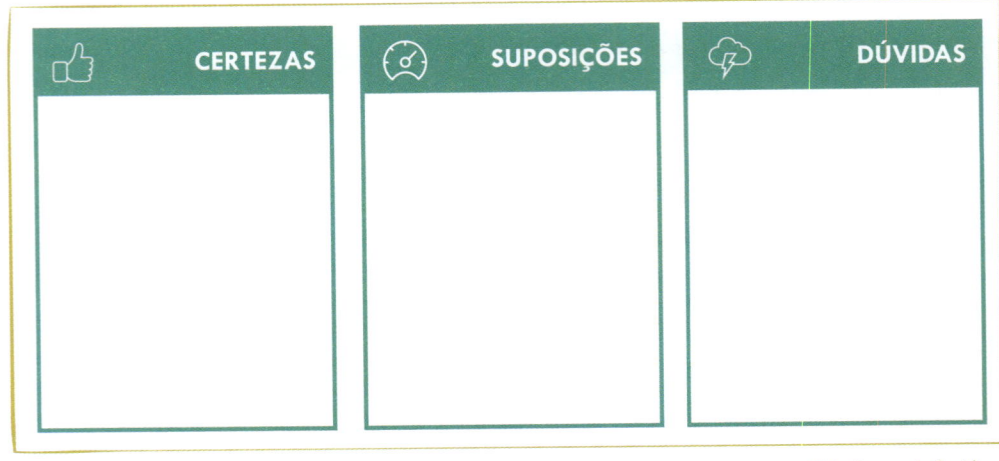

CERTEZAS	SUPOSIÇÕES	DÚVIDAS

Criado por Luis Alt.

Jornada Ágil

1.3 – Pesquisa de campo

O que é

Obter outras visões, opiniões e palpites sobre o tema em estudo, a partir do aprofundamento de uma realidade específica. A pesquisa é realizada por meio de conversa com pessoas afetadas pela situação, para captar as interpretações delas sobre o tema de estudo em análise.

Quando utilizar

A pesquisa de campo é uma etapa importante para descobrir pontos obscuros e que ainda não sejam do conhecimento de todos os membros da equipe. Ir ao encontro de pessoas que supostamente enfrentam o problema que é tema do estudo em questão ajuda a criar empatia e a compreender a "dor" provocada por ele. Preparar uma pesquisa de campo e identificar as fontes de inspiração é reconhecer a importância dessa atividade no processo criativo e inovador de soluções.

Compreendida a importância da pesquisa de campo, é recomendável que o participante e sua equipe preparem o roteiro das entrevistas, para depois, em um segundo momento, realizá-las.

É importante ter sempre uma abertura de olhar e de preparação de pesquisas de campo, com o objetivo de colher todos os dados existentes e disponíveis, levantar os questionamentos e fazer um mapeamento das necessidades e oportunidades, de modo a se chegar à melhor solução para cada problema abordado.

Como aplicar

Nesta etapa, é o caso de sair às ruas para coletar informações em contato direto com as pessoas do público-alvo definido, para validar o tema de estudo selecionado. Questões reais e específicas devem ser priorizadas. Sempre que possível, vale identificar o problema real que ocorre se o entrevistado realizar a mesma atividade que está em estudo.

1.4 – Matriz A3 Thinking – Pensamento A3

Os autores Durward K. Sobek II e Art Smalley propõem um método para compreender como a empresa Toyota utiliza uma ferramenta de comunicação, o relatório A3, como uma forma de gestão organizacional eficaz,[42] por meio do PDCA (*Plan-Do-Check-Act*). O propósito do Pensamento A3, ou A3 Thinking, é desenvolver soluções adequadas para os problemas, com a crença de que as pessoas podem pensar e trabalhar em conjunto para formar grandes empresas.

O A3 Thinking possui sete características principais:

1. É lógico e objetivo.
2. Consegue resultados de forma correta.
3. É conciso e visual.
4. É alinhado vertical e horizontalmente com a organização.
5. Apresenta os problemas de forma coerente.
6. Propõe medidas preventivas.
7. Mantém o sistema total à vista, enquanto resolve um problema dentro dele.

---

[42] Durward K. Sobek II e Art Smalley. *Entendendo o Pensamento A3: um componente crítico do PDCA da Toyota*. Porto Alegre: Bookman, 2009.

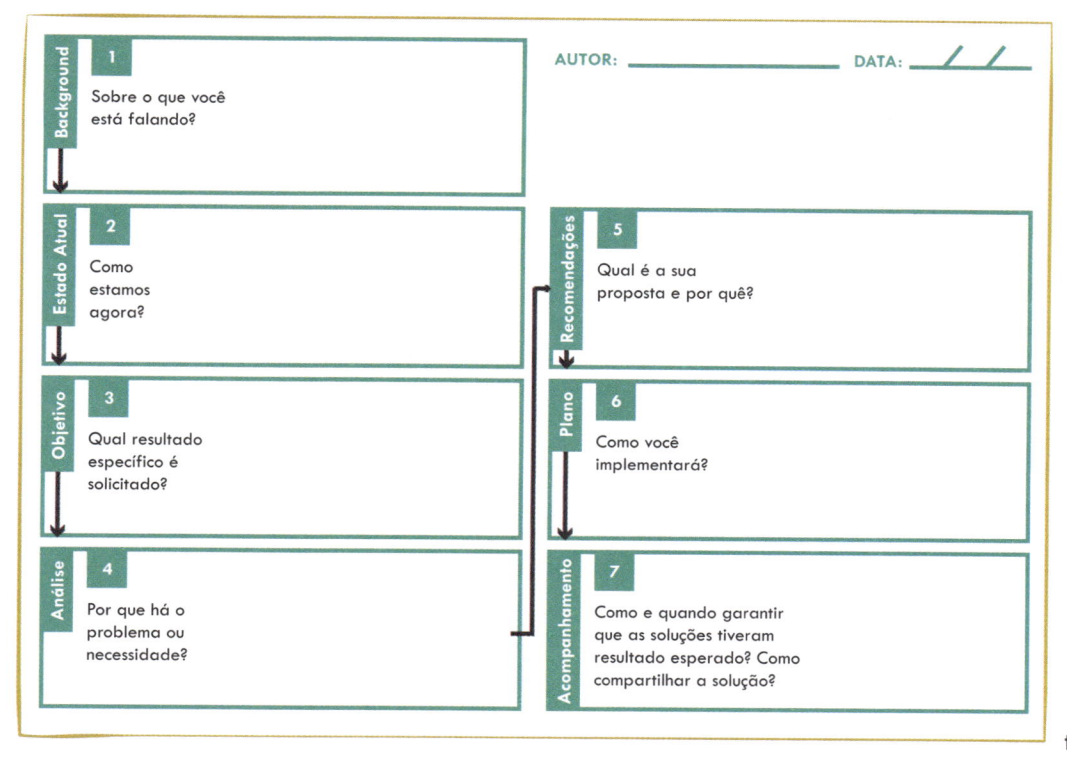

RELATÓRIO A3 THINKING

AUTOR: _____ **DATA:** __/__/__

1 Background — Sobre o que você está falando?

2 Estado Atual — Como estamos agora?

3 Objetivo — Qual resultado específico é solicitado?

4 Análise — Por que há o problema ou necessidade?

5 Recomendações — Qual é a sua proposta e por quê?

6 Plano — Como você implementará?

7 Acompanhamento — Como e quando garantir que as soluções tiveram resultado esperado? Como compartilhar a solução?

Nessa etapa do processo, relacionada ao problema que está sendo explorado, apenas as questões dos itens de 1 a 4 devem ser respondidas pelos integrantes da equipe. Ou seja:

1 Sobre o que você está falando?

2 Como estamos agora?

3 O que se espera? Qual resultado específico é solicitado?

4 Por que há o problema ou necessidade?

Os itens de 5 a 7 serão desenvolvidos ao término da prototipagem.

2. DEFINIR

Uma vez que a etapa DESCOBRIR foi finalizada, a etapa DEFINIR será o primeiro momento de convergência, quando os integrantes das equipes reúnem todas as informações para entendimento do problema em questão.

Após identificar o problema, ir a campo e descobrir as necessidades das pessoas sobre ele, o passo seguinte é conhecer quem são as pessoas que o enfrentam. Isso se faz desenhando a *persona*. Para tanto, é necessário conhecer os hábitos dessas pessoas, entender o que as motiva, qual o seu atual momento de vida e saber qual o seu comportamento em relação ao problema em estudo pelo grupo. A partir daí, adotar um perfil que as represente.

Em síntese, persona é a representação dos objetivos, atitudes e comportamentos de um grupo específico de pessoas que compartilham do mesmo problema que está sendo analisado.

2.1 – Mapa de empatia

O que é

Definir o perfil das pessoas que são afetadas pelo problema em estudo. Lembrando sempre que, aqui, é importante usar de empatia, isto é, sentir o que o outro está sentindo, para chegar a soluções que estão profundamente comprometidas em melhorar sua situação atual.

Quando utilizar

É nesse ponto que entra outro recurso muito importante para esta análise: o mapa de empatia. Essa é uma ferramenta que ajuda a imaginar quem é a persona.

Como aplicar

O preenchimento do mapa de empatia requer colocar-se no lugar da persona em estudo. As seguintes perguntas auxiliam na elaboração desse mapa:

→ O que a pessoa sente e pensa?
→ Como a pessoa vê o tema em estudo?
→ O que a pessoa escuta sobre esse assunto?
→ O que a pessoa diz e faz?
→ Quais são as dores da pessoa, decorrentes desse tema de estudo?
→ O que a pessoa ganhará se tiver isso aperfeiçoado ou resolvido?

As perguntas são respondidas pela equipe, fazendo uso de Post-its nos quais serão descritas as características principais.

MAPA DE EMPATIA

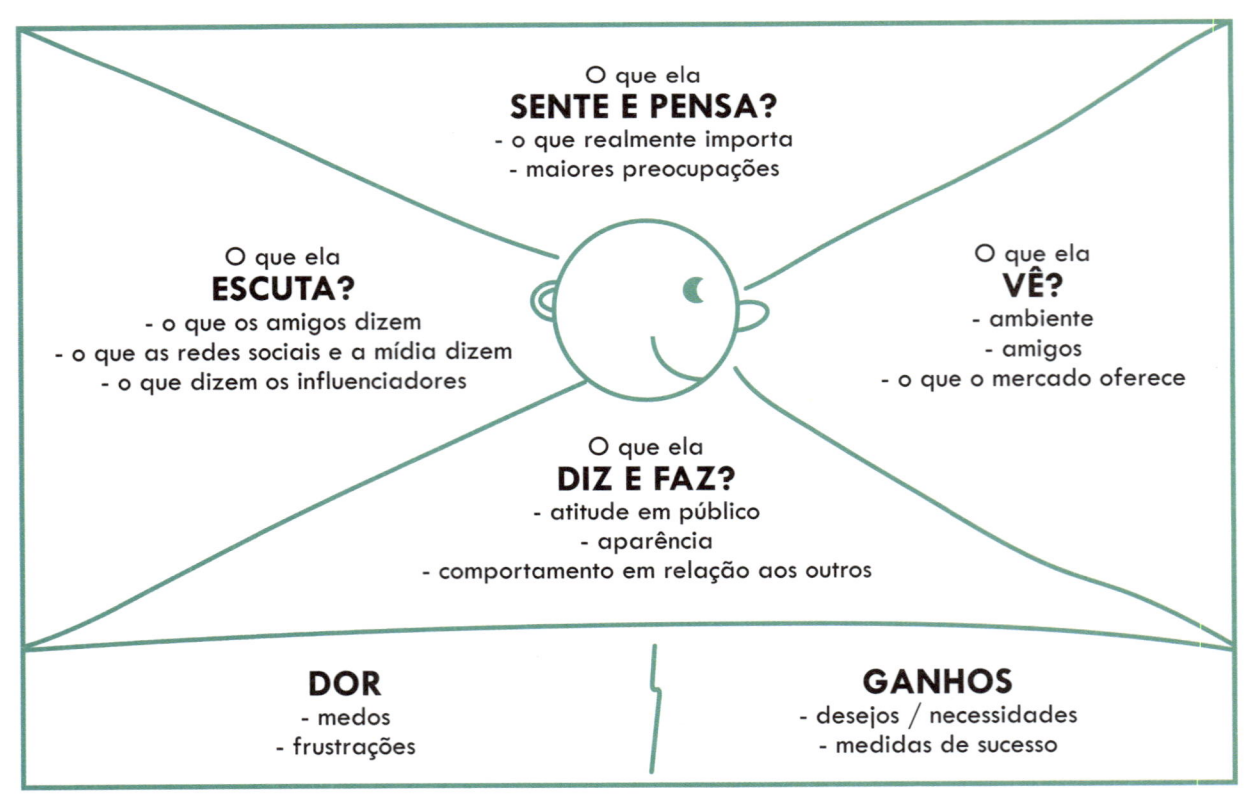

O que ela SENTE E PENSA?
- o que realmente importa
- maiores preocupações

O que ela ESCUTA?
- o que os amigos dizem
- o que as redes sociais e a mídia dizem
- o que dizem os influenciadores

O que ela VÊ?
- ambiente
- amigos
- o que o mercado oferece

O que ela DIZ E FAZ?
- atitude em público
- aparência
- comportamento em relação aos outros

DOR
- medos
- frustrações

GANHOS
- desejos / necessidades
- medidas de sucesso

Criado e adaptado da consultoria XPLANE.

2.2 – Desenho da persona

Desenhar o perfil da pessoa que é foco do tema em estudo, considerando as descobertas descritas no mapa de empatia.

O que é

Persona é um personagem fictício que representa o perfil das pessoas que possam ter o problema abordado no tema que está em estudo e para o qual se busca uma solução.

Quando utilizar

Por que desenhar a persona: a definição da persona auxilia no entendimento do comportamento do público-alvo e facilita para nos colocarmos no lugar do outro, de forma com que possamos sentir o que a pessoa enfrenta quando se depara com o tema em questão.

Exemplo ilustrativo do descritivo de uma persona: homem, 40 anos, dinâmico, ágil, orientado a resultados. Influenciador e decidido. Tem grande capacidade de adaptação a mudanças e visão estratégica de longo e curto prazos. Valoriza a colaboração. Gosta de esportes ao ar livre. Desfruta dos momentos em família e de vida social com amigos. Gostaria de conhecer mais aspectos de gestão e motivação de pessoas.

PERSONA

A representação dos objetivos, atitudes e comportamentos de um grupo específico de utilizadores que podem envolver e dizem respeito a uma marca (produto ou serviço) de uma maneira semelhante.

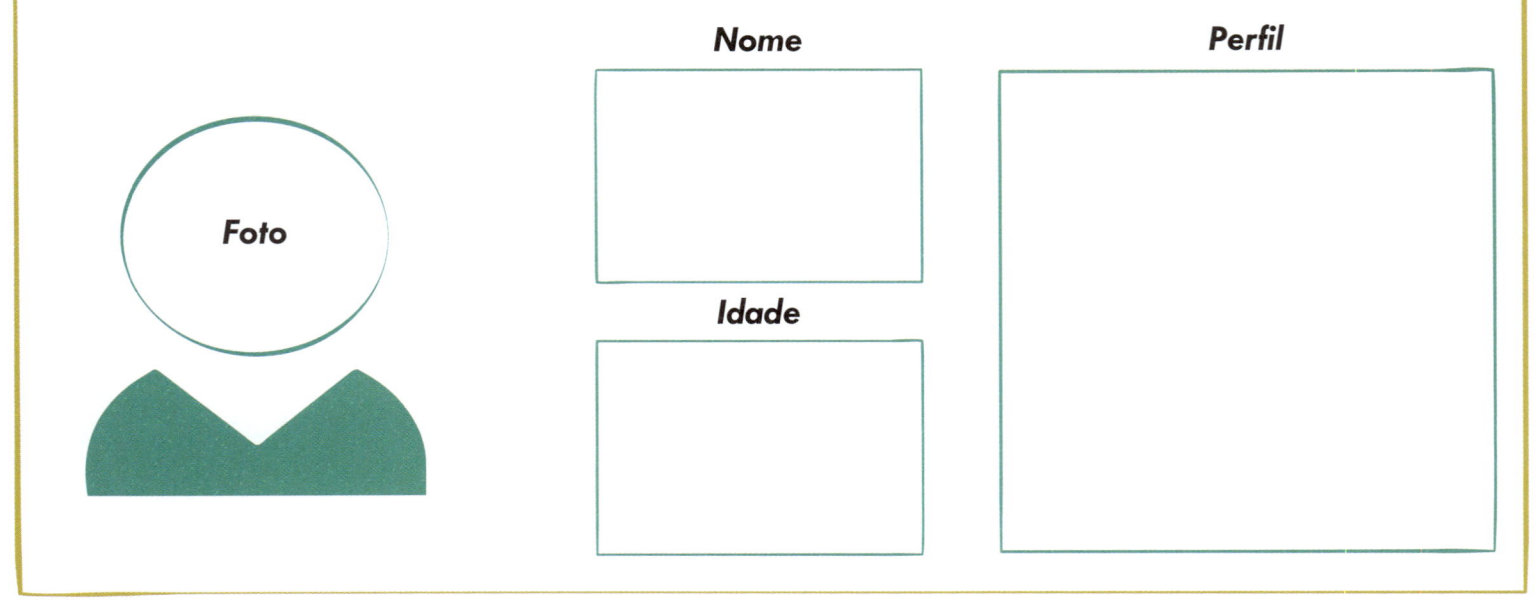

Foto

Nome

Idade

Perfil

Criado por: bmgenbrasil.com   Adaptado de: rolane.com e designer.com

2.3 – Mapa da jornada do usuário

O que é

Criar um mapa da jornada do usuário significa identificar todos os pontos de contato dele no ecossistema desse serviço/interação. Isso auxilia na sistematização dos passos e etapas de um processo para gerar potenciais insights.

Procurando colocar-se no lugar da persona em estudo, preenchem-se todas as linhas do mapa, identificando a trajetória que ela percorre para resolver seu problema, ANTES da solução que será desenhada posteriormente pela equipe que estuda o problema.

Como aplicar

Itens a serem identificados:

A **Ações:** quais são os passos da jornada que a persona realiza?

B **Sentimentos e emoções:** como essa persona se sente ao realizar essa jornada?

C **Objetivos:** quais os objetivos da persona ao final dessa jornada?

D **Pontos de contato:** quem são as pessoas, os objetos e os processos que participam da jornada de experiência dessa persona?

E **Barreiras:** que tipos de barreiras essa persona encontra para resolver o problema que está em estudo?

F **Soluções atuais:** quais os processos que são usados atualmente por essa persona para conseguir atingir seus objetivos?

Observe que esse mapa reflete a situação atual da persona, mas não apresenta a solução para o problema em debate.

MAPA DA JORNADA DO USUÁRIO

Representação dos passos que a persona realiza em sua jornada de experiências para ter uma necessidade atendida.

AÇÕES
Quais são os passos da jornada?

SENTIMENTOS & EMOÇÕES
Como esta persona se sente ao realizar essa jornada?

OBJETIVOS
Quais os objetivos desta persona ao final dessa jornada?

PONTOS DE CONTATO
Quem são as pessoas, objetos e processos que participam da jornada de experiência desta persona?

BARREIRAS
Que tipos de barreiras esta persona encontra para resolver seus problemas?

SOLUÇÕES ATUAIS
Quais os processos que são usados atualmente por esta persona para conseguir os seus objetivos?

Criado e adaptado da consultoria XPLANE.

3. DESENVOLVER

3.1 – Ideação e *brainstorming*

O que é

Gerar ideias visando encontrar uma solução para o tema em estudo e resolver questões relacionadas à persona definida.

A ideação é um processo criativo para gerar um grande número de ideias com possibilidades de êxito e, partir daí, selecionar as melhores. Recomenda-se ir além das soluções óbvias, para aumentar o potencial de inovação da solução e descobrir áreas de exploração inesperadas.

Quando utilizar

A quantidade de ideias é muito importante. Normalmente, as primeiras ideias que surgem são aquelas que estão mais presentes no nosso dia a dia. Para alcançar soluções inovadoras, os limites da mente precisam ser ultrapassados, de forma a provocar novas ideias, gerar muitos insights, manter o foco e articular com sugestões dos demais participantes.

Como aplicar

Alguns princípios de ideação e *brainstorming* apresentados pela Ideo, grande empresa de consultoria em inovação nos EUA:

- → Inicie individualmente e escreva as suas ideias em Post-its.
- → Compartilhe-as com os demais integrantes da equipe.
- → Quantidade importa. Quantidade importa. Quantidade importa. Quanto mais ideias, melhor e mais inovadora será a solução.
- → Não faça críticas nem julgamentos.
- → Construa ideias com outros integrantes da equipe.
- → Mantenha o foco no tema em estudo.
- → Encoraje ideias malucas.
- → Seja visual – desenhe, ilustre, escreva com letra visível à leitura.

Essa atividade funciona melhor quando os Post-its são colados em uma parede e num ambiente com espaço para a equipe circular e visualizar tudo. Quando realizada de forma remota, podem ser usadas plataformas colaborativas, como mural.co ou miro.com, entre outras.

3.2 – Diagrama de afinidade

O que é

Classificar as ideias apresentadas na etapa de ideação, separando-as por grupos ou por tópicos semelhantes, visando a identificação de cada assunto para auxiliar no entendimento das ideias apresentadas e ajudar na análise de uma possível solução.

Quando utilizar

O diagrama de afinidade é utilizado para agrupar ideias semelhantes entre si; agrupadas, elas formam novos grupos de ideias com potenciais soluções ao problema em estudo.

Como aplicar

Nesta etapa, a equipe deve movimentar os Post-its formando grupos temáticos que ajudarão na solução do problema.

DIAGRAMA DE AFINIDADE

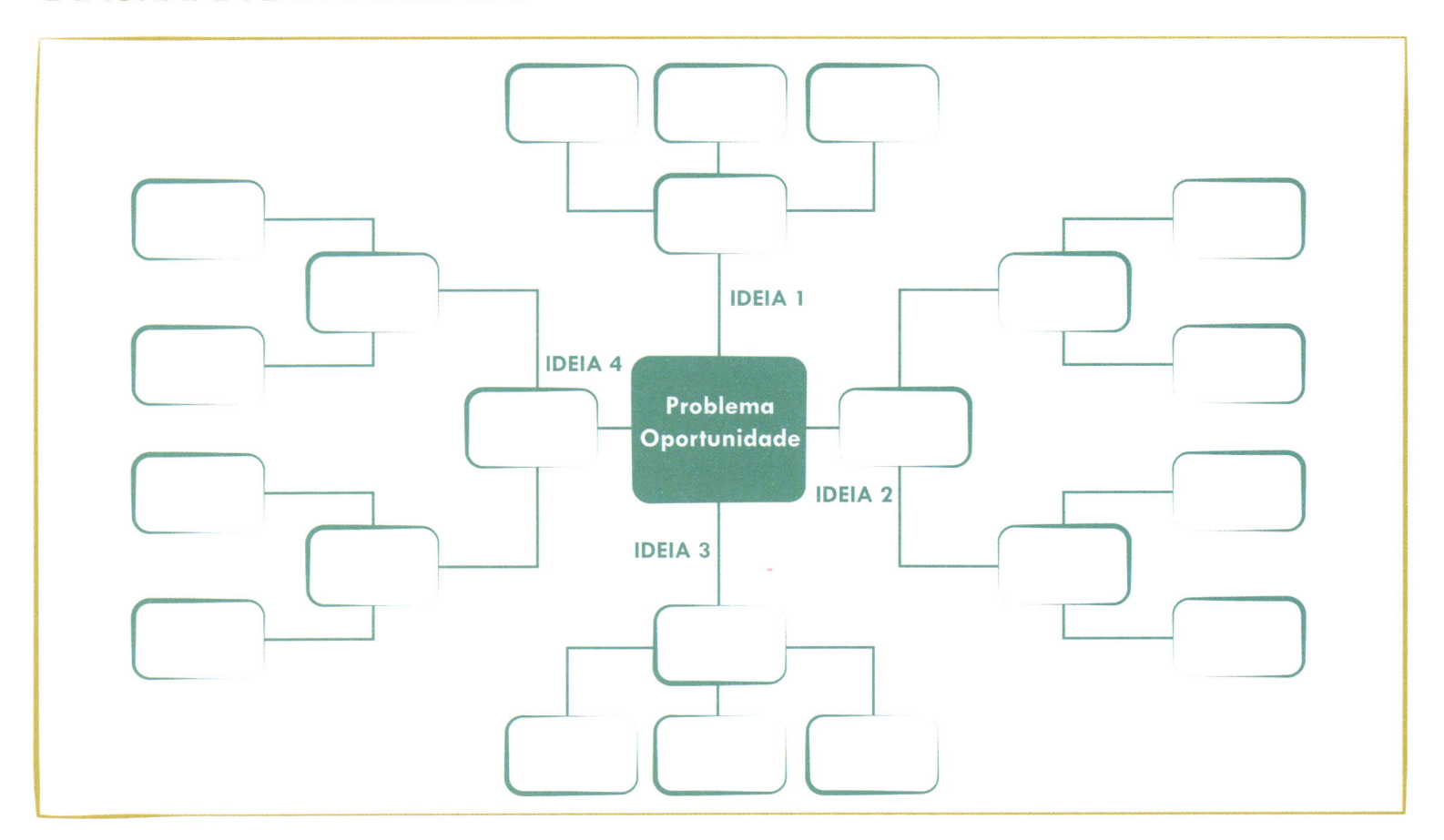

Capítulo 7 • Horizonte 2 — Inovação em modelos de negócio | 7.1 — *Design Thinking*

3.3 – Síntese

O que é

Selecionar as melhores ideias apresentadas nas atividades anteriores e escolher aquela que represente a proposta ideal para a solução do tema em estudo e que agregue valor para a persona definida pela equipe.

Quando utilizar

O momento de síntese é aquele no qual serão observados os diferentes grupos criados na etapa de afinidade. De forma aleatória, os participantes observam as ideias geradas e selecionam caminhos que podem ser seguidos, sugestões de solução ou algum roteiro ilustrativo da solução desejada.

Como aplicar

Por se tratar de um momento altamente subjetivo, não existe uma regra estabelecida para isso. Intuitivamente e considerando uma narrativa, os integrantes das equipes devem reunir grupos de ideias formadas na etapa anterior e identificar potenciais caminhos a serem utilizados.

3.4 – Ponto de vista

O que é

É o momento do posicionamento do grupo frente ao que poderá ser entregue para resolver o tema em estudo, para a persona definida pela equipe.

Quando utilizar e aplicar

Nesta etapa, a sintonia entre os integrantes da equipe é muito importante. Os participantes devem dialogar para escolher a melhor solução entre todas as ideias apresentadas e debater sobre o que cada um pensa a respeito da melhor solução para o problema em estudo. Para concluir a tarefa, a equipe registra a melhor proposta de solução escolhida.

4. ENTREGAR

4.1 – Prototipagem

O que é

Preparar um protótipo que represente a entrega da solução encontrada e que resolva o tema da melhor forma para a persona escolhida.

A etapa ENTREGAR é vivenciada pela prototipagem como uma forma ágil de criar um produto ou serviço que atenda às necessidades pretendidas na solução.

Quando utilizar

Construir protótipos significa tornar ideias tangíveis, aprendendo enquanto as construímos e compartilhamos com outras pessoas. É vivenciar uma experimentação. Vamos explorar um pouco mais o tema nos próximos tópicos deste capítulo.

A prototipagem auxilia na validação de ideias e pode ocorrer ao longo das diversas fases de um projeto. A apresentação de protótipos é o momento de tirar as ideias do papel e materializá-las diante dos desenvolvedores e dos usuários. É a hora de dar vida às soluções desenvolvidas.

Como aplicar

Protótipos são uma forma de comunicação e levam a um pensamento mais realístico sobre a maneira de as pessoas interagirem com relação àquilo que se está projetando.

A prototipagem é a fase em que começamos a materializar e analisar uma ou mais ideias-chave, geradas de modo colaborativo na etapa anterior. É um momento de crescer e expandir as alternativas de solução.

A construção de protótipos nos ajuda na visualização da ideia. A transformação da ideia de um produto ou serviço em algo real acontece na forma de um objeto, uma maquete ou um dispositivo digital, entre outras possibilidades. Seu principal propósito é ajudar a pensar em como melhorar a ideia que foi gerada.

Prototipar é preparar um modelo que represente a entrega da solução encontrada e que resolva o problema da melhor forma para a persona escolhida.

Alguns exemplos de protótipos:

Mock up	protótipos físicos que reproduzem o produto a ser entregue de forma rudimentar e provisória.
Fluxograma de etapas de um processo	descreve o caminho percorrido por um usuário e as etapas que ele cumpre para alcançar o seu objetivo.
Sketches	são desenhos rápidos e livres, feitos à mão livre, e que funcionam como esboço de uma ideia. São uma maneira de apresentar uma ideia visualmente.
Landing page	é representada pela construção de um site de forma simples, para demonstrar uma ideia de sistema ou apresentar uma solução de um problema.
Demo	é a menor versão de um sistema ou software em funcionamento de forma limitada.
Piloto	trata-se de um protótipo para serviços, em que é disponibilizada ao usuário uma versão reduzida, ou um escopo, do que será oferecido.
Maquete ou modelo físico	é a representação física e funcional de um produto ou serviço.
Storyboard	sequência de imagens, como história em quadrinhos, que apresenta o uso da solução que está sendo proposta.

Algumas considerações para se construir um bom protótipo:

→ Busque o apelo visual e concreto.

→ Tenha uma mente de iniciante.

→ Não se apaixone pelas primeiras ideias. Crie alternativas.

→ Comece com pouca fidelidade, repita e refine ideias após receber *feedbacks*.

→ Use a sua criatividade.

→ Não tenha receio em criar "monstrinhos".

→ Registre todo o aprendizado recebido.

A partir da ideia selecionada, elabora-se o protótipo, ele é apresentado para um número significativo de potenciais usuários, colhem-se *feedbacks* e providenciam-se os ajustes na proposta desenhada. Mesmo protótipos iniciais e precários permitem receber uma resposta direta e, assim, ajudam a melhorar e refinar uma ideia original.

Avaliação dos protótipos e aprendizagem

Após a apresentação dos protótipos pelos participantes, recomenda-se exercitar a dinâmica "Eu gostei – Eu gostaria" e registrar as opiniões, sempre na visão positiva da análise: informar primeiro do que gostou e, depois, comentar o que gostaria que fosse acrescido, alterado ou ampliado.

4.2 – Matriz *A3 Thinking*

Retome a matriz A3 *Thinking* e preencha os campos que ficaram em branco, ou seja:

- **5** Recomendações.
- **6** Plano – como você implantará.
- **7** Acompanhamento.

4.3 – Registro da equipe de trabalho

Para que as soluções possam ser postas em prática, é preciso monitoramento, mentoria e acompanhamento do processo. Por isso, recomendamos os seguintes registros:

→ Nomes dos componentes da equipe.
→ Escrever o problema, de forma resumida.
→ Descrever a(s) persona(s) identificada(s).
→ Relatar a solução encontrada.
→ Fotografar os mapas utilizados.
→ Definir quem será o guardião da proposta, para levá-la adiante.
→ Agendar uma reunião para continuidade do processo.

7.2 Novos modelos de negócio

O crescimento acelerado de muitas organizações começa na transformação com base em um foco completamente novo sobre a empresa e o mercado, reinventando estruturas já existentes ou buscando a inovação.

A evolução da tecnologia permitiu que as empresas descobrissem outras possibilidades de negócios, fundamentadas no conceito de gerar valor para o cliente.

De acordo com Alexander Osterwalder,[43] modelo de negócio é a lógica de como uma organização cocria, distribui e captura valor. Atualmente, modelos de negócio basicamente dizem respeito à forma como uma organização é remunerada pela entrega de produtos e serviços compatíveis com uma entrega de valor que resolva um problema específico de um segmento de clientes.

Até a década de 1990, pouco se falava nesse termo, "modelo de negócio". A popularização da expressão ocorreu principalmente em decorrência da internet e do surgimento do e-commerce. Aos poucos, o termo foi sendo expandido para uso em qualquer tipo de empresa.

Com o surgimento da transformação digital e das *startups*, inúmeros tipos e padrões de modelos de negócio foram sendo criados e ganhando importância nas organizações, sendo quase impossível classificá-los – e tal discussão tornou ainda mais relevante entender melhor o conceito do modelo de negócio. Por sua vez, a inovação pode acontecer em diferentes aspectos dos negócios, como: na forma de monetização, na divulgação, nos canais utilizados, no atendimento aos clientes, ao se constituir uma plataforma etc.

---

[43] Alex Osterwalder e Yves Pigneur. *Business Model Generation: inovação em modelos de negócios*. Rio de Janeiro: Alta Books, 2011.

Proposta de valor – Como se diferenciar da concorrência

Definir uma boa proposta de valor é o primeiro passo para uma empresa poder atender seus clientes de maneira satisfatória e gerar um diferencial no mercado. É a proposta de valor que torna possível diferenciar um negócio, ganhar espaço entre os clientes e se estabelecer como sendo melhor do que a concorrência.

Para desenvolver esse posicionamento da maneira correta, existem padrões e ferramentas específicas que levam aos objetivos desejados. Parte fundamental do preparo de uma empresa para o sucesso é a proposta de valor, uma ferramenta estratégica simples, com alta capacidade de gerar resultados. O objetivo dessa estratégia é reforçar a capacidade da empresa de resolver as dores do cliente.

O propósito

Joey Reiman, em seu livro *Propósito*,[44] comenta que o propósito de uma organização está na intersecção dos talentos disponíveis na empresa com as necessidades de um contingente de pessoas. Esse conceito tem crescido muito no âmbito das organizações, porque a simples busca do lucro não pode mais ser o único motivo para uma empresa existir.

O propósito bem definido não substitui e não se confunde com a missão e visão organizacionais:

→ **A missão** responde **ao que** a empresa sabe fazer.
→ **A visão**, por sua vez, direciona **para onde** a organização vai.
→ E **o propósito** responde **por que** a empresa existe.

Simon Sinek apresentou o Círculo Dourado, evidenciando graficamente outros três aspectos com ênfase no propósito.

---

[44] Joey Reiman. *Propósito: por que ele engaja colaboradores, constrói marcas fortes e empresas poderosas*. Rio de Janeiro: Alta Books, 2018.

Acompanhe na figura a seguir:

CÍRCULO DOURADO

- **POR QUÊ?** — Por que você faz o que faz? Qual o seu propósito?
- **COMO?** — Como você faz o que faz?
- **O QUÊ?** — O que você faz?

Autor: Simon Sinek.

O termo Círculo Dourado, para Sinek, propõe começar sempre pelo propósito, perguntando: por que nós fazemos o que fazemos? Qual o propósito dessa entrega? Em um segundo momento, sugere a pergunta: como nós fazemos o que fazemos? Por fim, a questão é: o que fazemos?

Associado ao estudo das personas a partir das suas necessidades, qualquer organização estará apta a desenhar as melhores soluções que entregarão os melhores produtos e, por consequência, terá seu lucro.

The job to be done

Não compete aos clientes saber qual a melhor solução para os seus problemas, segundo Anthony Ulwick[45], autor que cunhou o termo *the job to be done* – em português, "o serviço a ser realizado". O autor questiona o porquê de as empresas delegarem aos clientes a tarefa de indicar as soluções para os seus anseios e necessidades, quando, na verdade, isso compete às equipes internas de marketing, desenvolvimento e planejamento de produto. Encontrar a solução vencedora não é responsabilidade do cliente, mas, sim, da empresa.

A teoria do "trabalho a ser realizado", ou *the job to be done*, fornece uma estrutura para categorizar, definir, capturar e organizar todas as necessidades do cliente em estudo e, então, vincular as métricas de desempenho definidas pelo cliente na forma de declarações de resultados desejados.

Para identificarmos os desejos dos clientes, observamos três dimensões:

- O trabalho funcional, que descreve como o consumidor obtém o que deseja.
- O trabalho emocional, que descreve como o cliente se sente ou quer se sentir.
- O trabalho social, que descreve como o cliente quer ser percebido pelos outros.

Para ilustrar esse tema, apresentamos o exemplo: considere um casal que está comprando um assento de carro para o filho recém-nascido. Observamos, então, a situação nas três dimensões:

- Trabalho funcional: "Ajuda a manter o nosso bebê seguro quando ele está no carro".
- Trabalho emocional: "Queremos saber que o nosso bebê está seguro e nos sentir como sendo pais bons e protetores".
- Trabalho social: "Queremos mostrar aos outros casais que temos o melhor e mais seguro equipamento para o nosso bebê".

---

[45] Anthony Ulwick. *Jobs to Be Done: theory to practice*. Idea Bite Press, 2016.

Value proposition design ou proposta de valor

A partir da visão do serviço a ser realizado, Alex Osterwalder ampliou o conceito apresentado em seu primeiro livro, *Business Model Generation*, e criou um desenho para auxiliar pessoas e empresas a melhor identificarem a sua proposta de valor, ou *value proposition design*.

O CANVAS DA PROPOSTA DE VALOR

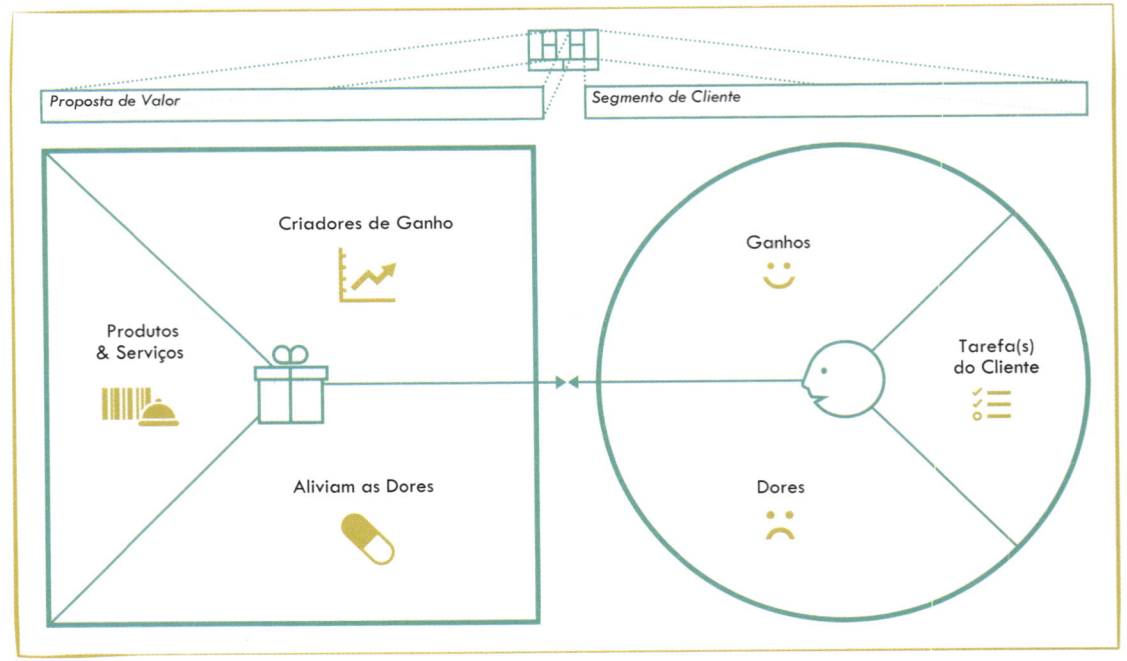

Proposta de Valor | Segmento de Cliente

- Criadores de Ganho
- Produtos & Serviços
- Aliviam as Dores
- Ganhos
- Tarefa(s) do Cliente
- Dores

Fonte: Strategyzer AG – Os criadores de BusinessModel Generation e Strategyzer.

Nesse canvas, a análise e a observação das tarefas do cliente começam pelo lado direito, no círculo, descrevendo **o trabalho funcional** que o cliente deseja obter para ter suas necessidades atendidas; **o trabalho emocional** sobre como o cliente se sente por não ter seu problema resolvido; e, por fim, **o trabalho social** de como o cliente quer ser percebido pelos outros.

Primeiramente, são avaliadas as tarefas que o cliente executa para ter seus problemas resolvidos e, a seguir, as dores que o cliente sente por ainda não ter uma solução para as suas necessidades, e então se identificam os ganhos que o cliente deseja receber.

Uma vez que o círculo esteja plenamente estudado e identificado, a etapa seguinte é preencher o lado esquerdo da folha, dentro do quadrado, apresentando os produtos e serviços que possam ser criados para resolver as tarefas que o cliente executa ou busca resolver. Na sequência, e com o produto claramente definido, identificam-se o que aliviará as dores e o que ampliará os ganhos desejados pelo cliente.

As organizações que pretendem continuar crescendo precisam reformular seu modelo de negócio e alterar o *mindset* de líderes e colaboradores para mantê-los abertos à inovação e a novas frentes e oportunidades.

Em um mundo no qual mercado, produtos, tecnologias, concorrentes e a própria sociedade mudam de forma tão ágil, a inovação contínua e o conhecimento se tornaram uma vantagem competitiva sustentável para as organizações, além de melhorar o desempenho financeiro, a comercialização de novas tecnologias e a abertura de oportunidades em novos mercados.

Esse processo foi difundido pela publicação de um livro construído de forma colaborativa, com mais de quatrocentos consultores de vários países no mundo, sob a supervisão de Alex Osterwalder. O resultado mais evidente foi a criação de um canvas, ou um quadro, que, em nove blocos, sustenta a construção de modelos de negócio de forma criativa e inovadora.

Os nove blocos de construção do modelo de negócio

CANVAS COMO MODELO DE NEGÓCIO

Criado para: _____ Criado por: _____ Em: Dia / Mês / Ano Iteração: ___

Parcerias-chave
Quem é fundamental para o modelo de negócio prosperar?

Atividades-chave
Quais atividades-chave são necessárias para entregar nossa(s) proposta(s) de valor?

Recursos-chave
Que recursos necessitamos para entregar uma proposta de valor adequada?

Proposta de Valor
Qual valor entregamos aos clientes?

Quais problemas dos clientes estamos ajudando a resolver?

Relacionamentos com Clientes
Como é o nosso relacionamento com os diferentes segmentos de clientes?

Canais
Como entregamos a nossa proposta de valor para os nossos clientes?

Que meios físicos os alcançamos?

Segmentos de Clientes
Para quem estamos criando valor?

Quem são nossos clientes mais importantes?

Que persona representa o nosso cliente?

Estrutura de Custo
Quais são os custos mais importantes no modelo de negócios?

Fontes de Renda
Liste suas fontes de renda.
Como o(s) segmento(s) de cliente(s) paga(m) pelos serviços e produtos oferecidos?

Fonte: Strategyzer.com — Traduzido por: www.mariaaugusta.com.br

---

Essa sequência dos nove blocos é a sugerida para o preenchimento do canvas ou do quadro de modelo de negócio. É recomendado sempre iniciar pelo segmento de clientes, seguido da definição da proposta de valor. Os demais blocos podem ser preenchidos à medida que os insights e as definições surjam.

Segmento de clientes

Descreve o grupo de pessoas que serão beneficiadas pelo negócio e que se unem em torno de um problema em comum a ser resolvido.

Proposta de valor

Descreve o pacote de bens e serviços que cria valor para um segmento específico de clientes. É o motivo pelo qual os consumidores mudam de uma empresa para outra. É a oferta da empresa para os seus clientes, com características adicionais e atributos agregados de benefícios.

Uma boa proposta de valor deve responder aos seguintes quesitos:

→ Qual o valor entregue para o cliente?
→ Que problemas do cliente esse modelo de negócio ajudará a resolver?
→ Quais as necessidades dos clientes que estão sendo atendidas?
→ Que pacotes de bens e serviços são oferecidos para cada segmento de clientes?

Canais

É relativo à forma como uma empresa se comunica com seus clientes para entregar a proposta de valor. Os canais são pontos de contato com o cliente e apresentam várias funções, incluindo:

→ Sensibilizar os clientes sobre os produtos da empresa e serviços oferecidos.
→ Auxiliar os clientes a avaliarem a proposição de valor ofertada.
→ Permitir que os clientes comprem bens e serviços específicos.
→ Fornecer suporte ao cliente no pós-venda.

♥ Relacionamentos com clientes

Neste bloco, são descritos os tipos de relacionamentos que cada empresa pretende estabelecer com segmentos específicos de clientes. O processo pode variar desde um sistema automatizado até as ações envolvendo contato pessoal. As motivações para definir o tipo de relacionamento com os clientes podem ser:

- → Aquisição de clientes.
- → Retenção do cliente.
- → Impulsionamento das vendas.
- → Formação de comunidade de clientes.

$ Fontes de receita

A receita representa a monetização que uma empresa gera a partir de cada segmento de cliente. Compete à organização questionar qual o valor que cada segmento de clientes está disposto a pagar por seus produtos ou serviços. A resposta a essa pergunta é fundamental, pois permite à empresa gerar um ou mais fluxos de receita. Eles podem ser: aluguéis, vendas de produtos e serviços, assinaturas, propagandas etc.

⚙ Atividades-chave

São as principais atividades que uma organização deve executar, a fim de que o seu modelo de negócio tenha êxito. Dependendo do modelo de negócio, as atividades-chave podem variar, mas sempre devem manter o foco em oferecer uma proposição de valor, alcançar os mercados, manter relacionamentos com os clientes e obter receitas. As atividades devem ser descritas com um verbo de ação para caracterizar o que deve ser feito.

🔧 Recursos-chave

Dizem respeito aos ativos mais importantes e necessários para fazer um modelo de negócio funcionar. Os recursos-chave podem ser categorizados em: físicos, intelectuais, pessoas, patentes, tecnologia etc.

Parcerias-chave

As parcerias-chave descrevem a rede de fornecedores e parceiros que fazem o modelo de negócio funcionar. Podem ser dos seguintes tipos: alianças estratégicas entre empresas não concorrentes; parcerias estratégicas entre concorrentes; *joint ventures* para desenvolver novos negócios; relacionamento fornecedor-comprador para garantir o abastecimento confiável e de forma sustentável.

Estrutura de custo

Neste bloco, são descritos os custos envolvidos para operar um modelo de negócio no prazo definido. Seu preenchimento deve atender aos seguintes quesitos:

→ Quais são os custos mais importantes inerentes ao modelo de negócio em estudo?
→ Quais são os recursos-chave mais caros?
→ Quais são as atividades-chave mais caras?
→ Quanto custa o relacionamento pretendido com os clientes?

Esses nove blocos de construção formam a base de uma ferramenta para orientar o processo de criação de um modelo de negócio pronto para crescer.

Modelos de negócio inovadores

Atualmente, quando se fala em modelos de negócio, sempre devem ser priorizados a análise, o estudo e a busca por inovação. É o bom senso e o conhecimento que levarão a entender em qual modelo de negócio cada empresa se encaixa. Afinal, por melhor que seja o modelo de negócio que nos sirva de referência, poderão existir nele estratégias que não sejam adequadas para o nosso tipo de negócio.

O processo em que ocorre a inovação em modelos de negócio envolve aspectos como a cultura da empresa, o perfil dos líderes, as emergências em conquistar novos mercados e um grande problema a ser solucionado, ou necessidade a ser atendida, dentro de um ambiente que seja favorável. Isso pode ocorrer em duas dimensões:

→ Inovação em negócios existentes que precisam se atualizar para manter a sua vantagem competividade em mercados emergentes.

→ A criação de um novo negócio, normalmente em empresas de base tecnológica forjadas dentro da transformação digital e comumente chamadas de *startups*.

De acordo com o Dr. Marc Sniukas,[46] o processo de inovação e mudança do modelo de negócio envolve quatro estágios:

1 **Identificação das ameaças ao modelo de negócio existente e das oportunidades para inovação:** o que é feito por meio da análise da empresa, do modelo de negócio atual, da identificação dos ativos estratégicos e das tecnologias disponíveis. Além disso, é necessário avaliar novos mercados e necessidades do cliente e do ambiente externo, em busca de tendências que possam ter impacto no modelo de negócio em estudo.

2 **Definição de recursos:** identificar quais aspectos dos recursos-chave disponíveis podem ser ampliados e gerar novos negócios.

---

[46] Marc Sniukas. Four Questions You Need to Ask about Your Business Model – and How to Answer Them, *LinkedIn*, 17 out. 2018. Disponível em: https://www.linkedin.com/pulse/four-questions-you-need-ask-your-business-model-how-sniukas/. Acesso em: 21 jan. 2021.

3 Avaliação de novas ideias de modelos de negócio: identificar e analisar quais novas ideias têm maior probabilidade de ser bem-sucedidas e que permitam efetuar mudanças estratégicas e operacionais.

4 Prototipagem e validação de um produto minimamente viável: o estágio de prototipagem e validação de um MVP é uma etapa que permitirá testar os principais pressupostos, aprender e adaptar as potenciais soluções. A inovação do modelo de negócio produz um alto nível de incerteza, ambiguidade e risco, tornando o planejamento convencional ineficaz e o aprendizado na prática, uma necessidade.

Por abordar oportunidades de inovação, muitas vezes os modelos de negócio podem ser associados somente aos testes, à prototipagem e a uma generalização de que eles precisam ser mudados e redesenhados com frequência. Mas é importante compreender que eles também são uma forma de gerenciar os aspectos operacionais, podendo ser usados em diferentes níveis organizacionais, permitindo realizar melhorias contínuas de desempenho por meio de ajustes para garantir que ainda atendam às demandas dos clientes e entreguem valor à organização.

- Identificação das ameaças ao modelo de negócio existente e das oportunidades para inovação.
- Definição de recursos.
- Avaliação de novas ideias de modelos de negócio.
- Prototipagem e validação de um produto minimamente viável.

Padrões de modelos de negócio

Padrões ajudam a entender as dinâmicas dos modelos de negócio e servem como fonte de inspiração, quando a intenção é criar um novo modelo de negócio. Apresentamos a seguir alguns dos padrões usados com mais frequência.

Plataforma[47]

É um negócio intermediado por empresas, em que são apresentadas ofertas de diferentes fornecedores. É aberta e permite a participação "regulada" entre as partes, promovendo ativamente as interações (positivas) entre diferentes parceiros em um mercado multilateral. Por essa razão, é um modelo de negócio que cresce mais rápido do que um negócio tradicional. As plataformas permitem ainda expandir o alcance do mercado e conectar vendedores e compradores fragmentados, em qualquer local e a qualquer momento.

Esse tipo de padrão também serve para destravar recursos de mercados adjacentes, explorando falhas de mercado e ativos subutilizados. Isso é o que acontece quando uma empresa que entra em determinado mercado explora recursos ociosos ou pouco utilizados de maneira inovadora, para oferecer novas formas de atendimento e precificação. Um exemplo desse tipo de ação é o uso de carros particulares, no lugar dos táxis convencionais.

As plataformas também disponibilizam as bases sobre as quais outras empresas podem construir. Como exemplo, podemos citar empresas que usam inovações tecnológicas para oferecer produtos e soluções completamente customizáveis a seus clientes, em contraposição ao padrão estabelecido de produção em massa. É o conceito de plataforma de produto, na qual fornecedor e cliente trabalham em conjunto para obter itens únicos. Nesse caso, podemos citar o Google ou o processo de produção e oferta de aplicativos em smartphones.

---

[47] Geoffrey G. Parker, Marshall W. van Alstyne e Sangeet Paul Choudary. *Plataforma: a revolução da estratégia*. Rio de Janeiro: Alta Books, 2019.

Muitas plataformas também operam no modelo *peer-to-peer*,[48] isto é, fazem a conexão entre indivíduos com determinado tipo de necessidade e outras pessoas que podem oferecer soluções para essa demanda. Como exemplo, temos o Airbnb, que provocou uma ruptura no mercado hoteleiro ao criar um serviço no qual pessoas em busca de hospedagem barata se conectam com outras que possuem imóveis disponíveis para aluguel por períodos curtos. Nesses casos, as plataformas ativam uma "economia de compartilhamento", em que recebem uma comissão das pessoas que monetizam seus ativos (casas, carros, capital), emprestando-os a usuários dispostos a pagar pelo uso temporário do bem.

Assinatura

O cliente paga periodicamente para ter acesso a produtos e serviços. Hoje, existem os serviços de *streaming* que fornecem filmes e séries, locação de livros por meio de uma assinatura, uso de softwares (SaaS – Software as a Service) etc.

É um modelo bastante apreciado, pois gera uma boa receita de forma recorrente, além de construir a fidelização à marca e criar uma base sólida de clientes.

No caso específico do SaaS, a empresa cria e mantém softwares de serviços automatizados, ofertados ao usuário mediante um pagamento mensal.

Freemium

Mix de produtos básicos gratuitos, com serviços pagos. Caracterizado por um grupo significativo de clientes que se beneficiam por uma oferta grátis e por um grupo menor que é responsável pelo pagamento dos serviços. Como exemplo, temos aplicativos de jogos, armazenagem em nuvem, plataformas de *streaming* etc.

A ideia é a mesma do SaaS, mas o serviço é gratuito até certo limite de uso. Outra vantagem interessante é que o Freemium funciona também como uma estratégia para reduzir as barreiras à entrada de potenciais compradores.

---

[48] *Peer-to-peer é um formato de rede de computadores em que a principal característica é a descentralização das funções convencionais de rede. Seu principal objetivo é a transmissão de arquivos.*

Free

O modelo free surgiu com as possibilidades trazidas por meio da internet e com a globalização do seu uso. Há muitas ofertas virtuais de produtos free, desde jogos até aplicativos. As empresas lucram a partir do recolhimento das informações dos usuários e, principalmente, da venda de espaços para que outras empresas possam anunciar. Por exemplo: quando você está vendo um vídeo e aparece uma propaganda na tela. No modelo free, ou grátis, em tese o usuário é o produto, porque oferece conteúdo e seu olhar para que outros vendam suas ofertas.

Isca e anzol

Consiste em oferecer um produto básico a um preço muito baixo e, depois, cobrar preços mais elevados pelas recargas. É uma grande oportunidade para fidelizar clientes que precisam recorrer aos serviços com frequência.

Publicidade e propaganda

De um lado, o modelo é projetado para atrair usuários com conteúdo, produtos e serviços gratuitos. De outro, gera receita pela venda de espaços de publicidade.

Ecossistema

O modelo de ecossistema, como os da Apple, do Google e da Microsoft, funciona pela venda de um conjunto integrado e interdependente de produtos e serviços. O pacote aumenta de valor à medida que o consumidor adquire mais produtos e serviços, gerando uma dependência de outros serviços e produtos interligados.

Smart business: um novo olhar para o futuro das empresas

Ming Zeng, presidente do Conselho Acadêmico do Grupo Alibaba, é quem apresenta o conceito de smart business no livro *Alibaba*.[49] Para ele, o significado de smart business está atrelado à utilização de tecnologias de *machine learning* que, por sua vez, atuam coletando dados de suas redes de participantes seguindo o comportamento do consumidor e, com isso, atendendo a preferências personalizadas automaticamente.

Além disso, Zeng complementa que um smart business possibilita a reconfiguração de uma cadeia de valor, alcançando tempo, escala e customização a partir da união da coordenação de rede e da inteligência de dados. Para ele, o smart business dominará os negócios na próxima década.

Como modelo de negócio, o Grupo Alibaba é um complexo varejista que está longe de ser aquilo que conhecemos como tradicional. Não há um abastecimento nem um estoque próprio. Os serviços de logística também são terceirizados. A visão que permite uma jornada de sucesso desse negócio está no ponto de partida, que é o desenvolvimento de um ecossistema de comércio eletrônico aberto.

É aqui que entra o potencial inovador do Alibaba, relacionado com smart business e o futuro dos negócios: a construção de um ecossistema. Ou seja, uma comunidade que reúne organismos, como empresas e consumidores variados, que podem interagir entre si e com o meio ambiente no qual estão inseridos. Sendo assim, os esforços do Alibaba estavam concentrados em assegurar, por meio da sua plataforma ou acesso aos recursos, que negócios online deveriam dar suporte e apoio ao desenvolvimento e à evolução do ecossistema.

---
[49] Zeng, op. cit.

No começo, o ecossistema consistia em uma relação simples, conectando duas partes interessadas, compradores e vendedores. No entanto, as possibilidades que a tecnologia passava a fornecer ampliaram o potencial dos negócios. A expansão do ecossistema para que fosse possível receber as inovações acabou impactando no apoio para a criação de novos tipos de negócios online.

Sendo assim, mais do que comércio online, estamos tratando da junção de várias partes relacionadas com o varejo que são coordenadas de forma online.

O que é *smart business*?

Smart business é quando os participantes que buscam um objetivo comercial em comum são coordenados de modo online em rede e usam *machine learning* para alavancar dados eficientemente. Com as decisões operacionais suportadas pelo conhecimento das máquinas, as empresas podem se inserir no mercado de acordo com as mudanças dos seus setores e as próprias preferências dos clientes.

Para isso, é preciso abastecer o *machine learning* com dados e poder de computação. Quanto mais interações e dados, melhor será. Mais do que uma inovação tecnológica, o *machine learning* é o que transformará a maneira como se conduzem os negócios, com as tomadas de decisão baseadas em resultados algorítmicos, automatizando decisões operacionais.

C2B: a nova equação *customer to business*

Ming Zeng, ao falar sobre *smart business*, traz também uma questão importante sobre como o digital está influenciando a equação entre consumidor e empresa. Siglas como B2C (*business to consumer*) e B2B (*business to business*) já fazem parte do vocabulário dos negócios. Porém, a partir do impacto do digital nos negócios, a proposta é inverter o B2C, dando origem ao C2B, ou *customer to business*.

Se a mentalidade C2B altera os conceitos tradicionais de "empresa para consumidor", é porque isso está muito ligado a decisões de negócios orientadas pelo *machine learning* alimentado por ciclos de *feedbacks*, ou seja, a essência do conceito de *smart business*. Dessa maneira, as decisões passam a ser ditadas pelos consumidores. Isso traz uma enorme vantagem competitiva, possibilitando a interação com grandes clientes em tempo real.

Uma evolução para o C2B envolve modelo de negócio plataforma e ferramentas tecnológicas, como a automação de marketing, CRM e outras plataformas de comércio digital. Para se ter um modelo C2B em um "*loop* fechado e verdadeiro", é preciso mover a operação para o online e digitalizar o trabalho humano.

> **O modelo de negócio proposto dentro do *smart business* é, certamente, o inverso do que são os negócios tradicionais. O modelo C2B faz com que a inovação constante seja um pré-requisito para o sucesso. A vantagem é que, com a era da internet, estabelecer relacionamentos diretos e em grande número com custo baixo e simultaneamente se tornou uma realidade.**

Certamente, há obstáculos que precisam ser superados para que haja uma transição para o C2B e se obtenha o nível desejado de personalização. É preciso ir atrás de conhecimento e aprendizado prático. Além disso, é importante considerar o desenvolvimento e a fabricação de produtos contando com a participação ativa dos clientes. Isso também faz parte da transformação digital. É preciso entender qual a melhor maneira de orientar o marketing sob demanda e como construir um acesso direto aos clientes, evoluindo para uma comunidade online. Isso inicia o processo de engajamento para o desenvolvimento do produto junto ao cliente.

Para adotar uma abordagem C2B, o grande conselho de Ming Zeng é o de mover o máximo possível das etapas da cadeia de suprimentos para o online. Ressaltando que, mais do que em produtos e serviços customizados, o C2B tem raízes no próprio significado de negócio. Os modelos C2B traduzem, praticamente, o que são os *smart business*.

O modelo de negócio proposto dentro do *smart business* é, certamente, o inverso do que são os negócios tradicionais. O modelo C2B faz com que a inovação constante seja um pré-requisito para o sucesso. A vantagem é que, com a era da internet, estabelecer relacionamentos diretos e em grande número com custo baixo e simultaneamente se tornou uma realidade.

Por isso, a interação é um importante meio para entender necessidades potenciais e trazer clareza para as demandas, em um processo contínuo de evolução.

Existe um modelo de negócio certo?

Não existe um modelo de negócio certo. Para uma empresa liderar nos tempos de hoje, e também em direção ao futuro, é preciso criar novos mercados, atender às necessidades de todas as partes interessadas e rever — e até mudar — os padrões vigentes. Mas só isso não basta. É preciso também desenvolver uma cultura de inovação e, acima de tudo, tornar o propósito da empresa o centro da sua estratégia.

As organizações que pretendem continuar crescendo precisam escolher um modelo de negócio que se adeque ao seu propósito. Esse é um dos aspectos mais importantes na construção de uma organização que aprende e cresce constantemente. É preciso ter em mente que o modelo de negócio adotado impactará diretamente a estratégia e a competitividade da empresa — e determinará os seus resultados.

7.3 Lean Startup

Segundo Eric Ries,[50] "*startup* é uma organização que existe para criar novos produtos ou serviços sob condição de extrema incerteza". Já para Steve Blank,[51] "uma *startup* é uma organização em busca de um modelo de negócio escalável e repetitivo".

Outras definições giram em torno da ideia de que *startup* é uma empresa jovem, com um modelo de negócio passível de ser repetido e que seja escalável. Sua atuação acontece em cenários de fortes incertezas, nos quais soluções inovadoras precisam ser desenvolvidas.

Na tradução direta do inglês, *lean* significa "enxuto". No meio empresarial, *lean* é uma filosofia de gestão inspirada em práticas e resultados do sistema da empresa japonesa Toyota, carregando a ideia de que todos os desperdícios devem ser eliminados para se trabalhar somente com o que for essencial.

Segundo Sakichi Toyoda, fundador da Toyota, a filosofia *lean* tem como regras os seguintes preceitos:

→ Eliminar desperdícios.
→ Incluir qualidade no processo.
→ Criar conhecimento.
→ Adiar comprometimentos.
→ Entregar rápido.
→ Respeitar as pessoas.
→ Otimizar o todo.

Dentro desse contexto, é crescente o interesse das mais diversas empresas por esse sistema. Novas técnicas e experiências continuam a ser desenvolvidas e compartilhadas, permitindo um aprendizado cada vez mais rápido e efetivo. O *lean* tem sido usado como auxiliar de grande peso na transformação de realidades organizacionais, para potencializar resultados e também para melhorar o aproveitamento do potencial humano nas empresas.

---

[50] Eric Ries. *A Startup Enxuta: como usar a inovação contínua para criar negócios radicalmente bem-sucedidos*. São Paulo: Lua de Papel, 2012.

[51] Steve Blank e Bob Dorf. *Startup: manual do empreendedor – o guia passo a passo para construir uma grande empresa*. Rio de Janeiro: Alta Books, 2014.

O que é Lean Startup

Nos últimos tempos, uma metodologia chamada *Lean Startup*[52] (*startup* enxuta) vem tornando menos arriscada a iniciativa de se criar uma empresa. Conforme já mencionamos, esse movimento foi inspirado no antigo *Lean Manufacturing*, sistema desenvolvido na empresa japonesa Toyota.

A Lean Startup é uma metodologia com características revolucionárias:

- → Usa a experimentação em vez do planejamento minucioso.
- → Usa a opinião do cliente em vez da intuição.
- → Usa o projeto iterativo em vez da tradicional concepção do produto acabado já de início.

Os conceitos e ideias trazidos pela Lean Startup ganharam espaço e força muito rapidamente no mundo dos negócios e do empreendedorismo.

Uma diferença fundamental no modo de atuar das *startups* é que elas sempre buscam novos modelos de negócio. Essa é, na verdade, a essência do modelo Lean Startup.

A realização de testes e a valorização da opinião do cliente são a base da metodologia Lean Startup. Seu foco está em validar ou invalidar, de maneira antecipada, as hipóteses acerca de uma ideia ou produto. Em outras palavras, podemos dizer que a metodologia Lean Startup é regida por um processo cíclico de aprimoramento, que contém as seguintes etapas:

- → Construir (experimentar).
- → Testar (medir).
- → Aprender (pivotar[53] ou manter).
- → Retorno ao início do ciclo (construir).

---

[52] Ries. *A Startup Enxuta*, op. cit.

[53] "Pivotar", na linguagem do Lean Startup, significa mudar, muitas vezes radicalmente, o rumo de um negócio ou de uma ação que não estão tendo o sucesso esperado. Essa mudança é feita com base na própria experiência adquirida com o negócio ou a ação que está sendo empreendida.

Mapa da jornada do Lean Startup

DESENVOLVIMENTO DO CLIENTE

VALIDAÇÃO DO CLIENTE

CONSTRUÇÃO DA EMPRESA
Ciclo do feedback
Construir
Medir
Aprender

MÉTRICAS

DESCOBERTA DO CLIENTE

CRIAÇÃO DO CLIENTE

HIPÓTESES

Jornada Ágil

DESENVOLVIMENTO DO CLIENTE

O que é

Dentro da metodologia Lean Startup, temos a técnica do desenvolvimento do cliente, que é usada pelas *startups* para iterar e testar com rapidez parte do seu modelo de negócio. Com essa estratégia, é possível resolver ou minimizar um problema que as pessoas enfrentam ao criar um novo negócio: a incerteza sobre se vão conseguir clientes o suficiente para que ele realmente dê certo – a situação fica ainda mais complicada, com um grau muito maior de incerteza, quando se entra em um mercado desconhecido ou se faz o lançamento de um produto completamente novo.

O empreendedor Steve Blank,[54] reconhecido pelo desenvolvimento da metodologia que deu início ao movimento Lean Startup, percebeu que havia uma enorme quantidade de empresas fracassando ao lançarem novos produtos – justamente porque lançavam algo que o mercado não queria. Assim, desenvolveu um método que mudou completamente a abordagem do problema. A proposta do método de Blank se resume ao seguinte conceito inovador: "Você não deve começar com o produto, mas, sim, com o cliente". Essa é a essência do método de desenvolvimento do cliente.

Quando (ou por que) utilizar

Antes de investir muito tempo em planos detalhados para a implantação de uma empresa ou para a criação de um novo produto, é recomendável buscar um problema relevante existente no mercado e verificar a validade das soluções que poderão ser propostas. É exatamente nessa busca que entra o método de desenvolvimento de clientes, pois ele possui ferramentas que dão especial atenção ao processo do ajuste entre produto e mercado, de maneira iterativa e dinâmica.

Como aplicar

O desenvolvimento de clientes, como método, deve ser utilizado ao longo do processo de desenvolvimento de uma nova organização, sobretudo no momento em que se busca esse encaixe entre o produto e a necessidade do mercado.

Na aplicação dessa metodologia, todas as atividades relacionadas aos clientes são divididas em duas fases: a de pesquisa e a de execução, que serão discutidas a seguir.

[54] Blank e Dorf, op. cit

1. Fase de pesquisa

Descoberta do cliente

Nesta fase, basicamente buscamos responder às seguintes perguntas:

- O problema do cliente é real?
- Existe demanda para solucioná-lo?
- A minha proposta de solução é o que os clientes buscam?
- Os clientes querem o meu produto?

Procuramos identificar o problema que o cliente quer ver resolvido e verificamos se a nossa proposta resolve esse problema. O ideal é descobrir o máximo que puder sobre os clientes em potencial, antes de começar a desenvolver um produto.

Validação do cliente

O objetivo nesta fase é responder às questões:

- Os clientes efetivamente pagariam pelo meu produto?
- O modelo de negócio é o ideal?
- O processo de vendas funciona?

Esta etapa inclui estratégias e ações como:

- Montar um roteiro de vendas preliminar com metas de curto e longo prazos.
- Lançar o produto em pequena escala.
- Vender o produto a um grupo pequeno de clientes, mas, de preferência, que esteja entusiasmado com o seu produto;
- Apresentar o seu produto e o modelo de negócio para analistas.
- Coletar o parecer de clientes e analistas e, com base nas respostas que eles derem, decidir se há necessidade de modificar o modelo de produto ou negócio – ou até mesmo de abandonar o projeto, se for o caso.

É importante ter em mente que a validação do cliente tem por objetivo testar se o produto resolve os problemas dos clientes. Porém, esse produto não tem necessariamente que estar pronto – a ideia, aqui, é coletar *feedbacks* para fazer ajustes no produto, antes de lançá-lo no mercado.

2. Fase de execução

Criação do cliente

Esse é o momento de executar o que foi aprendido nas etapas anteriores. É quando fazemos o lançamento do MVP (produto mínimo viável) para que o cliente possa efetivamente experimentar o produto.

O MVP é um termo que se refere a uma versão do produto que permite uma passada completa pelo ciclo construir-medir-aprender. Esse ciclo deve ser cumprido com o mínimo de esforço e no menor tempo de desenvolvimento possível. É importante ter em mente que o objetivo do MVP é tão somente ser o primeiro passo em uma jornada de aprendizagem e desenvolvimento do produto.

Colocar o produto diante dos possíveis clientes permite avaliar suas reações, perceber nele eventuais problemas e testar hipóteses básicas do negócio. Ao término de cada ciclo de construir-medir-aprender, decide-se se é possível seguir em frente com a estratégia original ou se é necessário algum ajuste.

É importante notar que, nessa etapa, existe um incentivo claro para que as *startups* evitem gastos excessivos com marketing, até que os primeiros clientes sejam conquistados. Esse é um diferencial importante do método Lean Startup, pois evita que se continuem gastando recursos com mercados e clientes que não existem ou que não podem ser criados.

Construção da empresa

É hora de crescer e chegar ao público principal, disposto a pagar pelo produto ou serviço que estão sendo oferecidos.

Esta é a fase de estruturação do negócio, em que se busca ampliar a base de clientes e gerar expansão. Nesse momento, o produto já deve ter sido testado, validado e reajustado, de forma a garantir que atende às necessidades dos clientes e que pode, então, ser vendido.

A construção da empresa é a parte final do processo e sinaliza a transição do aprendizado informal para uma estrutura que trabalha para potencializar o sucesso inicial que a empresa tenha conseguido no mercado.

Representação gráfica

AS 4 FASES DO DESENVOLVIMENTO DO CLIENTE

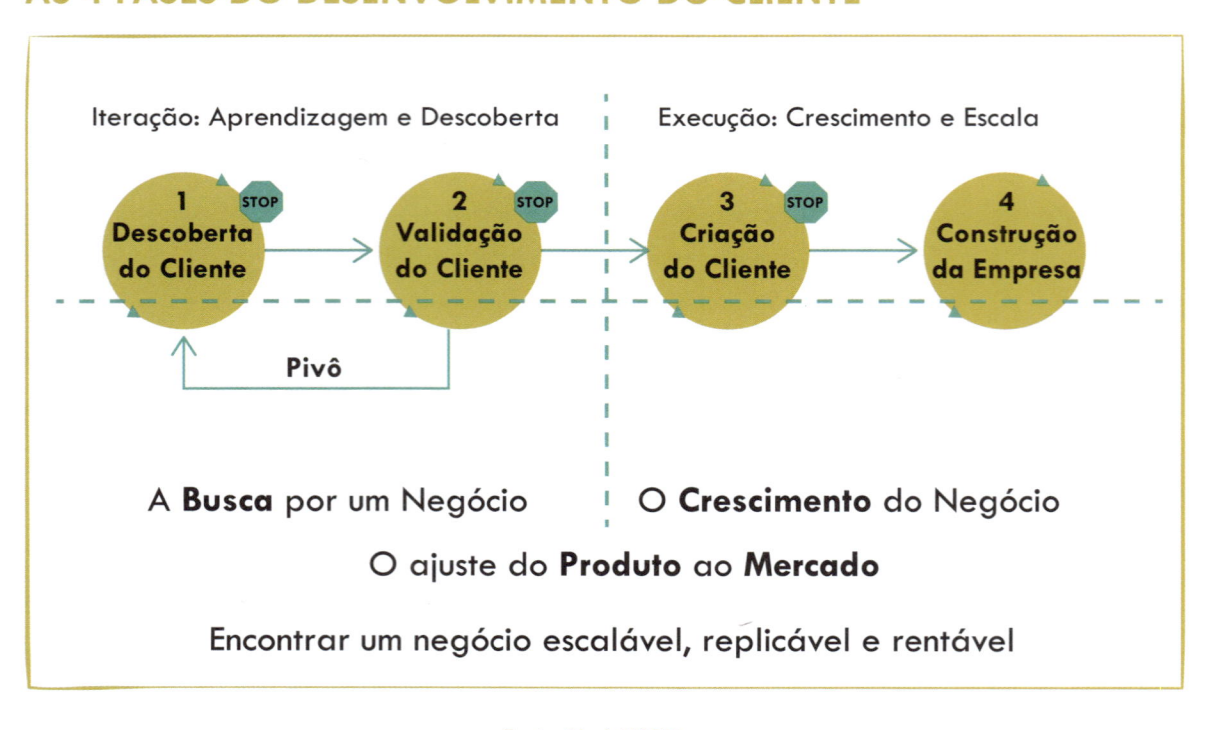

Iteração: Aprendizagem e Descoberta | Execução: Crescimento e Escala

1 Descoberta do Cliente → 2 Validação do Cliente → 3 Criação do Cliente → 4 Construção da Empresa

Pivô

A **Busca** por um Negócio | O **Crescimento** do Negócio

O ajuste do **Produto** ao **Mercado**

Encontrar um negócio escalável, replicável e rentável

Fonte: *Blank (2020)*.

Ciclo de *feedback* criar-medir-aprender

O que é

Um dos maiores diferenciais da nova maneira ágil de pensar é compreender que os clientes não se preocupam com as funcionalidades do seu produto. O que eles querem é apenas que o produto funcione e resolva a necessidade deles, ou seja, uma dor que eles tenham. A partir daí, é preciso testar o produto junto ao cliente, ainda durante o seu desenvolvimento, para buscar essa certeza de passar o valor correto para o usuário.

Para testar o valor do seu produto para o cliente, inicialmente é preciso encontrar alguns potenciais clientes, com quem se poderá executar a experimentação. Para conduzir um teste efetivo, é preciso seguir o ciclo de *feedback*, um procedimento composto de três passos principais: construir, medir e aprender. O ciclo de *feedback* criar-medir-aprender é uma técnica utilizada para gerar *feedbacks* e dados a partir da interação com o cliente.

Por meio da aplicação dessa estratégia, é possível administrar melhor as possibilidades de erro e até mesmo reduzir as eventuais falhas no processo. Quando o ciclo é aplicado corretamente, é possível conhecer melhor os clientes e, a partir daí, criar os melhores produtos e serviços para atendê-los.

Quando (ou por que) utilizar

O ciclo de *feedback* nos ajuda a testar se o nosso produto ou serviço entrega valor aos usuários, além de tornar possível que eles identifiquem outras utilidades naquilo que lhes oferecemos.

Esse processo permite um ganho essencial, que é a possibilidade de aprender com os próprios clientes o que **eles querem e precisam de fato**, e não o que **eles dizem que querem** ou que **nós achamos que eles querem**.

Como aplicar

Existem diversas maneiras de utilizar essa técnica. Recomenda-se atenção especial a estes pontos:

1. Lançar um MVP para levantar dados sobre a posição atual da empresa: a partir de uma ideia, cria-se um MVP; na sequência, o produto é avaliado junto a um grupo pequeno de clientes. Depois de coletar esses dados, os aprendizados são extraídos dos resultados obtidos.

2. Realizar pequenos ajustes e otimizações no MVP: com base nos resultados obtidos na fase anterior, são feitos os ajustes e otimizações necessários no produto, de acordo com a visão estabelecida para a *startup* e de modo que gere progresso rumo ao objetivo desejado.

3. Decidir os novos rumos do produto ou do negócio: dependendo também dos resultados levantados com os clientes, é possível decidir entre persistir na estratégia vigente ou "pivotar" para uma nova estratégia.

Em uma *startup*, esse processo deve ser adotado sempre que for necessário tomar uma decisão estratégica, buscando o aprimoramento constante do negócio ou do produto. É preciso repeti-lo até que se tenham informações consistentes e que possam embasar a decisão para o negócio.

Existem ainda algumas sugestões ou recomendações para o melhor aproveitamento do trabalho com o ciclo de *feedback* criar-medir-aprender:

→ Encontre, para testar o seu produto, pessoas que sejam os clientes ideais para ele.

→ Assegure-se de que o MVP gera valor para os clientes.

→ Participe ativamente da validação do produto junto aos clientes.

→ Monitore todos os resultados do experimento.

→ Acompanhe as sugestões de adição de funcionalidades, de frequência de uso etc.

→ Sempre analise se os resultados medidos corroboram sua hipótese inicial.

Círculo Construir • Medir • Aprender

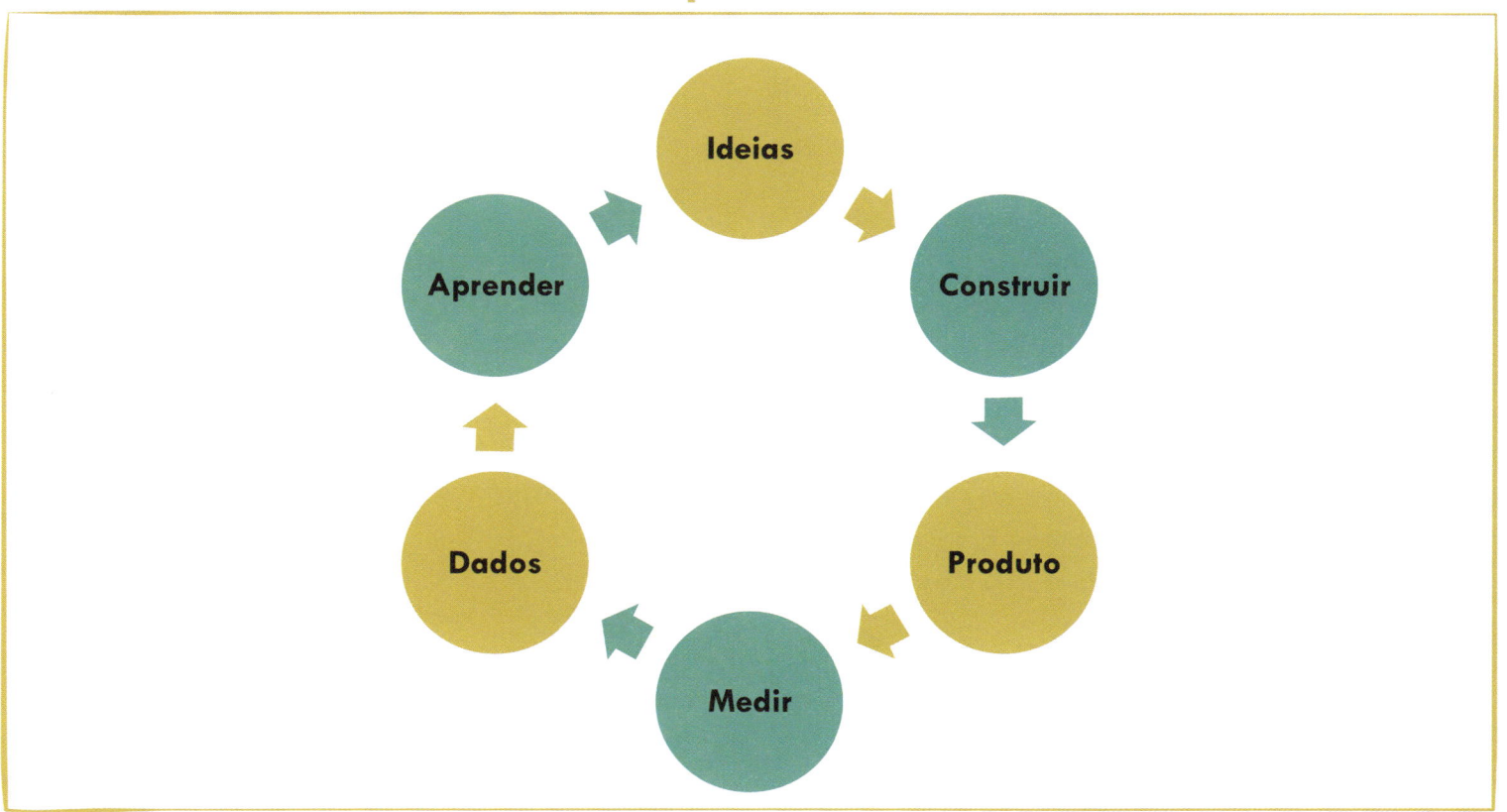

Ideias → Construir → Produto → Medir → Dados → Aprender → (Ideias)

Autor: Erick Ries. Fonte: Ries (2012).

Hipóteses

O que são

Na visão de uma *startup*, enquanto as ideias não forem validadas pelos clientes, elas são hipóteses que deverão ser testadas em contato com os clientes, os quais servirão como pontos de partida para o desenvolvimento dos processos, dando-lhes um senso de direção, sendo um referencial de propósito do próprio negócio.

Comece com hipóteses. Uma hipótese indica uma proposta que tem precedentes, mas que requer experimentação e dados para ser validada ou não. As hipóteses podem tratar sobre quem pode ser o cliente, qual será o produto, a que preço será vendido, além de outros aspectos, passando pelas diversas nuances do negócio. Como exemplos de hipóteses de negócios, podemos citar:

→ O cliente vai aceitar pagar uma taxa mensal para usar as facilidades apresentadas?

→ Pessoas estão dispostas a pagar para que alguém faça pequenos serviços de manutenção doméstica regularmente?

→ Turistas pagarão uma taxa mensal em nosso site para que possam obter informações seguras sobre programas de viagem seguros, de qualidade e baratos?

Qualquer hipótese precisa passar por um processo de validação, para que efetivamente tenha valor e se mostre viável e desejável de realização. Testar, confirmar e validar as hipóteses, sob o ponto de vista dos clientes, reduzirá as incertezas, permitindo visualizar se o negócio tem chances de sucesso.

Quando (ou por que) utilizar

Desde o início de uma *startup*, o objetivo deve ser alavancar o negócio no menor tempo possível. Para tanto, é necessário testar os elementos do nosso modelo de negócio, de forma a verificar se estamos realmente entregando ao cliente o valor que ele busca, associado à dor que ele quer resolver. Para isso, precisamos tornar claras as hipóteses que fizemos e verificar se elas são realmente verdadeiras.

Como aplicar

Levantamento das hipóteses

O primeiro passo para validar qualquer hipótese é definir essa hipótese. Nessa visão, é preciso definir as hipóteses relacionadas ao cliente e ao problema em questão.

Para auxiliar o processo, é utilizado o Canvas de Modelo de Negócio abordado na página 240. As hipóteses a serem levantadas podem ser identificadas a partir dos elementos inseridos nesse quadro. Após identificar cada hipótese, elas são monitoradas por meio do Quadro de Validação das Hipóteses,[55] criado por Steve Blank.

---

[55] Disponível em: https://www.leanstartupmachine.com/validationboard/. Acesso em: 6 dez. 2020.

Validação das hipóteses – Quadro de Validação das Hipóteses

O uso da ferramenta denominada Quadro de Validação é bastante recorrente, para trabalhar com as hipóteses que foram levantadas durante o processo de validação do negócio. O objetivo dessa ferramenta é auxiliar no monitoramento do processo de validação dessas hipóteses. Ela ainda possibilita o registro e o acompanhamento dos ajustes (pivots) realizados, ou seja, as mudanças realizadas a partir do processo de validação.

É bastante simples perceber, analisando-se as informações contidas no Quadro de Validação, que elas são divididas, basicamente, em três áreas de interesse:

→ **Área de pivotagem:** nela são registradas as mudanças que são feitas no modelo de negócio, em consequência dos resultados obtidos com os experimentos realizados.

→ **Área de experimento:** neste espaço, são definidas as hipóteses principais de negócio. Também são estruturadas as experimentações que nos permitirão verificar se as hipóteses são verdadeiras.

→ **Área de aprendizado:** nela são registrados os resultados da análise, as hipóteses que foram validadas e também as que foram invalidadas.

QUADRO DE VALIDAÇÃO

Nome do Projeto:
Nome do Líder do Time:

Rastrear Pivots	Início	1 - Pivot	2 - Pivot	3 - Pivot	4 - Pivot
Hipóteses de Cliente	*Ajuda:* Para mercado multiplataforma sempre valide o mais arriscado primeiro				
Hipóteses do Problema		**Lembre-se:** Limite um Post-it por quadro. Escreva em MAIÚSCULA. Não escreva mais do que 5 palavras no Post-it			
Hipóteses de Solução	*Ajuda:* NÃO defina a solução até você ter validado o problema				

Desenhe o Experimento

Dica: retire todos os Post-its desta área depois de cada experimento completado

Incertezas Principais
Se alguma hipótese, se inválida, irá destruir o negócio

Incerteza mais arriscada
Quais incertezas principais tem o nível mais alto?

Método
Qual é a forma mais barata para testar a incerteza mais arriscada?
Escolha: Exploração, Pitch ou Concierge

Critério Mínimo de Sucesso
Qual o pior resultado que vamos aceitar como validação?

GET OUT OF THE BLDG

Resultados →

Invalidados
Se invalidado, pivot pelo menos uma hipótese principal

1	2
Somente coloque a incerteza mais crítica de um experimento nestas caixas. Resgitre dados & aprendizados separadamente	
3	4
5	6

Validados
Se validado, brainstorm e teste a próxima incerteza crítica

1	2
3	4
5	6

Autor: Steve Blank. Fonte: Strategyzer AG – Os criadores de Business Model Generation e Strategyzer.

Capítulo 7 • Horizonte 2 — Inovação em modelos de negócio | 7.3 — *Lean Startup*

Métricas do processo de criação e desenvolvimento de uma *startup*

O que é

Feitos os primeiros testes do seu produto, então já é hora de medir os resultados. Ficar atento às métricas pode assegurar maiores chances de direcionar o negócio para os rumos adequados. É para isso que elas servem.

Não existe apenas uma definição do que seja uma métrica, tudo vai depender da área de conhecimento relacionada ao seu produto ou negócio a cada momento específico. Mas, de um modo geral, podemos definir uma métrica como um recurso para avaliar uma tendência, um comportamento ou outra variável de interesse em um negócio, de modo a facilitar que decisões sejam tomadas.

Portanto, é preciso ficar atento aos resultados que estão sendo obtidos. Para isso, existem diversas métricas que auxiliam no acompanhamento dos números alcançados. As métricas mais relevantes são aquelas que ajudam na tomada de decisão, a qual vai depender muito do tipo de negócio e do produto ou serviço.

Quando (ou por que) utilizar

O uso de ferramentas de medição auxilia na obtenção de dados que permitem às organizações avaliarem seus resultados e fazerem os ajustes necessários para alcançar seus objetivos estratégicos. As métricas oferecem informações que dão à empresa maior segurança e melhor visão de sua posição no mercado.

As métricas são importantes, pois, entre outras coisas:

→ Ajudam a identificar os pontos fortes e fracos do negócio.

→ Possibilitam detectar novas oportunidades.

→ Auxiliam no dimensionamento dos investimentos necessários para cada produto ou do negócio como um todo;

→ Permitem detectar falhas operacionais e sugerir soluções.

→ Ajudam a direcionar o aprimoramento do produto ou do negócio em si.

→ Auxiliam nas tomadas de decisão.

Como aplicar

Conforme a área de atuação, algumas métricas poderão ser mais adequadas do que outras e ser aplicadas de maneiras mais diversas. Apresentamos alguns exemplos:

Métricas tangíveis

Método AARRR

Dave McClure,[56] do grupo de investimento 500 Startups, criou o método AARRR, que analisa as métricas dos clientes em cinco estágios: aquisição, ativação, retenção, referência e receita.

Aquisição

→ Como os usuários encontram você?

→ Como atrair novos clientes?

Ativação

→ Os clientes têm uma boa primeira experiência?

→ Como deixar um visitante interessado?

Retenção

→ Os usuários retornam?

→ Quantos dos seus clientes retornam?

Referência

→ Os usuários contam para outros?

→ Quantos dos seus clientes falam bem de vocês a outros?

[56] https://www.linkedin.com/in/davemcclure/

Receita

- Como você obtém receita?
- Quanto seu produto gera de receita financeira?

Métricas de vaidade[57]

Muitas métricas que, em um primeiro momento, parecem ser relevantes acabam se mostrando como métricas de vaidade, ou seja, aquelas que pouco dizem sobre o real retorno que a *startup* obtém efetivamente. São métricas pautadas por aspectos que não agregam valor ao produto, tais como:

- Visitas a uma página do site.
- Número de visitantes únicos.
- Número de curtidas da página em Facebook ou Instagram.
- Tempo de permanência no site.

Métricas auditáveis

A origem dos dados pode receber verificação e continuar a apresentar veracidade.

Métricas acionáveis

São métricas que devem demonstrar causa e efeito definidos. Por exemplo, no caso de visitas ao site:

- De onde vêm as visitas?
- Por que teve aumento?
- Houve influência de alguma campanha de marketing?

Métricas acessíveis

São aquelas métricas que todos podem entender de maneira simples e direta.

LTV e CAC

Lifetime Value (LTV):

- Quanto um cliente gera de receita.
- Custo de aquisição de cliente (CAC).
- Quanto custa para trazer um cliente?
- LTV - CAC > 0.

Net Promoter Score (NPS)

Recomendaria para alguém? (Escala 1-10).

- **n1:** escolheram 1-2.
- **n2:** escolheram 9-10.
- **T:** total de participantes da pesquisa: NPS = (n2 - n1) / T.

---

[57] Apud Eric Ries. *Lean Startup: how constant innovation creates radically successful businesses*. Nova York: Portfolio Penguin, 2011.

CHURN

Métrica que indica o quanto a *startup* perdeu de receita ou clientes. Para calcular o CHURN, divide-se a quantidade de clientes que se perdeu até o final do período pelo total de clientes que iniciaram.

Exemplo: se você perdeu dez clientes de 100 = 10% de CHURN rate.

Cohort analysis

Forma de dividir usuários em grupos que tenham uma característica comum:

- → Tempo.
- → Região.
- → Experiência.
- → Exposição a alguma funcionalidade.

Não são considerados os totais acumulados, e sim o desempenho de cada grupo de clientes que entra em contato com o produto independentemente.

No lugar de verificar informações agregadas (total de clientes, receita total), a análise de corte segmenta o estudo em grupos de clientes que apresentam formas independentes de contato com o produto. Exemplos:

- → Quantos se registraram, mas não acessaram o serviço.
- → Quantos acessaram o serviço, mas não tiveram nenhuma conversa.
- → Quantos conversaram ao menos uma vez.
- → Quantos pagaram pelo produto.

Teste A/B

Técnica em que diferentes versões do produto são oferecidas em paralelo a grupos distintos de clientes, permitindo que alterações de comportamento sejam monitoradas.

Exemplos:

- → Cada grupo é direcionado a páginas que anunciam o produto com preços diferentes.
- → Cada grupo é direcionado a páginas que apresentam layouts diferentes.

7.4 Projetos ágeis com Scrum

A metodologia ágil de gestão de projetos permite a entrega rápida de alta qualidade, além de fazer o alinhamento entre as necessidades dos clientes e os objetivos da empresa. Promove um processo disciplinado que incentiva as adaptações frequentes, conforme a iteração com os usuários, e promove o uso de uma filosofia de liderança que incentiva o trabalho em equipe, a auto-organização e a responsabilidade.

Ao mudar a maneira como trabalhamos, a metodologia ágil de projetos estimula a criatividade, a colaboração e o pensamento em rede, proporcionando entregas de valor de forma antecipada. Uma equipe de desenvolvimento ágil tem autonomia para tomar decisões, garantindo que seja dela a propriedade completa do produto e a responsabilidade pela entrega dele. Dessa maneira, permite que as equipes se afastem do comportamento de apontar culpados, tornando o modo de lidar com os eventuais erros mais natural, racional e produtivo.

Existem diversos métodos ágeis de desenvolvimento de produtos e serviços, como Lean Product Management, Extreme Programming, DEvOps e outros – há grande disponibilidade de material para consulta online e offline sobre esses métodos. Porém, o mais utilizado hoje pelas organizações é o Scrum, em que concentraremos a nossa atenção.

Scrum tem origem na expressão inglesa *scrimmage*, que, em uma tradução literal, significa escaramuça, uma pequena ou rápida luta entre pequenos grupos de soldados. Foi criado pelos autores Hirotaka Takeuchi e Ikujiro Nonaka, em artigo publicado pela *Harvard Business Review* em janeiro de 1986, chamado "The Game Development New Product". Os autores fizeram uma analogia com o rúgbi para explicar a importância de **equipes unidas** para resolver **problemas complexos**. O Scrum, no rúgbi ou como metodologia de desenvolvimento de produtos e serviços, sempre representará o trabalho em equipe e a sincronia para realizar entregas rápidas e com qualidade.

Por que adotar o Scrum

Estas são algumas das principais razões pelas quais se deve levar em conta a adoção do Scrum como ferramenta para viabilizar projetos ágeis:

- → Melhora significativamente a velocidade e a assertividade das entregas dos produtos aos clientes.
- → Permite que os clientes sejam parte fundamental da equipe de desenvolvimento.
- → Proporciona entregas intermediárias com o objetivo de testar a solução com os usuários e identificar necessidades de melhoria na usabilidade.
- → Estimula reuniões diárias entre a equipe de desenvolvimento e conversas frequentes com os patrocinadores, ou *sponsors*, e os *stakeholders* para monitoramento da evolução do projeto.

O desenvolvimento iterativo permite a criação de produtos ou serviços em contato frequente com o cliente, possibilitando testar as soluções frente às suas necessidades, corrigindo e melhorando com muito mais rapidez. Além disso, é possível passar ao cliente um produto utilizável já desde a primeira entrega.

Quando usar o Scrum

Existem algumas situações em que os métodos ágeis de gestão de projetos, em especial o Scrum, são altamente recomendáveis:

- → Quando o escopo do projeto de desenvolvimento de um produto ou serviço está indefinido.
- → Quando existir a possibilidade de mudanças no cenário, ou no escopo, durante o projeto.
- → Quando a organização estiver disposta a experimentar uma nova ferramenta de inovação que incentive a iteração frequente com clientes e permita delegar decisões do dia a dia do desenvolvimento do projeto ao time envolvido.

Gestão de projetos e produtos ágeis versus gestão tradicional

O Scrum e o Waterfall (em português, cascata, método clássico e tradicional de gestão de projetos) são complementares:

→ O método Waterfall fornece uma visão global e geral de muitos aspectos do gerenciamento de projetos e é uma referência útil para qualquer ambiente, independentemente da metodologia escolhida. É recomendado para projetos em que o requisitante já conhece a solução e consegue especificá-la em detalhes e o risco de mudança de escopo é muito baixo, ou para projetos dos quais não faz sentido, ou não é possível, antecipar valor para os clientes.

→ O Scrum é uma abordagem dinâmica e promove uma mudança na cultura de trabalho, mesmo quando não é seguido de forma pura, ou seja, apenas alguns dos seus elementos são postos em prática. É indicado para o desenvolvimento de um projeto cujo resultado a equipe do projeto ainda não sabe qual será, de tal modo que a solução venha a ser construída durante o desenvolvimento, por meio de iterações com clientes e usuários.

Ou seja, os dois métodos podem coexistir, e a escolha de qual metodologia usar em cada caso dependerá exclusivamente da natureza do projeto.

O Scrum permite a entrega de MVPs

O Scrum possui como um dos seus principais pilares estruturais a entrega de MVPs ao final de cada *sprint* – ou seja, cada ciclo em que o projeto é dividido –, para que seja possível antecipar a entrega de valor para os clientes com o objetivo de colher *feedbacks* e remunerar o projeto se o MVP agregar valor para os usuários do produto ou serviço.

Jornada Ágil

A equipe ágil: os papéis no projeto *Scrum*

CLIENTE

O **CLIENTE** fornece os requisitos ao **PRODUCT OWNER**.

O **PRODUCT OWNER** entrega valor de negócio ao **CLIENTE** através das **RELEASES** com incrementos de produto.

PRODUCT OWNER

O **PRODUCT OWNER** comunica os requisitos de negócio priorizados ao **TIME DE DESENVOLVIMENTO**, cria o **BACKLOG** priorizado do produto e define os **CRITÉRIOS de ACEITAÇÃO**.

BUSINESS OWNER

O **BUSINESS OWNER** geralmente um diretor, é o ponto de apoio do **PRODUCT OWNER** para tomar decisões complexas do projeto.

O TIME DE **DESENVOLVIMENTO** demonstra o incremento do produto ao **PRODUCT OWNER** durante a reunião de **REVISÃO** da **SPRINT**.

SCRUM MASTER

O **SCRUM MASTER** assegura um ambiente de trabalho adequado do **TIME DE DESENVOLVIMENTO**.

TIME DE DESENVOLVIMENTO

O **TIME DE DESENVOLVIMENTO** cria os entregáveis do projeto.

Product owner ou dono do produto

É a pessoa que representa o negócio ou os usuários. É o elo entre a equipe Scrum e os clientes. O *product owner* é responsável por trabalhar com o grupo de usuários para definir, priorizar e ajustar quais entregas serão feitas em cada *sprint*. Ele também aceita ou rejeita os resultados do trabalho e mantém os clientes informados sobre o andamento do projeto.

O *product owner* costuma ser o gestor do produto ou serviço, com a visão do cliente para a oportunidade. Precisa entender o potencial e a amplitude do negócio e ser focado em maximizar o valor do produto, em conjunto com a dedicação do time. É responsável por traduzir as dores ou necessidades do cliente em uma lista priorizada de acordo com os valores a serem agregados, contendo breves descrições de todas as funcionalidades desejadas para o produto – o chamado *backlog* do produto.[58] Precisa proporcionar estreito relacionamento com o Time de Desenvolvimento, para garantir o entendimento e o atendimento ao *backlog* do produto.

Business owner ou dono do negócio

Originário do SAFe (Scaled Agile Framework), o *business owner*, geralmente um diretor, é o ponto de apoio do *product owner* para tomar decisões complexas do projeto. Ele é quem responde pelos resultados do negócio em que o projeto está inserido e, portanto, pode ser consultado a qualquer momento pelo *product owner*, para sanar dúvidas ou questões estratégicas. A velocidade de resposta do *business owner*, quando acionado, é fundamental para não impactar negativamente a evolução do projeto.

Scrum master

É o principal facilitador da equipe de desenvolvimento do projeto. Gerencia o processo, a forma como as informações são trocadas durante a *sprint*, incluindo a liderança de reuniões diárias, e ajuda a equipe a se manter no caminho, medindo problemas e removendo obstáculos. Seus principais focos são a transparência, a observação e a organização. É o guardião da metodologia adotada pela organização e garante o entendimento dos quadros de trabalho dos processos corporativos, tornando-os mais dinâmicos, escalonando os valores e a produtividade dos negócios.

Time de Desenvolvimento

Esse grupo de profissionais especialistas é responsável pela execução do trabalho. Além dos desenvolvedores, a equipe Scrum pode conter testadores, arquitetos, designers e operadores de TI, especialistas em marketing, RH, finanças, planejamento, enfim, as especialidades necessárias para se desenvolver o projeto. Enquanto o *Scrum master* é encarregado de proteger a equipe e manter o foco, a própria equipe é autogerenciada e, em última análise, responsável por determinar coletivamente como atingir seus objetivos. As principais características do Time de Desenvolvimento são: possui domínios e conhecimentos necessários para o projeto; apresenta número reduzido de integrantes, suficiente para se manter ágil – entre quatro e oito; tem total responsabilidade pela evolução e entrega dos MVPs para validação; seus membros são auto-organizados, sem líderes e chefes externos para controlar atividades e formas de execução.

---

[58] Uma lista priorizada, por ordem de importância, de histórias, atividades e/ou entregas que precisam ser desenvolvidas em um projeto.

Mapa da jornada SCRUM

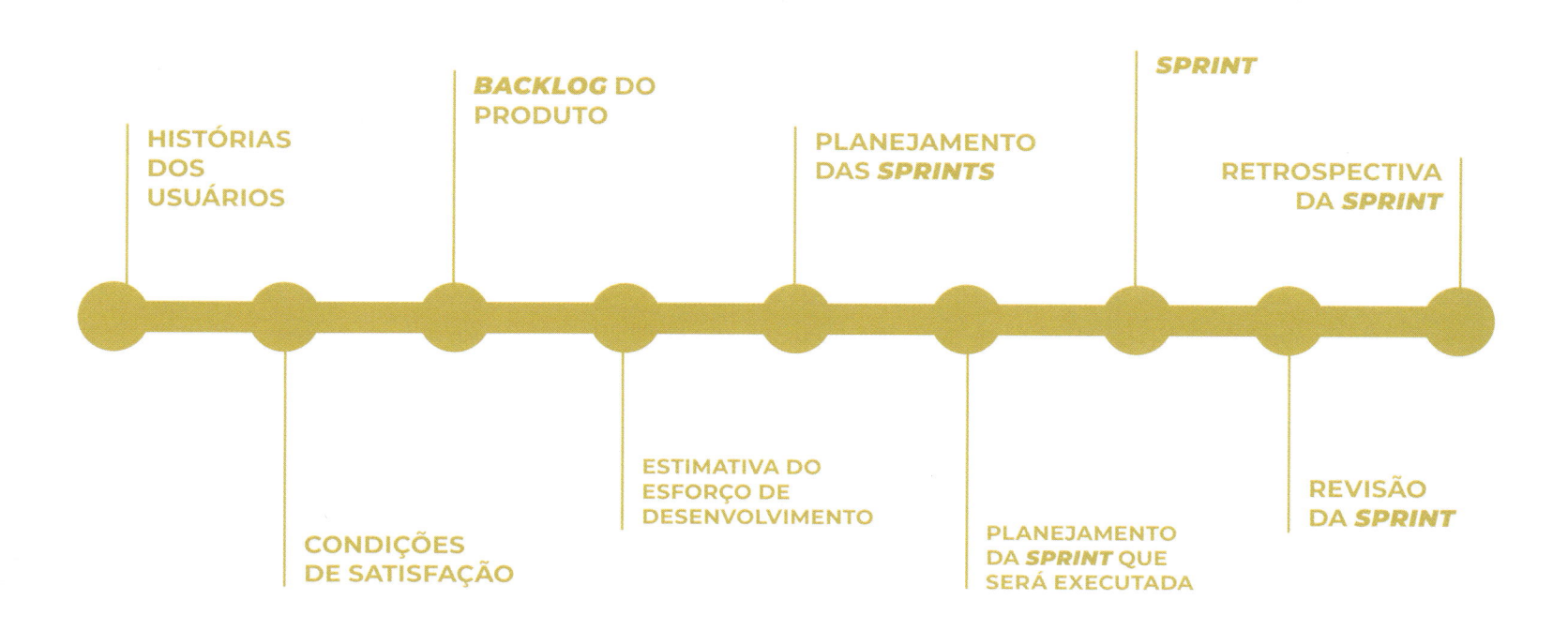

- HISTÓRIAS DOS USUÁRIOS
- CONDIÇÕES DE SATISFAÇÃO
- **BACKLOG** DO PRODUTO
- ESTIMATIVA DO ESFORÇO DE DESENVOLVIMENTO
- PLANEJAMENTO DAS *SPRINTS*
- PLANEJAMENTO DA *SPRINT* QUE SERÁ EXECUTADA
- *SPRINT*
- REVISÃO DA *SPRINT*
- RETROSPECTIVA DA *SPRINT*

Histórias dos usuários

O que são

As histórias de usuários fazem parte da abordagem ágil e ajudam a mudar o foco de "escrever sobre requisitos" para "falar sobre dores e necessidades dos clientes". Elas são uma forma curta e simples de esclarecer uma oportunidade, pela perspectiva da pessoa que deseja o novo recurso, geralmente um usuário ou cliente.

Um dos benefícios das histórias de usuários é que elas podem ser escritas em vários níveis de detalhes, acrescentados gradativamente. Dessa maneira, é possível escrever uma história de usuário para abordar grandes quantidades de funcionalidades – essas histórias são, então, conhecidas como épicos. Os detalhes podem ser adicionados às histórias de usuário de duas maneiras:

- Dividindo uma história em várias histórias menores.
- Adicionando "condições de satisfação" – ou seja, os critérios pelos quais o projeto será avaliado.

Quando uma história relativamente grande é dividida em várias histórias menores e ágeis, é natural presumir que detalhes foram adicionados. Afinal, mais informações foram escritas.

Qualquer pessoa do Time de Desenvolvimento pode escrever histórias de usuários. É responsabilidade do *product owner* garantir que exista um *backlog* do produto de histórias, mas isso não significa que é somente ele quem as escreve. Ao longo de um bom projeto ágil, são esperados exemplos de histórias escritas pelos mais diversos membros da equipe ou por todos eles.

Jornada Ágil

Quando (ou por que) utilizar

As histórias de usuários ou clientes são escritas durante todo o projeto ágil. Normalmente, uma reunião ou *workshop* é promovido no início do projeto, em que todos da equipe participam com o objetivo de criar um *backlog* do produto que descreva totalmente a funcionalidade a ser adicionada ao longo do projeto – ou em um ciclo de lançamento de três a seis meses dentro dele. Além disso, novas histórias podem ser escritas e adicionadas a qualquer momento e por qualquer pessoa, com o acompanhamento do *product owner*.

Como aplicar

O momento de escrita das histórias é aquele em que o *product owner* compartilha com o Time de Desenvolvimento todas as informações que ele possui sobre o usuário ou cliente, referentes à dor ou à necessidade que foi identificada. Durante o compartilhamento dessas informações, o Time de Desenvolvimento começa identificando quem são os usuários que serão abordados ou impactados pelo projeto e quais são as suas dores. Na sequência, o Time de Desenvolvimento, em parceria com o *product owner*, determina qual será a solução para cada situação mapeada. Para finalizar as histórias, o *product owner* e o *Scrum master* definem quais entregas devem ser realizadas durante o projeto, para que a história seja resolvida, isto é, para que a dor do cliente seja eliminada.

O uso de um modelo de painel como o que vemos na figura a seguir ajuda a coletar e organizar informações sobre os usuários, suas dores e as soluções que se espera alcançar em cada caso.

HISTÓRIAS DE USUÁRIOS

Entrega(s):
História: O <tipo de usuário> **quer** <uma solução> **para** <uma dor> .

Entrega(s):
História: O <tipo de usuário> **quer** <uma solução> **para** <uma dor> .

Entrega(s):
História: O <tipo de usuário> **quer** <uma solução> **para** <uma dor> .

Entrega(s):
História: O <tipo de usuário> **quer** <uma solução> **para** <uma dor> .

Entrega(s):
História: O <tipo de usuário> **quer** <uma solução> **para** <uma dor> .

Condições de satisfação

O que são

As condições de satisfação são simplesmente um teste de aceitação de alto nível, que será verdadeiro depois que a história do usuário ágil for concluída. Elas são um conjunto de critérios pelos quais o projeto será avaliado — e considerado um sucesso ou fracasso — no intuito de buscar garantir a satisfação do *product owner*.

Quando (ou por que) utilizar

As condições de satisfação devem ser consultadas com frequência pelo time de desenvolvimento, como referência para avaliar o andamento dos trabalhos, mas só serão verdadeiras quando a história do usuário estiver completa.

Como aplicar

Por meio da fala mais detalhada do *product owner* sobre as dores e necessidades do cliente, as soluções e as entregas, é preciso definir se existem condições ou limites de desenvolvimento que precisam ser respeitados — por exemplo, a legislação, os objetivos estratégicos ou determinadas delimitações do escopo de atuação do projeto. Depois dessa análise, será possível atualizar as histórias que foram escritas nas etapas anteriores, de modo que elas fiquem mais próximas da realidade do objetivo almejado.

Template (canvas)

Inclua as condições de satisfação no painel de histórias ao lado da descrição de cada entrega.

Backlog do produto

O que é

Projetos ágeis, especialmente o Scrum, utilizam um *product backlog*, que é uma lista priorizada das funcionalidades a serem desenvolvidas em um produto ou serviço. Segundo a Agile Alliance,[59] essa é uma lista de novos recursos, mudanças em recursos existentes, correções de *bugs*[60] e alterações na infraestrutura ou em outras atividades, que uma equipe deve entregar para atingir um resultado específico. É uma lista organizada e priorizada de todas as necessidades e funcionalidades de grande valor para o negócio, que precisa ser entregue ao usuário no produto ou serviço.

Quando (ou por que) utilizar

O *backlog* do produto é a única fonte de referência autorizada para coisas nas quais uma equipe trabalha. Isso significa que nada é feito que não esteja nele. Por outro lado, a presença de um item no *backlog* não garante que ele será entregue – ou seja, cada item relacionado não representa um compromisso, mas, sim, uma opção que a equipe tem para que possa entregar um resultado específico. É uma lista "viva", que evolui em itens e prioridades no decorrer do projeto, e também o único caminho de entrada para pedidos de mudanças no escopo do projeto.

O *product owner* é o único responsável pelos itens e sua priorização. Deve ser rápido e fácil adicionar um item ao *backlog* do produto, assim como é preciso que a remoção de um item dessa lista seja igualmente ágil, caso ele não resulte em progresso direto para alcançar o objetivo desejado.

Os itens do *backlog* do produto atuam como substitutos de conversas futuras sobre opções para se alcançar o resultado de-

---

[59] A Agile Alliance é uma organização global sem fins lucrativos, comprometida com o avanço dos princípios e práticas de desenvolvimento Ágil. Mais informações em: https://www.agilealliance.org/pt.

[60] Falhas que ocorrem ao se executar algum software ou hardware.

sejado. Isso significa que uma equipe não precisa ter uma ideia totalmente desenvolvida antes de adicioná-la à lista de pendências do produto.

Quando um item é inicialmente adicionado a um *backlog* do produto, ele só precisa ter informações suficientes para lembrar à equipe qual era a opção que foi levantada. Um item do *backlog* do produto só deve ser totalmente descrito quando a equipe está prestes a começar a trabalhar nele.

Como aplicar

O *backlog* do produto pode ser representado em formato físico, usando-se Post-its, ou também em formato eletrônico, como uma planilha. Seus itens podem assumir uma variedade de formatos, sendo as histórias de usuários as mais comuns.

Começamos transportando as histórias escritas na etapa anterior para o *template* do *backlog* do produto. Em seguida, utilizando a matriz GUT – citada no capítulo que aborda Design Thinking –, o *product owner,* em parceria com o Time de Desenvolvimento, define o nível de gravidade, urgência e tendência a piorar a dor do usuário, com base nas informações que foram disponibilizadas e em uma tabela de classificação padrão.

Na coluna GxUxT, calculamos uma nota para cada história, multiplicando os valores indicados nas colunas Gravidade, Urgência e Tendência. Por fim, classificamos as histórias com base nos resultados obtidos na coluna GxUxT, do maior para o menor valor – lembrando que, de uma forma geral, as histórias que resultarem em uma pontuação maior serão aquelas que deverão ser tratadas com maior urgência.

BACKLOG DO PRODUTO

Histórias	Gravidade	Urgência	Tendência	GxUxT	Classificação

G U T

GRAVIDADE
- 5 = extremamente grave
- 4 = muito grave
- 3 = grave
- 2 = pouco grave
- 1 = sem gravidade

URGÊNCIA
- 5 = precisa de ação imediata
- 4 = é urgente
- 3 = o mais rápido possível
- 2 = pouco urgente
- 1 = pode esperar

TENDÊNCIA
- 5 = irá piorar rapidamente se nada for feito
- 4 = irá piorar em pouco tempo se nada for feito
- 3 = irá piorar
- 2 = irá piorar em longo prazo
- 1 = não irá mudar

Estimativa do esforço de desenvolvimento

O que é

Estimativa do esforço de desenvolvimento é o processo de encontrar um valor aproximado de esforço em horas de trabalho da equipe, para que se possa ter uma ideia do tempo que será preciso investir para o desenvolvimento dos requisitos e de toda a solução almejada. É um valor baseado nas evidências ou nos fatos disponíveis, mesmo que os dados de entrada possam ser incompletos, incertos ou instáveis. Estimativas são úteis para que se possa planejar o trabalho e o tempo necessários nos processos.

Segundo Mike Cottmeyer,[61] especialista no campo da transformação ágil com foco na empresa, estimar significa criar um entendimento compartilhado dos requisitos e da solução. Quando as equipes têm problemas de estimativa, em geral o que existe mesmo é um problema de compreensão compartilhada.

[61] Mais informações em: https://www.leadingagile.com/guides/mike-cottmeyer/

Quando (ou por que) utilizar

Como parte do processo Scrum, a equipe de desenvolvimento se reúne na sessão de planejamento, seleciona os itens de acordo com a prioridade do *backlog* e associa a cada um deles uma estimativa. O detalhamento e a estimativa de histórias devem ocorrer conforme a priorização feita pelo *product owner*, ou seja, inicia-se esse processo pelas histórias priorizadas para a primeira iteração — que precisam ser pequenas o suficiente para que possam ser concluídas em uma única iteração.

As demais histórias, e principalmente o *backlog* do produto como um todo, não entram nessa primeira etapa de detalhamento e estimativa, pois podem sofrer alterações significativas durante o desenvolvimento do projeto. Portanto, o risco de se desperdiçar tempo estimando o projeto completo é muito grande. Porém, se o patrocinador do projeto quiser ter uma visão completa do esforço de desenvolvimento, de tempo e custo total do projeto, todas as histórias devem ter sua estimativa de esforço calculada.

Recomendamos o uso de uma das opções a seguir, ou mesmo uma combinação das duas, para a realização das estimativas:

→ **Participação dos especialistas:** envolve todo o time de desenvolvimento e utiliza a intuição e a experiência da equipe para gerar uma estimativa.

→ **Por analogia:** é feita uma comparação da história que está sendo estimada com outras histórias similares já estimadas.

Como aplicar

Existem cinco técnicas para a realização de estimativas – com grande disponibilidade de material para consulta online e offline: Planning Poker; Tamanhos de Camisetas; Sistema de Balde; Grande-Incerto-Pequeno; e Votação por Pontos. Contudo, recomendamos, como a forma mais simples, com boa assertividade e eficiência, o uso da estimativa com base em Tamanhos de Camisetas.

Com essa técnica, os especialistas, em grupo e no papel de estimadores, definem o tamanho de cada história como: PP (muito pequeno), P (pequeno), M (médio), G (grande) e GG (muito grande). Nossa sugestão para iniciar a construção das estimativas de esforço de desenvolvimento é identificar quais histórias podem ser classificadas nos extremos das estimativas (PP e GG) e, a partir daí, comparando os esforços de desenvolvimento com esses itens extremos, completar as colunas P, M e G.

ESTIMATIVA DO ESFORÇO DE DESENVOLVIMENTO

PP	P	M	G	GG

Planejamento das *sprints*

O que é

Uma *sprint* é um conjunto de histórias do *backlog* do produto e representa um ciclo de trabalho, com tempo predeterminado, em que algum valor será acrescentado ao produto em desenvolvimento. O planejamento das *sprints* é uma previsão para o time de desenvolvimento sobre quais entregas e quais trabalhos serão necessários para entregar as histórias no formato de um MVP.

Quando (ou por que) utilizar

O planejamento das *sprints* é uma etapa importante para que o *product owner*, o *Scrum master* e o Time de Desenvolvimento tenham a visão do que será desenvolvido ao longo do tempo. Durante a reunião de planejamento das *sprints,* o *product owner* descreverá para toda a equipe quais são os recursos de maior prioridade. Eles então discutirão quais histórias a equipe desenvolverá em cada uma das *sprints*. A reunião deverá contar com a presença de toda a equipe.

Como aplicar

Para planejar o que será desenvolvido e entregue em cada uma das *sprints*, utilizam-se dois painéis que foram construídos em etapas anteriores: o *backlog* do produto e a estimativa do esforço do desenvolvimento.

Inicialmente, com a visão do *backlog* do produto, prioriza-se nas primeiras *sprints* o desenvolvimento de histórias que agregam mais valor ao usuário ou cliente, ou seja, as histórias que têm a classificação mais alta nessa tabela — por consequência, procura-se alocar nas últimas *sprints* as histórias que agregam menos valor para o cliente ou usuário.

Jornada Ágil

Em seguida, observam-se todas as *sprints* sob a ótica do esforço de desenvolvimento, avaliando se será possível entregar todas as histórias desejadas e selecionadas. Em caso negativo, será necessário ajustar a alocação das histórias nas *sprints*, conforme a quantidade de horas disponíveis para o desenvolvimento de cada uma delas.

Descrevem-se para cada *sprint* quais entregas de valor serão feitas para o cliente ou usuário, para que não se perca o foco da entrega de solução para a dor ou necessidade.

Por fim, podemos calcular o custo de desenvolvimento de cada uma das *sprints* considerando custo de contratação de fornecedores externos, licença de softwares, hora-homem das equipes internas e qualquer outro custo que impacte diretamente o custo total do projeto.

PLANEJAMENTO DAS SPRINTS

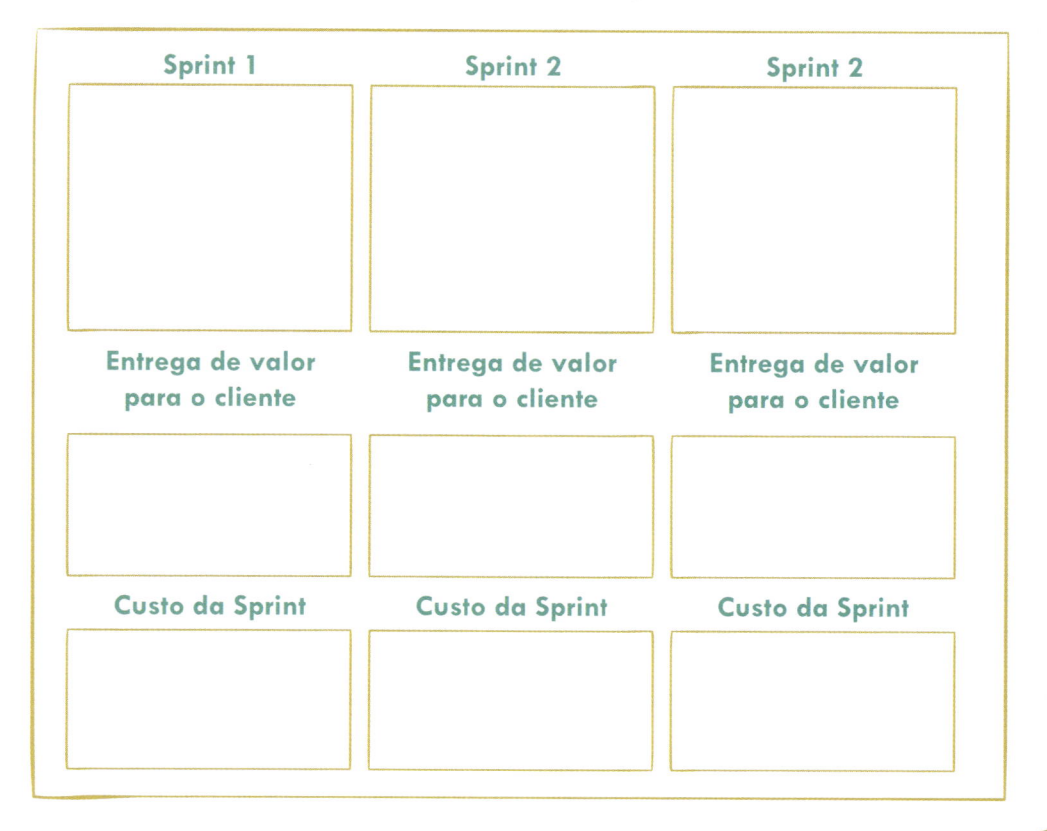

Sprint 1	Sprint 2	Sprint 2
Entrega de valor para o cliente	Entrega de valor para o cliente	Entrega de valor para o cliente
Custo da Sprint	Custo da Sprint	Custo da Sprint

Planejamento da *sprint* que será executada

O que é

O planejamento da *sprint* que será executada busca transformar as histórias priorizadas para desenvolvimento em tarefas que precisam ser executadas durante a *sprint*, para que ocorra a efetiva entrega de valor para o usuário ou cliente.

Quando (ou por que) utilizar

O planejamento da *sprint* tem o objetivo de definir a meta para o ciclo (*sprint*) atual e os resultados que são esperados. Isso permite a descoberta, a descrição, a priorização e a estimativa de tarefas que precisarão ser desenvolvidas.

A ferramenta recomendada para se realizar o planejamento da *sprint* que será executada é o Kanban. Trata-se de um sistema de gestão visual para controle de tarefas e fluxos de trabalho, que se utiliza de colunas e cartões.

O Kanban, inventado pela Toyota na década de 1960, é uma abordagem utilizada para fazer a gestão de tarefas e que utiliza conceitos *lean* como base. O sistema principal utiliza murais que costumam ser divididos em três colunas: a fazer (*to do*), em execução (*doing*) e feito (*done*). A partir do momento em que as tarefas começam a ser realizadas, os cartões são deslocados para a etapa seguinte, até que tudo esteja finalizado.

O Kanban permite mais autonomia e colaboração, porque centraliza o status de todo o trabalho da equipe, ajuda a priorizar tarefas, utilizando cores e símbolos que garantem o foco da equipe nas entregas que realmente são importantes, e aumenta a produtividade, fazendo com que a equipe tenha mais certeza sobre o que precisa entregar e o prazo de cada etapa.

Como aplicar

No Scrum, a sugestão é adotar uma versão ampliada do Kanban, em que se agreguem as etapas de "identificação de entrega de valor para o cliente" e "validação".

Nesta etapa, o Time de Desenvolvimento decide como o trabalho será desenvolvido, decompondo as histórias priorizadas para a *sprint* em tarefas e estimando as horas necessárias para o desenvolvimento de cada uma delas. O *product owner* deve estar acessível (pelo telefone ou aplicativo de mensagem, por exemplo) durante a reunião de planejamento da *sprint* para sanar dúvidas, mas não precisa participar como membro fixo. No final desta etapa, a coluna "Tarefas que serão desenvolvidas na *sprint*" deve estar preenchida com as ações necessárias para entregar as histórias priorizadas na *sprint*.

KANBAN ADAPTADO AO SCRUM

O que será gerado de valor para o cliente	Tarefas que serão desenvolvidas na sprint	Em desenvolvimento	Validação	Concluído

Sprint

O que é

No desenvolvimento de um projeto ágil, *sprint* é o período de tempo que o Time de Desenvolvimento tem disponível para desenvolver e entregar para o cliente ou usuário todas as tarefas programadas, as histórias e o valor previsto.

A duração de uma *sprint* é determinada pelo *Scrum master*, em conjunto com o *product owner*. Quando se chega a um consenso sobre quantos dias uma *sprint* deve durar, todas as *sprints* futuras devem ter o mesmo tempo de duração, para que se possa medir e acompanhar a produtividade do Time de Desenvolvimento e poder planejar com mais assertividade o que será entregue futuramente. Recomenda-se que uma *sprint* tenha entre dez e trinta dias, sendo vinte dias a melhor opção para garantir frequentes iteratividades com usuários e clientes.

Quando (ou por que) utilizar

Depois que uma *sprint* começa, o *product owner* deve dar um passo atrás e deixar a equipe fazer seu trabalho. Durante a *sprint*, a equipe realiza reuniões diárias para discutir o progresso e soluções para os desafios. O *product owner* pode comparecer a essas reuniões como observador ou para responder a perguntas. Ele não pode fazer solicitações de mudanças durante uma *sprint*; apenas o *Scrum master*, em conjunto com o *product owner*, pode interromper ou parar a *sprint*. Não são permitidas mudanças de prioridade e histórias durante a *sprint*, e, para o cumprimento do prazo e as entregas acordadas, a qualidade não pode diminuir.

Como aplicar

O time de desenvolvimento promove uma reunião diária de quinze minutos para avaliar o progresso do projeto em direção aos objetivos de entrega da *sprint* e, também, para estimar se a evolução está de acordo com o planejado para completar todas as entregas do *backlog* da *sprint*.

É muito importante para o time de desenvolvimento sincronizar as atividades e criar um plano para as próximas 24 horas, levantando os seguintes pontos:

- → O que eu fiz ontem?
- → O que eu vou fazer hoje?
- → O que planejo fazer amanhã?
- → Que impedimentos ou obstáculos (se houver) estou enfrentando atualmente?

Para o acompanhamento executivo do projeto, podemos utilizar o modelo *onepage report* (em português, relatório de uma página), que deixa claro, principalmente para o *business owner*, o estágio atual do projeto, pontos positivos e de atenção, além de dar visibilidade a algumas *sprints* que acontecerão em breve.

ACOMPANHAMENTO DO PROJETO ÁGIL[62]

Acesse a tabela apontando a câmera do seu celular para o QR Code ao lado ou pelo link: http://amostras.dvseditora.com.br/jornadaagil/SPRINT.pptx

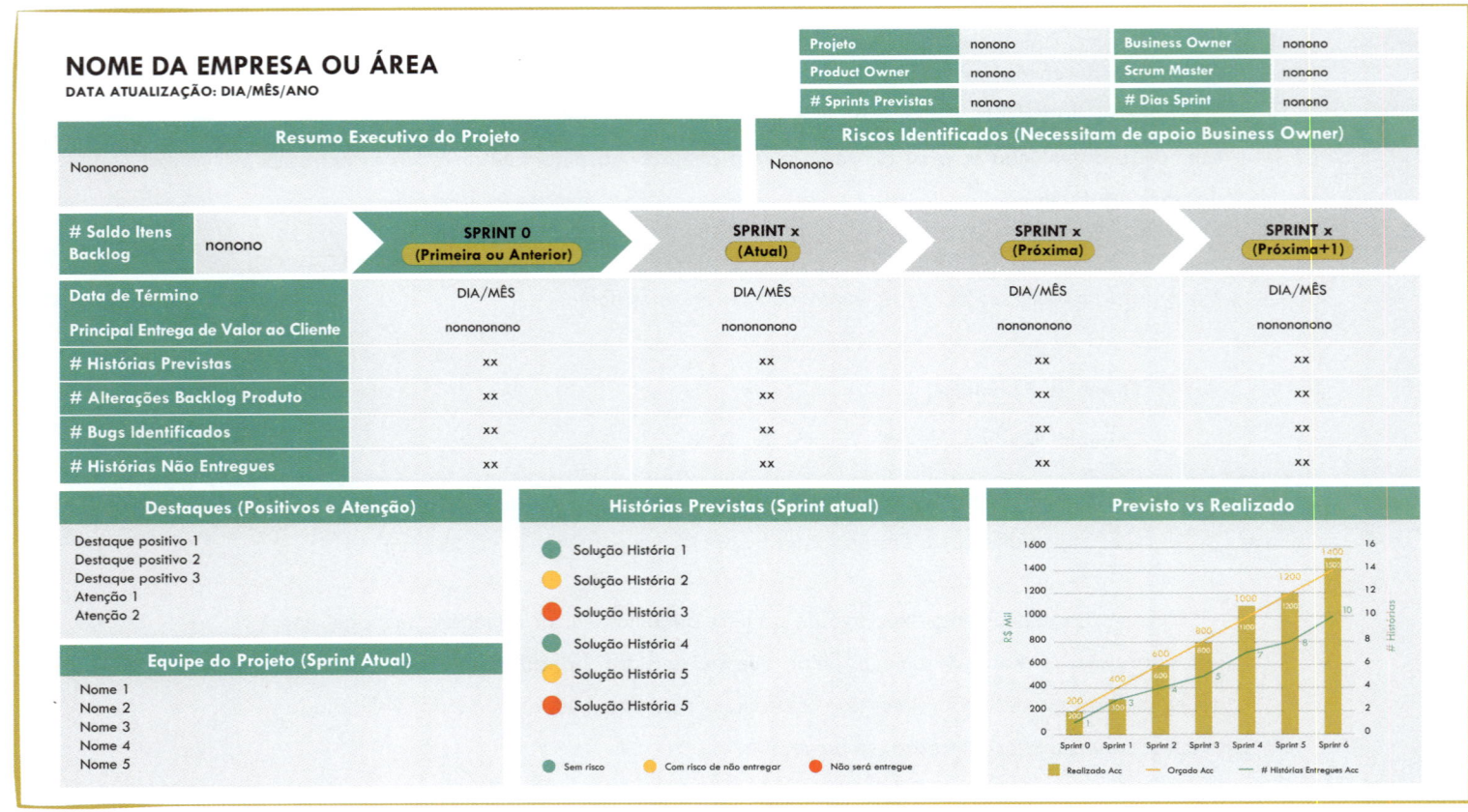

NOME DA EMPRESA OU ÁREA
DATA ATUALIZAÇÃO: DIA/MÊS/ANO

Projeto	nonono	Business Owner	nonono
Product Owner	nonono	Scrum Master	nonono
# Sprints Previstas	nonono	# Dias Sprint	nonono

Resumo Executivo do Projeto
Nonononono

Riscos Identificados (Necessitam de apoio Business Owner)
Nonononono

# Saldo Itens Backlog	nonono	SPRINT 0 (Primeira ou Anterior)	SPRINT x (Atual)	SPRINT x (Próxima)	SPRINT x (Próxima+1)
Data de Término		DIA/MÊS	DIA/MÊS	DIA/MÊS	DIA/MÊS
Principal Entrega de Valor ao Cliente		nonononono	nonononono	nonononono	nonononono
# Histórias Previstas		xx	xx	xx	xx
# Alterações Backlog Produto		xx	xx	xx	xx
# Bugs Identificados		xx	xx	xx	xx
# Histórias Não Entregues		xx	xx	xx	xx

Destaques (Positivos e Atenção)
- Destaque positivo 1
- Destaque positivo 2
- Destaque positivo 3
- Atenção 1
- Atenção 2

Equipe do Projeto (Sprint Atual)
- Nome 1
- Nome 2
- Nome 3
- Nome 4
- Nome 5

Histórias Previstas (Sprint atual)
- 🟢 Solução História 1
- 🟡 Solução História 2
- 🔴 Solução História 3
- 🟢 Solução História 4
- 🟡 Solução História 5
- 🔴 Solução História 5

● Sem risco   ● Com risco de não entregar   ● Não será entregue

Previsto vs Realizado
(gráfico Sprint 0 a Sprint 6 — Realizado Acc, Orçado Acc, # Histórias Entregues Acc)

---

[62] Criado com a colaboração de Paulo Rogerio Correia da Silva: https://www.linkedin.com/in/paulorogeriocorreia/

Jornada Ágil

Revisão da *sprint*

O que é

A revisão da *sprint* é uma reunião formal, da qual participam a equipe de desenvolvimento, o *Scrum master*, o *product owner* e os *stakeholders* convidados pelo *product owner*. A equipe dá uma demonstração do produto e relaciona o que foi concluído e o que não foi, comparando o trabalho executado com o compromisso assumido no início da *sprint*.

O *product owner* informa quais itens do *backlog* do produto estão "prontos" e quais não estão. Apresenta o *backlog* do produto ainda não atualizado, e o grupo alinha os próximos passos.

O objetivo da reunião de revisão é motivar o time, receber *feedbacks* sobre os avanços e promover a colaboração dos membros da equipe. É uma reunião realizada no final da *sprint*, para checar os incrementos e atualizar o *backlog* do produto, se necessário. O resultado dessa reunião é um *backlog* do produto revisado, para servir de base para a próxima *sprint*.

Pontos importantes a considerar na reunião de revisão da *sprint*

Incremento

É a soma de todos os itens do *backlog* do produto que já foram completados durante a *sprint*, agregada ao valor dos incrementos de todas as *sprint*s anteriores. Ao final da *sprint*, um novo incremento deve estar "pronto", o que significa que deve estar na condição utilizável e atender à definição de "pronto" definida pelo Time de Desenvolvimento.

Definição de pronto

Todos no Time de Desenvolvimento precisam ter o mesmo entendimento do que realmente é "estar pronto". Para isso, é fundamental resgatar os itens relacionados em condições de satisfação.

A definição de "pronto" pode também orientar o time de desenvolvimento nas reuniões de planejamento da *sprint*. A cada *sprint*, o time de desenvolvimento deve entregar ao menos um novo incremento de funcionalidade "pronto", ou seja, que esteja operando e seja utilizável, para ser incrementado no produto ou serviço que está sendo testado.

Liberação (*release*)

É essencial que o produto esteja **potencialmente utilizável** ao final de cada iteração, mas isso não significa que a equipe deva fazer absolutamente tudo o que for necessário para liberá-lo ao final de cada iteração – é preciso considerar que nem sempre uma única iteração é suficiente para completar uma nova funcionalidade que satisfaça os desejos dos usuários ou clientes.

Quando (ou por que) utilizar

A revisão da *sprint* foca na "inspeção" e na "adaptação" do incremento potencialmente entregável. As equipes Scrum pedirão aos clientes que analisem se o trabalho demonstrado atende à definição de concluído nesse ponto – é importante considerar que, muitas vezes, os clientes podem querer algum tempo para usar o produto, antes de fazer a aceitação.

Como aplicar

Recomenda-se um máximo de quatro horas de duração de reunião, para uma *sprint* de quatro semanas. Para *sprints* de duas semanas, recomenda-se uma reunião de duas horas. A regra geral é que a revisão da *sprint* não consuma mais do que uma hora por semana. Como o objetivo da reunião é revisar de forma transparente e determinar o status do trabalho implementado na *sprint*, oferece-se tempo para se fazer perguntas, observações ou fornecer *feedbacks* e sugestões para estimular debates sobre a melhor forma de avançar na realidade atual.

A tabela a seguir ilustra a recomendação:

Duração da *sprint*	Duração da revisão da *sprint*
1 semana	1 hora
2 semanas	2 horas
3 semanas	3 horas
4 semanas	4 horas

Retrospectiva da *sprint*

O que é

A retrospectiva da *sprint* ocorre após a revisão da *sprint* e antes do próximo planejamento da *sprint*. É uma reunião de, no máximo, duas horas. A sessão retrospectiva é basicamente uma reunião de "melhoria", realizada para identificar armadilhas potenciais, erros do passado, e buscar novas maneiras de evitar esses erros. Participam dessas reuniões o *product owner*, o *Scrum master*, o Time de Desenvolvimento e, opcionalmente, as partes interessadas, ou seja, os usuários ou clientes.

Quando (ou por que) utilizar

Uma reunião retrospectiva da *sprint* é usada para descobrir quais atividades a equipe está fazendo bem, quais atividades devem ser continuadas e o que mais pode ser feito para melhorar a próxima *sprint*, para que seja mais agradável ou produtiva. Os princípios de "inspecionar" e "adaptar" desempenham um papel fundamental na sessão de retrospectiva.

Como aplicar

É uma reunião para o Time de Desenvolvimento avaliar a si próprio e desenvolver um plano de melhorias para a próxima *sprint*. O foco das conversas e do alinhamento gira em torno de pessoas e seus relacionamentos e da utilização das ferramentas do Scrum. O Time de Desenvolvimento discute o que foi bem, quais problemas ocorreram na *sprint* e como esses problemas foram resolvidos.

A retrospectiva da *sprint* ajuda a levantar e qualificar as ações que foram empreendidas, classificando-as segundo os critérios destacados na figura a seguir:

RETROSPECTIVA DA SPRINT

- Manter
- Fazer mais
- Diminuir
- Começar a fazer
- Parar de fazer

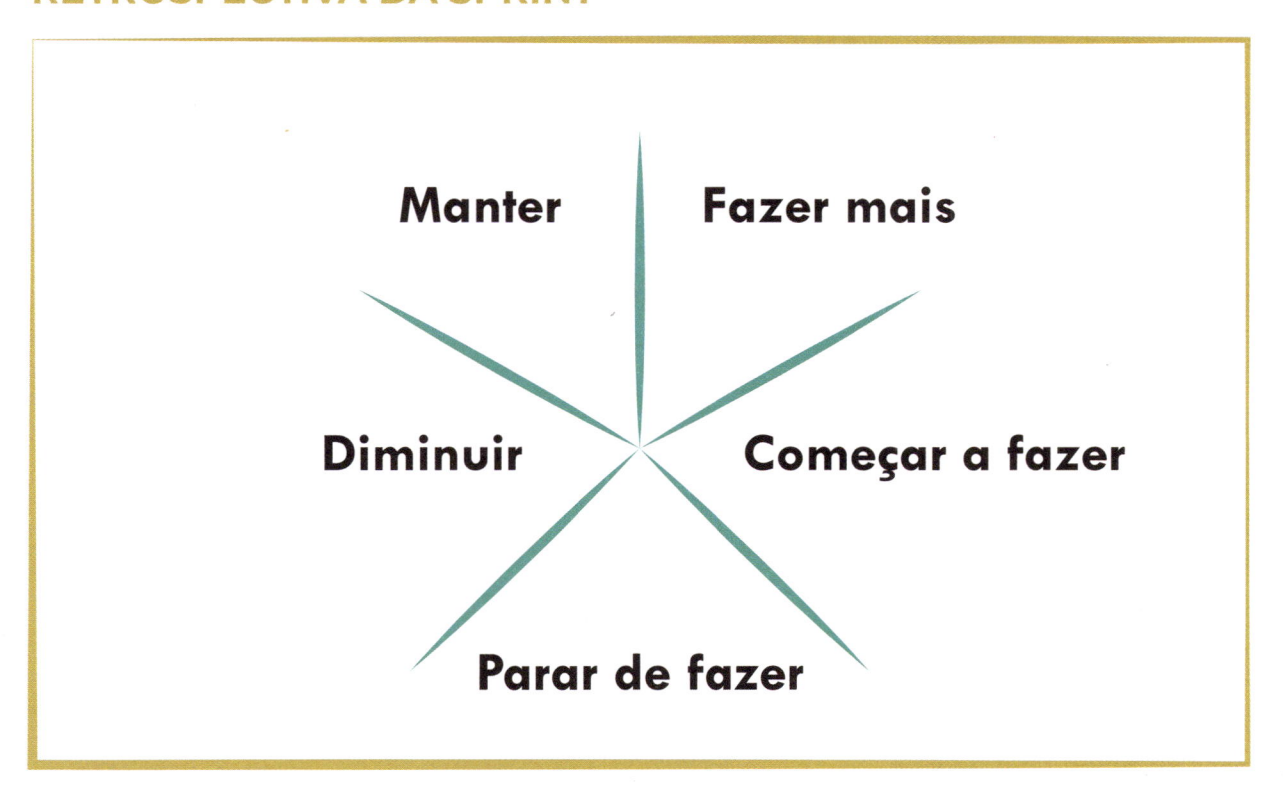

7 8 9

Horizonte 3 – Inovação disruptiva

8.1 O que é uma organização exponencial?

No último estágio de inovação da organização, temos o horizonte 3, que investe em ideias para um crescimento lucrativo no futuro, a partir de ideias disruptivas que visam criar novos mercados ou negócios. Esses empreendimentos são criados e desenvolvidos por meio de iniciativas deliberadas e planejadas, e raramente são oportunidades comprovadas. Devido à imprevisibilidade dos mercados, o sucesso de uma única iniciativa, muitas vezes, depende do investimento em inúmeras opções, muitas das quais não darão certo por fatores internos e externos à organização.

É neste estágio que observamos as empresas exponenciais, organizações que crescem de forma mais rápida do que as convencionais porque se baseiam em tecnologias avançadas. Elas pensam grande e buscam desenvolver estratégias e negócios de maneira escalável. O objetivo do horizonte 3 é descobrir ou criar ideias disruptivas e opções viáveis para um investimento diferenciado e com melhores resultados. É neste estágio que observamos a presença das empresas exponenciais.

Organizações exponenciais são empresas que crescem de forma muito mais rápida em comparação às suas concorrentes e que estão baseadas em tecnologias avançadas. As organizações exponenciais revolucionaram a maneira como uma empresa pode crescer usando a tecnologia. Elas ignoram os limites geográficos e se valem de algoritmos para superar a performance frente aos seus concorrentes. No mundo exponencial, as entregas são feitas sob demanda.

> **Grandes negócios começam em forma de protótipos e testes, e podem vir a revolucionar o mercado mundial.**

As características, os atributos e as implicações das organizações exponenciais

Enquanto o processo de inovação das empresas tradicionais é oneroso e demorado, além de pautado para proteger os serviços já estabelecidos – uma vez que estão há anos gerando receita para a empresa –, as empresas exponenciais despontam com propostas e características transformadoras, como:

- Miram o futuro e trabalham com cenários prospectivos desafiadores, almejando crescimentos maiores, da ordem de mais de dez vezes.
- Revolucionam o mercado, atraem seguidores apaixonados e operam com o tripé "processos, pessoas e cultura".
- Nascem e se mantêm com um pensamento *lean* (enxuto), baseado em experimentação, com pouco recurso e foco em descobrir erros da operação o mais rápido possível, para corrigi-los e otimizá-los logo em seguida.
- Afastam-se do pensamento linear e dos processos de replicar estratégias que já deram certo antes para prever a aceleração e a escalada de um negócio.
- Rompem padrões de mercados, trabalham de forma ágil e evitam a burocracia dos processos.
- Assumem riscos, simplificam processos e procedimentos, estimulam a autonomia para a experimentação.
- Não se limitam a melhorar um produto, agregar um serviço adicional ou até mesmo um novo acessório, preferindo, ao contrário, partir para inovações mais radicais e transformadoras.

O grande diferencial das empresas exponenciais está em sua ousadia e dinamismo (agilidade). Elas começam novos modelos de negócio usando o processo da Lean Startup, com pouco recursos, assumem riscos e testam várias hipóteses, reduzem os papéis e simplificam processos, confiam que terão sucesso, têm autonomia e mantêm viva a certeza de que a mudança esperada acontecerá. Pensam sempre em algo novo, totalmente fora da caixa, e apresentam seus produtos ao mercado de forma mais rápida, para medir a aceitação.

Enquanto a etapa de pesquisa e desenvolvimento, mesmo sendo muito importante dentro do processo da inovação, é demorada, onerosa, dependente de muitas variáveis, exige tempo e uma grande equipe, o processo ágil e exponencial considera etapas menores, com pequenas apostas em contato direto com o mercado e com os clientes. Assim, dentro do pensamento *lean* e de *startups*, a postura adotada é de testar logo, verificar os erros e acertos, identificar o aprendizado e corrigir o rumo, otimizando quando preciso.

O propósito transformador massivo

Empresas que mais crescem atualmente, as organizações exponenciais possuem um propósito transformador massivo (PTM) como recurso que norteia todas as ações do seu negócio. O PTM ajuda a definir um futuro para a empresa e a criar estratégias que a conduzirão a esse ponto. Em vista de uma mudança cultural externa, a ênfase deve ficar na conscientização sobre o motivo de se realizar o trabalho e sobre o propósito da organização.

De acordo com Salim Ismail, fundador e diretor-executivo da Singularity University,[63] o PTM é o maior e mais ambicioso propósito da organização. Ele não é apenas uma declaração de missão: representa uma mudança cultural que move o foco da equipe da política interna para o impacto externo, priorizando o contato com seu mercado e seus clientes.

Organizações exponenciais, por definição, pensam grande e têm objetivos audaciosos.

---

[63] Mais informação no site: http://www.salimismail.com.

Como criar uma organização exponencial

Alguns pontos, em particular, precisam ser observados por empreendedores visionários que desejam tirar sua empresa do lugar-comum e transformá-la em uma organização ágil, com resultados de crescimento consistente muito além do que é possível ser registrado pela concorrência ou por substitutos no mercado. Dentre esses pontos, relacionamos a seguir alguns que possibilitam às empresas conquistar os níveis extraordinários das organizações exponenciais.

1 Definir um propósito transformador massivo: como já mencionamos, um dos principais pontos catalisadores da transformação de uma empresa em uma organização exponencial é o propósito transformador massivo. Existem diversos critérios comuns de crescimento entre as empresas que se tornaram exponenciais, mas todas aquelas de maior sucesso possuem em comum o PTM – em outras palavras, elas têm definido um futuro claro e promovem as ações estratégicas que levarão até esse objetivo.

2 Buscar uma ideia inovadora: nessa busca, selecione uma ideia para trabalhar que represente a possibilidade de um avanço de, no mínimo, dez vezes em relação ao estado atual. Uma visão que seja revolucionária, pois uma organização exponencial necessita, como combustível propulsor, de uma ideia transformadora, que interrompa o curso normal de um processo, que tenha a capacidade de alterar o status quo do mercado.

3 Construir um modelo de negócio: depois de relacionar e filtrar as ideias mais promissoras, é preciso buscar um modelo de negócio mais adequado ao problema que se quer resolver. A partir desse ponto, mapeiam-se todas as possibilidades e se consideram todos os elementos, para que o modelo de negócio seja lucrativo e atenda às necessidades dos clientes.

4 **Construir um produto mínimo viável:** como já apresentamos, o Produto Mínimo Viável (MVP – *Minimum Viable Product*) é a versão simplificada de um produto final de uma empresa ágil, cujo objetivo é validar a ideia que está sendo trabalhada. A proposta do MVP é que o empreendedor ofereça ao cliente um mínimo de funcionalidades, com o objetivo de testar como o produto é recebido no mercado. É importante compreender que, apesar de ser trabalhado com o mínimo de recursos possível, o produto precisa manter sua função de solução de necessidade ou dor para a qual foi criado e entregar valor ao cliente. Isso permite que empreendedores validem sua ideia antes de desenvolver o produto final.

5 **Validar os canais de vendas e marketing:** acompanhar as métricas resultantes de divulgação, vendas e aceitação do produto no mercado é uma etapa fundamental para que as organizações exponenciais possam se posicionar. A informação em tempo real ajuda a perceber se a ideia tem atração para atingir seu público e envolvê-lo com os resultados.

6 **Construir e manter uma plataforma:** o modelo de negócio plataforma facilita o encontro entre consumidores e empresas interessadas em negociar entre si, tendo a plataforma como apoio nessa transação. É um processo multilateral que facilita a relação entre os dois lados que são beneficiados: tanto os clientes que solucionam uma necessidade ao adquirir um produto ou ao contratar um serviço quanto as empresas que lucram ao fechar uma venda.

Essas organizações são conhecidas pelo seu caráter altamente escalável e por gerar empresas altamente rentáveis em todo o mundo. O segredo do sucesso no modelo de plataforma multilateral está em reduzir o atrito na transação comercial: identificar o cliente, criar ofertas, negociar preços, identificar novas oportunidades e resolver problemas dos dois lados, entre outros.

7 **Fazer parte de comunidades conectadas:** trocar experiências sempre é muito importante. Portanto, é necessário reunir-se em comunidades e interagir com pessoas que ajudarão na oferta de *feedbacks* e na melhoria dos produtos e serviços. Se as pessoas da comunidade tiverem uma visão semelhante ao PTM, isso será uma oportunidade para tornar o avanço da sua empresa escalável.

Além desses pontos abordados, líderes de organizações exponenciais consideram:

- Construir uma equipe adequada para os seus objetivos e selecionar os profissionais que melhor se adaptem às exigências de uma organização exponencial, abertos para trabalhar em modelos adaptáveis, dinâmicos e que demandam agilidade e mente aberta.

- Manter a atenção nos objetivos e fazer regularmente algumas perguntas-chave necessárias para a manutenção do foco e do rumo do negócio. É fundamental estar sempre questionando o porquê de a organização existir e fazer o que faz.

- Estar aberto e ativo para uma reinvenção constante. O mundo é dinâmico, e o mercado acelera cada vez mais suas mudanças. É preciso permanentemente pensar em novas soluções, relacionar-se com a comunidade, estar perto do cliente e inovar sempre com novos produtos que causem uma disrupção no mercado.

- A evolução permanente dos negócios gera benefícios para um grande grupo de envolvidos, interna ou externamente à organização. Uma organização exponencial pode começar como uma *startup* ou alterar seu escopo atual, questionando-se como começar tal mudança sem prejudicar a receita vigente.

Muitas empresas têm optado por um modelo híbrido de gestão, no qual aproveitam as duas situações – manter a gestão tradicional, conectada com o ecossistema de *startups* existentes. Ou seja, elas replicam a eficácia operacional que deu resultado por anos, ao mesmo tempo que abrem espaço para o teste e a inovação. Isso pode acontecer tanto por meio da criação de setores focados em inovação, criatividade, desenvolvimento de novas ideias e colaboração, como também a partir de investimentos em laboratórios de inovação externos.

A exponencialidade em rede

Exponencialidade em rede é um conceito de negócios que favorece que uma organização cresça de forma muito rápida, por meio da conexão com outros tipos de empresas, fornecedores e clientes. Dentro desse enfoque, um dos principais casos que nos servem de referência é o do Grupo Alibaba, que tem um modelo de atuação extremamente interessante, baseado na criação de uma teia de conexões entre as diversas empresas envolvidas, para que todas possam crescer juntas.

O Alibaba, como é conhecido hoje no Brasil e em vários outros países, é um grupo de empresas de origem chinesa cujos negócios incluem vendas no varejo e pagamentos online, um motor de busca para as compras e serviços de computação na nuvem. A empresa começou suas atividades buscando conectar os fabricantes chineses com compradores estrangeiros; atualmente, os sites do Grupo Alibaba representam mais de 60% da parcela de entregas na China, sendo um dos vinte portais mais visitados do mundo.

O Alibaba se tornou uma plataforma forte, que conecta vendedores e produtores, entre outros parceiros, e disponibiliza um canal de vendas para que esses vendedores atinjam o máximo de pessoas. Além disso, fornece também todo o suporte necessário para que uma empresa possa crescer de modo muito rápido.

Quando alguém abre uma loja virtual na plataforma do Alibaba, além de vender seus produtos, recebe todo o suporte que precisar: de marketing, de contabilidade, financeiro e tudo o mais em termos de serviços de gestão da empresa. Além disso, a plataforma também conecta as empresas com fornecedores que podem produzir para elas, ampliando seu potencial de negócios.

Dessa forma, o Alibaba ganha nas vendas, ganha conectando empresas com produtores, com vendedores e outros parceiros. Porém, o mais importante é que ele cria uma rede que é direcionada para o crescimento de todos os parceiros envolvidos, a uma velocidade absurda. O grupo funciona como um catalisador de negócios, ajudando as empresas associadas a crescerem a um ritmo maior do que seria possível se agissem de modo individual. O grande segredo do sucesso desse modelo de negócio é que ele é uma parceria baseada em uma relação ganha-ganha, na qual todos são beneficiados.

Como já afirmamos, o Alibaba é hoje um dos casos mais famosos e didáticos de exponencialidade em rede. Por essa razão, adotamos o exemplo desse grupo para explicar aqui os conceitos importantes desse esquema de negócio, tomando como referência, principalmente, a análise feita por Ming Zeng – ex-diretor de pessoal e assessor de estratégia de Jack Ma, o fundador do Grupo Alibaba – em seu livro *Alibaba: estratégia de sucesso*.[64]

Para entender o sucesso fenomenal do Alibaba, precisamos saber que, entre as forças por trás de seu crescimento, estão dois pilares centrais da empresa inteligente:

→ **A coordenação em rede:** capacita a formação de redes empresariais em grande escala.

→ **A inteligência de dados:** assegura operações e decisões eficientes em toda a rede.

Essas duas funcionalidades mudam a dinâmica da criação de valor e determinam os negócios da empresa.

---

[64] Zeng, op. cit.

Trabalhando com o conceito de ecossistema

O ecossistema empresarial pode ser definido como uma rede inteligente, dinâmica e de evolução contínua, voltada para resolver problemas dos clientes. O grande poder de um ecossistema é exatamente capacitar empresas a servir melhor aos seus usuários, oferecendo a eles um valor superior e, ainda, usufruindo de grandes vantagens competitivas.

Esses ecossistemas desafiam o antigo mundo dos negócios, pois, diferentemente do modelo tradicional, no qual a empresa traça suas estratégias de forma quase independente, cada participante do ecossistema recorre a outros participantes para ter sucesso. Ou seja, eles funcionam de modo interdependente.

As três posições estratégicas num ecossistema comercial

Característica	POSIÇÃO ESTRATÉGICA		
	Ponto	Linha	Plano
Proposta de valor	Vender uma função ou funcionalidade	Criar um produto ou serviço	Interligar participantes relacionados
Vantagem competitiva	Especialização	Valor, custo e eficiência	Combinar eficiências
Capacidade organizacional	Simples, sem operações complexas	Racionalizar e otimizar o fluxo de trabalho	Projetar sistemas e instituições para mediar relacionamentos
Estratégia principal	Avançar para o próximo plano em ascensão e encontrar seu nicho numa linha de crescimento rápido	Usar os recursos de planos robustos para incorporar pontos fortes	Capacitar o crescimento de pontos e linhas
Analogia com as web celebs[1]	Fábricas, designers de vestuário	Ruhan[2]	Taobao[3], Weibo[4]

Fonte: Zeng (2019).

[1] Web celebs: empresas próprias fundadas por celebridades da internet.
[2] Ruhan: uma das maiores incubadoras de web celebs da China e a primeira empresa ligada a elas em que o Alibaba investiu.
[3] Taobao: rede de mais de 10 milhões de vendedores, que se coordenam com milhões de outros parceiros para realizar o trabalho completo do varejo online.
[4] Weibo: rede social chinesa, muito movimentada, integrada ao comércio eletrônico do Taobao.

Um ecossistema empresarial permite aos participantes evoluir de forma consistente e rápida, atraindo e disponibilizando os recursos necessários para sustentar toda essa evolução. No Grupo Alibaba, por exemplo, a palavra ecossistema é a base do alinhamento dos objetivos estratégicos e do diagnóstico sobre os rumos da empresa.

Funcionando como uma rede inteligente, um ecossistema é composto basicamente de três posições estratégicas. No Grupo Alibaba, é comum fazer referência a essas posições usando-se metáforas geométricas: ponto, linha e plano. Cada um desses participantes tem um papel único e indispensável na teia de relacionamentos formada. Da mesma forma, cada participante tem um crescimento diferenciado, de acordo com o papel que desempenha. Assim, no papel de ponto, a empresa vai crescer a um determinado ritmo, diferente daquele de quem assume o papel de linha. Já quem assume o papel de plano, ou de rede, vai crescer a um ritmo muito maior, porque será o responsável por promover todas essas conexões.

Os pontos

Os chamados pontos são indivíduos ou empresas especializadas, mas que, em geral, não conseguem sobreviver por conta própria. Na teia do ecossistema, os pontos prestam serviços funcionais aos demais parceiros. Como exemplos, podem ser citadas todas aquelas empresas que prestam serviços de base para as linhas e os planos.

A posição de ponto é adequada para participantes individuais ou empresas pequenas. Uma vez que suas propostas de valor são bem simples, existem pouquíssimas barreiras ao acesso das empresas às oportunidades.

Em um ecossistema com crescimento rápido, surgem novas oportunidades o tempo todo, e muitas podem ser bem lucrativas. Isso permite que alguns pontos acabem evoluindo para linhas.

As linhas

São empresas que usam suas funcionalidades para criar produtos e serviços. Em geral, utilizam-se dos serviços prestados por pontos e planos. Podemos imaginar um participante-linha como um integrador de diversos pontos, coordenando diversas funções para criar um produto ou serviço. Como exemplos, temos a Big-E[65] e a Ruhan.

As empresas-linha oferecem serviço direto ao cliente, assim como as tradicionais empresas B2C. Mas o novo participante-linha é diferente do tradicional, porque ele recorre intensamente à plataforma para todos os tipos de serviços necessários para a empresa funcionar. As linhas aproveitam a infraestrutura e outros recursos da plataforma para acessar e coordenar os pontos que constroem a empresa.

As empresas-linha podem solicitar serviços de quaisquer áreas funcionais, sem a necessidade de negociação entre empresários e sem depender de uma cadeia de suprimentos fixa e rígida, como era no caso tradicional.

Os planos

São as plataformas que ajudam novas linhas de empresas a se formarem e a crescerem, oferecendo serviços de infraestrutura e provocando o crescimento dos pontos. Exemplos de planos são a Taobao e a Weibo.

Citando alguns participantes-plano de ponta no mercado mundial, podemos falar em Facebook, Google e, é claro, Alibaba. Essas empresas, que estão entre as mais valiosas do mundo, basearam seus produtos e serviços principais em plataformas, uma posição estratégica altamente desejada pela maioria dos empresários de hoje.

Plataformas são, em grande medida, responsáveis por facilitar **a coordenação em rede** e **a inteligência de dados**, que são, como já dissemos, as forças principais por trás do crescimento de uma empresa inteligente. Portanto, são fundamentais para a direção do ecossistema, além de serem altamente lucrativas.

Como não existem diferenças substanciais com força de regras para a participação em cada uma dessas três posições, é possível, a qualquer interessado, optar por atuar em uma ou outra dessas configurações. Embora as empresas possam lutar por fatias relativas do valor que cada posição representa, elas não competem entre si nas diversas posições estratégicas.

---

[65] Big-E: apelido da empresa Zhang Dayi, a *web celeb* mais bem-sucedida da China.

Entretanto, como as redes inteligentes fazem cada vez mais parte da realidade econômica mundial, as empresas de hoje têm de conhecer sua posição estratégica dentro dessa teia de redes interligadas. Uma vez que se tenha clareza ao diagnosticar as posições presentes e futuras dentro de seu setor, é possível determinar as oportunidades e os riscos das diversas escolhas estratégicas no presente.

Como reforça Ming Zeng, é importante ter claro que todas essas três posições de base – pontos, linhas e planos – são interdependentes e, por isso mesmo, evoluem em conjunto, cada uma dentro de seu papel específico:

- Os planos funcionam apoiando cada vez mais linhas, com eficiência crescente.
- As linhas funcionam procurando os melhores pontos e combinando-os em serviços que minimizem o custo de transação, enquanto obtêm qualidade e economia de escala.
- Os pontos funcionam encontrando o melhor plano, que, por sua vez, os ajuda a acharem a melhor linha.

Essa evolução conjunta representa o pensamento comercial em dimensões mais elevadas, que é o objetivo principal do modelo de exponencialidade em rede, visando um crescimento de forma mais rápida.

Sprint exponencial

Como toda mudança vem com desafios, também a aplicação do modelo de organizações exponenciais a uma organização existente não ocorrerá sem dificuldades.

Um dos desafios das organizações hoje em dia é encontrar novos modelos de negócio que funcionem em prol da abundância, em vez de, a exemplo dos modelos de negócio tradicionais, se basearem na escassez, em que o valor final é função da venda de um produto ou serviço que está com oferta limitada.

Porém, outro fator que dificulta a transformação da empresa em uma organização exponencial é a resistência interna, própria de uma estrutura tradicional, que tende a reagir e atacar qualquer iniciativa que soe como estranha ou que ofereça riscos ao processo vigente.

Sempre que uma grande organização tentar inovar ou se transformar, o sistema que se encontra estabelecido – com executivos, líderes, colaboradores e processos mais conservadores – oferecerá resistência. É claro que há um bom motivo para isso: as organizações estabelecidas geralmente têm um negócio em funcionamento lucrativo, que é importante manter, e gera medo de mudança nos executivos e líderes. Assim sendo, o que precisa ser feito para alcançar a transformação desejada?

Basicamente, o gerenciamento adequado desse sistema é resistente a mudanças. É preciso, por exemplo, equilibrar a inovação e o risco mantendo o modelo de negócio atual como está e executando projetos disruptivos fora da organização principal. Ademais, é preciso elaborar um processo de transformação das pessoas e atualizar sua mentalidade e sua base de conhecimento.

É fundamental lembrar que, quando falamos em transformar uma organização, isso não se refere apenas à empresa, mas, principalmente, a abordar as pessoas e transformá-las em entusiastas da inovação. Essa transformação se torna mais simples quando aplicamos ao processo métodos comprovados por empresas que já passaram por essas mudanças.

A *sprint* exponencial faz parte do processo apresentado no livro *Transformações Exponenciais*, de Francisco Palao, Michelle Lapierre e Salim Ismail.[66] É resultado da experiência dos autores em mais de quinze anos desenvolvendo projetos de transformação e inovação, e entrega iniciativas práticas e sugestões para solucionar cada um dos desafios da transformação. Ao executar uma *sprint* exponencial, as organizações passam a descobrir o modelo de negócio correto, que poderá, então, ser usado para conectá-las à abundância. Elas também são preparadas para gerenciar a compulsão do resistente sistema corporativo a bloquear a inovação e a mudança, para aprender como implementar as metodologias orientadas à inovação mais adequadas e a usar uma abordagem de "aprender fazendo", para construir as capacidades internas da empresa.

A *sprint* exponencial é realizada em três fases principais, conforme discriminadas a seguir.

---

[66] Francisco Palao, Michelle Lapierre e Salim Ismail. *Transformações Exponenciais: evolua sua organização (e transforme o mundo) com um ExO Sprint de 10 semanas*. Trad. Ivo Korytowski. Rio de Janeiro: Alta Books, 2019.

Fase de preparação

É preciso garantir que todos os elementos estejam implementados, antes de iniciar o processo de dez semanas. Consegue-se atingir esse objetivo em três etapas:

- → **Planejar:** a organização define o escopo da *sprint* exponencial e decide sobre os principais participantes.
- → **Despertar:** a organização entende a diferença entre pensamento linear e exponencial e garante que os participantes entendam a importância de executar uma *sprint* exponencial.
- → **Alinhar:** os participantes recebem treinamento sobre as metodologias e ferramentas necessárias para executar a *sprint* exponencial.

Fase de execução

Durante essa fase de dez semanas, os participantes geram ideias e desenvolvem um conjunto de iniciativas exponenciais para transformar a organização. Dois fluxos acompanham esse estágio – ambos coordenados para um resultado coerente e abrangente:

- → **Fluxo central:** focado na inovação, adapta-se à disrupção externa do setor, sem alterar o modelo de negócio existente, evitando o desencadeamento de uma reação do sistema resistente às mudanças.
- → **Fluxo na borda:** focado na disrupção, na criação da próxima geração de organizações e em novos negócios fora da organização existente.

Consegue-se atingir o objetivo proposto para essa fase atuando-se em três etapas distintas:

- → **Descoberta:** durante as primeiras cinco semanas, os participantes criam ideias para o processo de transformação, avaliando e progredindo no processo, buscando identificar as melhores opções.
- → **Disrupção:** as melhores ideias são apresentadas em uma sessão projetada para obter *feedback*, analisar as iniciativas e selecionar as mais promissoras para desenvolvimento futuro. Definidas as iniciativas mais bem classificadas, os participantes constroem protótipos em torno delas durante as cinco semanas seguintes.
- → **Lançamento:** no fechamento da semana final, os participantes apresentam as principais iniciativas para a equipe de liderança e garantem o financiamento para aquelas que são aprovadas.

Fase de acompanhamento

Com as iniciativas implementadas da *sprint* exponencial resultante – algumas dentro da organização existente, e outras externamente –, é o momento de fazer o acompanhamento dos resultados.

ESTRUTURA ExO SPRINT

PREPARAR

- PLANEJAR
- DESPERTAR
- ALINHAR

ENTRADAS — INÍCIO

EXECUTAR

SEMANAS 1-4	SEMANA 5	SEMANAS 6-9	SEMANA 10
DESCOBRIR	ABALAR	CONSTRUIR	LANÇAR

FLUXO NA BORDA

FLUXO CENTRAL

ACOMPANHAR

Iniciativas ExO na Borda

Iniciativas ExO Central

RESULTADOS

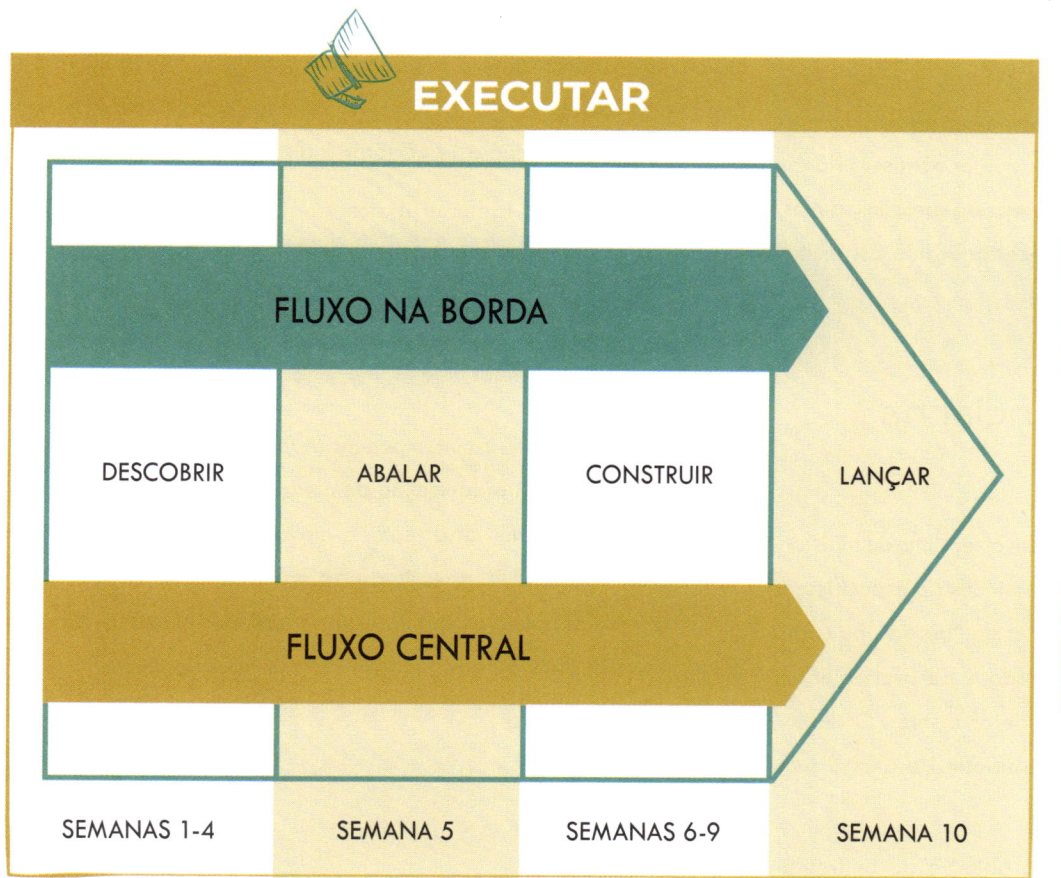

Fonte: Palao, Lapierre e Ismail (2019).

Iniciativas *sprint* exponencial central

Se a empresa executou a *sprint* exponencial central, o resultado é uma organização adaptada à disrupção externa do setor, que está pronta para se conectar a outros ecossistemas que podem ser criados na sua área de atuação. Ao implementar com sucesso essas iniciativas, a organização tem a capacidade de permanecer relevante por muitos anos, em um mundo em rápida transformação.

Iniciativas *sprint* exponencial na "borda" ou *edge*

Se você é um empreendedor que deseja desenvolver uma ou mais organizações exponenciais para transformar uma indústria específica, o resultado da *sprint* exponencial é uma iniciativa na "borda", ou *edge*. Quando se executa a *sprint* exponencial na borda, é possível obter um conjunto de organizações preparadas para liderar o setor. O desenvolvimento dessas iniciativas oferece a oportunidade de atingir suas metas e se tornar a próxima grande novidade.

Finalmente, para uma organização com o objetivo de reinventar uma indústria e transformar a organização para uma disrupção externa do setor, o resultado da *sprint* exponencial será um conjunto de iniciativas na borda e um conjunto de iniciativas centrais. Embora as iniciativas na borda devam resultar em organizações de próxima geração estruturadas para liderar sua indústria, as iniciativas centrais ajudarão a organização a se adaptar à disrupção externa do setor.

Quando se executa *sprint* exponencial completa, o resultado é mais do que um conjunto de iniciativas independentes. Representa um novo ecossistema no qual a organização não apenas se adaptou à disrupção do setor, mas também às iniciativas da *sprint* exponencial criadas na borda.

A execução de uma *sprint* exponencial fornece resultados exponenciais, transformando a organização de modo que ela consiga acompanhar as disrupções externas do setor e alavancar as novas tecnologias. Como é possível concluir, o resultado da *sprint* exponencial não só representa a transformação de uma organização existente, mas também pode contribuir para a transformação de uma indústria inteira.

Canvas das Organizações Exponenciais

Muitos empreendedores enfrentam dificuldades para estruturar suas empresas de modo a torná-las organizações exponenciais. Nesse contexto, o ExO Canvas se mostra uma ferramenta muito útil, principalmente porque permite estabelecer os elementos estratégicos do seu modelo de negócio e visualizá-los com facilidade. A grande vantagem dessa ferramenta é que ela é uma técnica simples e rápida, que possibilita visualizar os aspectos estratégicos da empresa e sintetizar a ideia de negócio. Tudo isso em uma planilha de apenas uma página.

Independentemente de qual seja o tamanho da sua equipe de trabalho, para escalar com rapidez os resultados, o crescimento e o impacto do seu negócio, é preciso reinventar sua empresa em torno dos atributos essenciais que caracterizam uma organização exponencial. Incorporar esses atributos põe as organizações tradicionais no caminho do processo de mudança para a condição de organizações exponenciais, por meio de um crescimento acelerado, acumulando ganhos de forma crescente e utilizando a tecnologia como ferramenta para alcançar esses resultados.

Cabe a ressalva de que nem todas as organizações possuem todos os atributos necessários para se enquadrar nesse modelo. No entanto, a partir do momento em que elas possuem quatro dos dez atributos listados a seguir, podemos enquadrá-las em um modelo exponencial e escalável.

- **Equipe sob demanda:** avalie quais estruturas da organização podem ser preenchidas por *freelancers* ou colaboradores temporários. Isso tende a garantir maior velocidade, funcionalidade e flexibilidade nos processos.
- **Comunidade:** desenvolva comunidades alinhadas com o seu propósito. Converta pessoas para suas comunidades, utilizando plataformas automatizadas de relacionamento.
- **Algoritmos:** utilize esses recursos para mapear clientes, comunidades e fãs, e desenvolva produtos e serviços diferenciados.
- **Ativos alavancados:** estude os ativos atuais que podem ser substituídos por ativos compartilhados.
- **Engajamento:** promova o envolvimento com suas comunidades. Elabore campanhas de incentivo para desenvolvimento de novas tecnologias, produtos e serviços.
- **Interfaces:** desenvolva processos para o melhor aproveitamento das informações coletadas no mercado.
- **Dashboards:** crie painéis em tempo real, com as métricas essenciais para a organização, e torne-as acessíveis a todos.
- **Experimentação:** promova a interação do usuário com seus produtos ou serviços, colhendo *feedbacks* e adaptando-os de acordo com a necessidade do seu cliente.
- **Autonomia:** garanta aos seus colaboradores a liberdade para propor novas ideias e novas formas de gerar valor para o negócio.
- **Tecnologias sociais:** utilize recursos que ajudem a reduzir o tempo entre a obtenção das informações e a tomada de decisão.

O ExO Canvas
– Sua organização exponencial em uma página

O Canvas das Organizações Exponenciais – ou ExO Canvas – foi desenvolvido pelo grupo ExO Innovation, formado por especialistas em inovação de todo o mundo, e tem seu uso liberado pela Creative Commons. Ele foi projetado para ajudar executivos, empreendedores, inovadores e visionários a projetarem organizações altamente escaláveis, alavancando tecnologias de aceleração e inovação disruptiva. Esse canvas ou quadro apresenta uma sequência de questionamentos que devem ser respondidos para se descobrir a tarefa que está sendo entregue ao cliente. É um quadro que ajuda sua empresa a aplicar todos os atributos essenciais para construir uma organização exponencial.

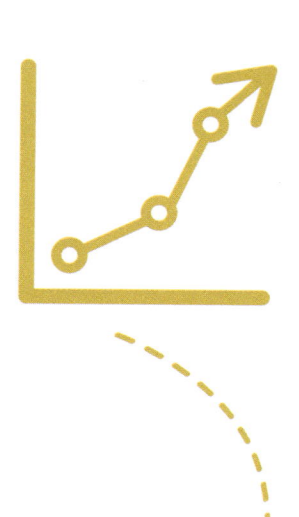

ExO Canvas

Organização: _____ Quociente Exponencial (ExQ): _____ Data: _____ Preparado por: _____

PROPÓSITO TRANSFORMADOR MASSIVO (PTM)
Por que essa organização existe?
Qual é o propósito da organização?
Qual é o objetivo da organização?
Crianças e avós a entendem?

INFORMAÇÕES
Quais dados nós temos?
De quais dados nós precisamos?
Como iremos coletar dados para os algoritmos?
Os dados de que precisamos estão disponíveis?
Podemos comprar esses dados?
Alugá-los?
Fazê-los?

EQUIPE SOB DEMANDA
Podemos construir uma rede de "funcionários" externos?
Como podemos ter os melhores funcionários para cada atividade?
Como devemos encontrar e contratar?
Usando uma agência? Contato direto? Contato local? Contato remoto? Usar uma plataforma?

COMUNIDADE
Existe uma comunidade que podemos alavancar?
Como iremos transformar a comunidade externa em apoiadores?
Como iremos criar valor para a comunidade?
Como a comunidade irá criar valor para o produto?

ALGORITMOS
Por que estamos desenvolvendo algoritmos?
Que tipo de atividade/trabalho/tarefa podemos automatizar?
Quais algoritmos/sistemas/plataformas você irá usar para processar/alavancar a informação que você tem?

ATIVOS ALAVANCADOS
Que tipo de custos fixos podemos tirar do balanço por alugá-los?
Quais processos podemos terceirizar?
Existe capacidade ociosa e próxima que nós podemos reaproveitar?

ENGAJAMENTO
Quais concursos/promoções podem ser criados para aumentar a aquisição de clientes?
Como podemos usar *gamification* para melhorar nossos produtos e serviços?
Como fazer para pessoas usarem o produto todos os dias?

INTERFACES
Podemos construir uma API que conecte nossos sistemas com a comunidade?
Podemos construir um mercado para impulsionar o crescimento?
O que podemos fazer para fornecer meus produtos/serviços em um modo de autosserviço?

DASHBOARDS
Por que você precisa de dados em tempo real?
De quais dados em tempo real você precisa para acompanhar/avaliar?
Quais sistemas você irá usar para avaliar esses dados?
O que você irá fazer com esses dados?

EXPERIMENTAÇÃO
O que você quer aprender e quais experimentos irá fazer para aprender?
Como você irá avaliar o sucesso dos experimentos?
Como podemos incentivar experimentação dentro da organização?

AUTONOMIA
Como podemos reduzir o atraso de decisões ou cadeias de aprovação?
Como podemos evitar o excesso de gestão e permitir que a equipe cresça?
Existe uma estrutura/ferramentas que podemos usar? (OKR, Holocracia, etc.)

TECNOLOGIAS SOCIAIS
Como iremos alavancar tecnologias sociais para melhorar a comunicação (dentro da equipe/comunidade/clientes)?
Quais redes sociais/ferramentas podemos usar?
Podemos usar ferramentas sociais para fazer uma parte do trabalho para nós?

IMPLEMENTAÇÃO
Como iremos implementar a cultura certa ao longo de toda a organização?
Como vamos medir?
Como iremos conduzir a organização rumo ao PTM? Como vamos medir?
Qual grupo de projetos devemos fazer para implementar esses atributos?
Quais são os elementos-chave com os quais todos da equipe têm de concordar?

Fonte: Creative Commons, https://creativecommons.org/licenses/by-sa/3.0/deed.pt_BR

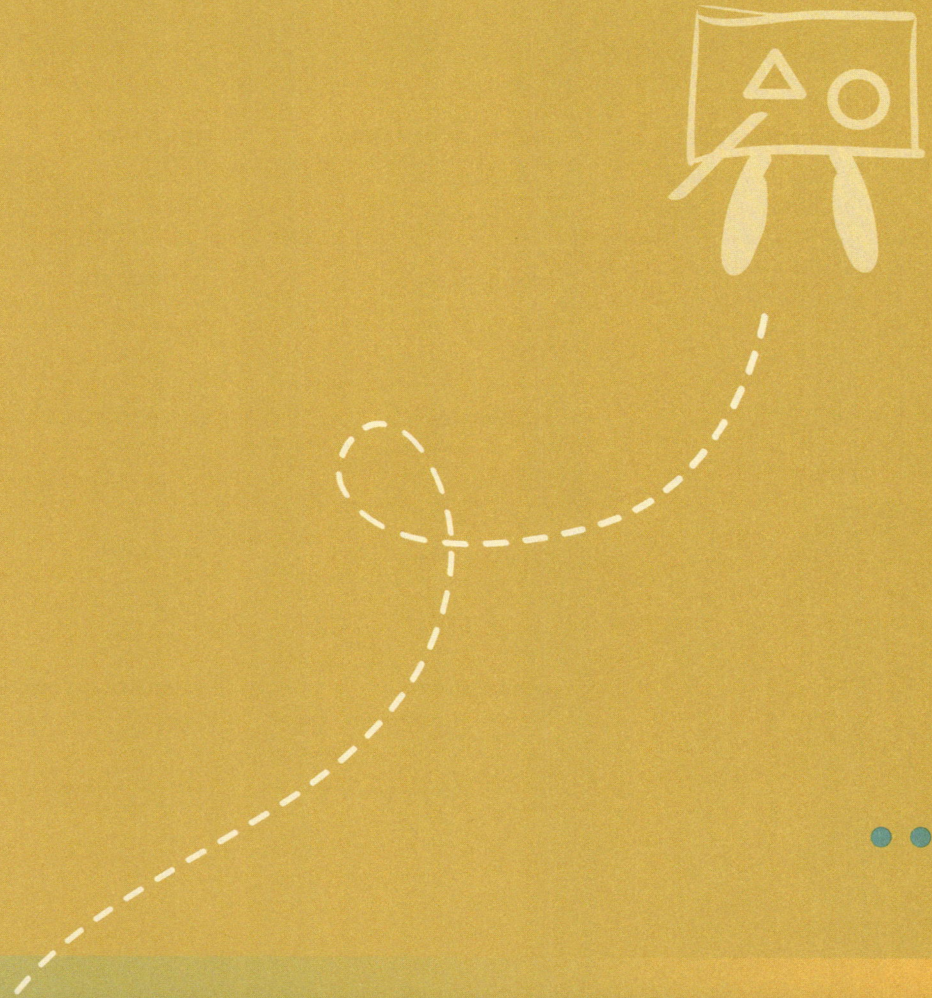

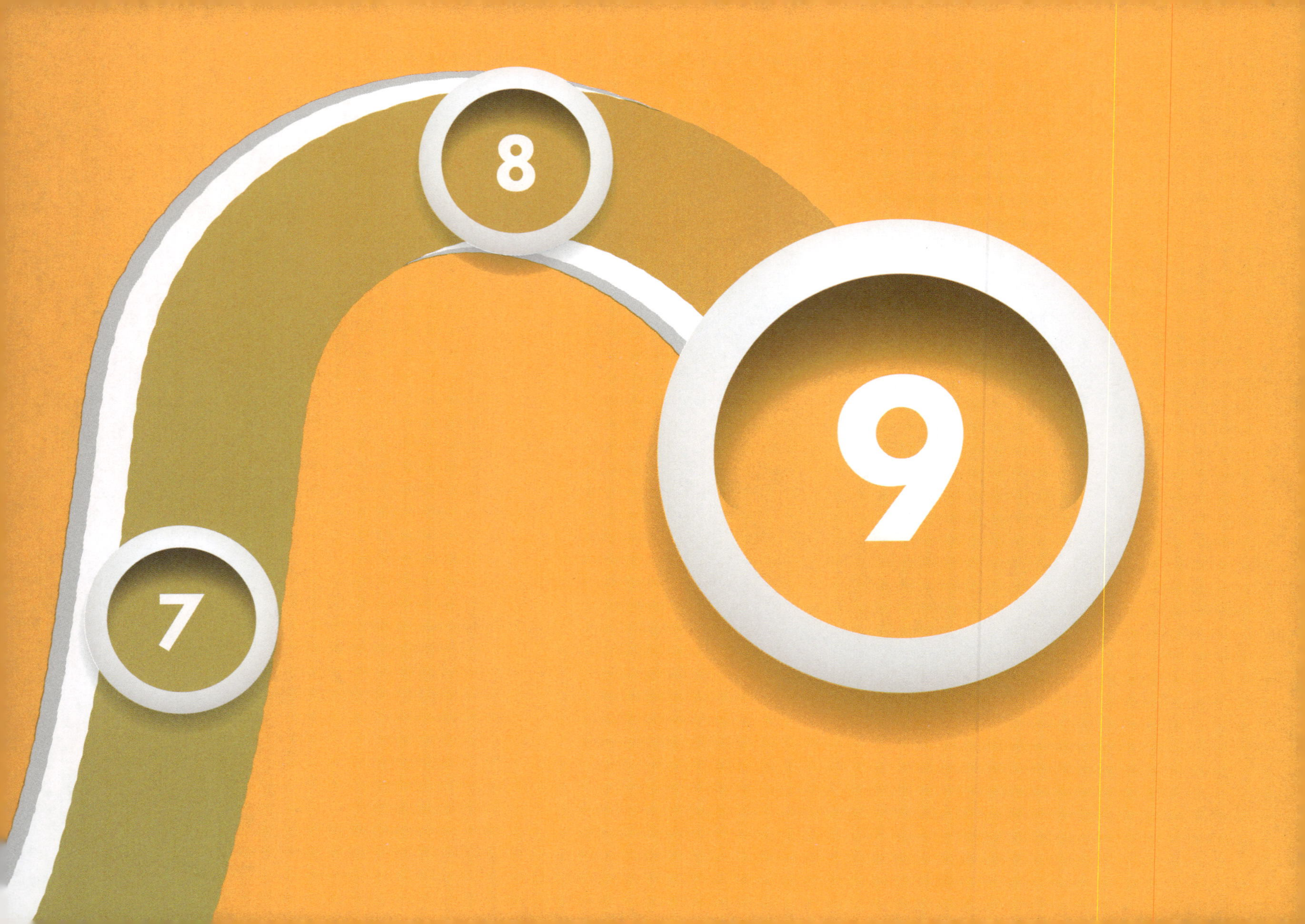
7
8
9

Ferramentas ágeis – Identificação de oportunidades de aplicação

Como é possível perceber ao longo da leitura, o objetivo principal deste livro é encadear o pensamento e a execução em formato de uma jornada que leve a uma utilização mais prática das ferramentas aqui apresentadas, em uma sequência lógica inovadora.

Normalmente, com os materiais existentes no mercado, as ferramentas são apresentadas em livros ou treinamentos de forma fragmentada ou com poucas conexões entre as ferramentas ágeis. Em outras palavras, para aprender sobre esses temas, é preciso procurar diferentes fontes de capacitação, aprendendo sobre cada um isoladamente.

A proposta aqui é evidenciar uma jornada em sequência lógica e permitir aplicar todas essas ferramentas, cada uma a seu tempo e dentro da necessidade. A partir desse mapeamento, que chamamos de C.O.M.O., será possível decidir qual ferramenta usar na sua empresa.

C.O.M.O.
Canvas de Objetivos e Mapeamento de Oportunidades

O objetivo do C.O.M.O. é promover a conexão de todas as ferramentas apresentadas na jornada ágil, para que seja possível haver uma sequência lógica de avaliação de cenários e, de forma mais simples, identificar oportunidades de utilização delas no dia a dia das empresas — ferramentas que foram abordadas no Capítulo 5 – "As ferramentas ágeis".

Portanto, este canvas é um mapeamento das oportunidades de aplicação dessas ferramentas na prática.

C.O.M.O.
Canvas de Objetivos e Mapeamento de Oportunidades

1. Missão, visão e valores

Estão adequados ao momento atual da empresa ou precisam ser revistos?

2. Objetivos estratégicos gerais

Quais são as metas que a empresa precisa alcançar em um determinado período de tempo?

3. Objetivo estratégico que será trabalhado

Qual objetivo estratégico será escolhido para ser executado?

4. Análise da situação atual

Quais são os KPIs de performance existentes para o objetivo estratégico escolhido?

Existem ações em andamento?

5. Impactos Positivos

Quais são os benefícios e resultados esperados atingindo-se o objetivo estratégico escolhido?

6. Impactos Negativos

Se nada for feito, o que pode acontecer com a empresa ou áreas envolvidas no objetivo estratégico escolhido?

7. Análise Externa

Existem oportunidades e ameaças de mercado?

8. Análise Interna

Temos pontos fortes e os *gaps* técnicos e comportamentais que precisam ser trabalhados?

9.1 Resultados-chave 1

Resultado-chave qualitativo ou quantitativo que impacte diretamente o objetivo estratégico selecionado.

9.2 Resultados-chave 2

Resultado-chave qualitativo ou quantitativo que impacte diretamente o objetivo estratégico selecionado.

9.3 Resultados-chave 3

Resultado-chave qualitativo ou quantitativo que impacte diretamente o objetivo estratégico selecionado.

9.1.1 Áreas que precisam ser envolvidas

Quem precisa ser envolvido para alcançar o resultado-chave esperado?

9.2.1 Áreas que precisam ser envolvidas

Quem precisa ser envolvido para alcançar o resultado-chave esperado?

9.3.1 Áreas que precisam ser envolvidas

Quem precisa ser envolvido para alcançar o resultado-chave esperado?

Jornada Ágil

9.1.2 Como estamos hoje	9.1.3 *Benchmarking*	9.1.4 Oportunidades de melhoria	9.1.5 *Business Owner*	10 Desenvolver as soluções
Qual é a jornada ou processo atual?	**Externo:** outras empresas têm alguma solução que nos ajude? **Interno:** alguma área interna tem uma solução que pode ser aproveitada?	O que precisa ser incluído, excluído ou ajustado na jornada ou processo para que se torne o ideal?	Qual executivo será responsável pela formação do time ágil, pelo compartilhamento do propósito e pelas decisões estratégicas da iniciativa?	A cultura organizacional atual estimula um ambiente ágil e colaborativo? O *mindset* dos líderes tem sido estimulado para ser inovador exponencial, *data driven*, *lean* e autoconsciente?
9.2.2 Como estamos hoje	9.2.3 *Benchmarking*	9.2.4 Oportunidades de melhoria	9.2.5 *Business Owner*	
Qual é a jornada ou processo atual?	**Externo:** outras empresas têm alguma solução que nos ajude? **Interno:** alguma área interna tem uma solução que pode ser aproveitada?	O que precisa ser incluído, excluído ou ajustado na jornada ou processo para que se torne o ideal?	Qual executivo será responsável pela formação do time ágil, pelo compartilhamento do propósito e pelas decisões estratégicas da iniciativa?	Os times da organização são multidisciplinares, têm forte senso de colaboração, constroem ambiente de confiança, compartilham do mesmo propósito, cultivam uma comunicação fluida e transparente e são auto-organizados? Quais ferramentas podemos utilizar para criar a solução? Melhoria de processo: Kaizen Novo produto ou Serviço: DT e Scrum Novo Negócio: DT, Modelo de Negócio, Lean Startup, Scrum.
9.3.2 Como estamos hoje	9.3.3 *Benchmarking*	9.3.4 Oportunidades de melhoria	9.3.5 *Business Owner*	
Qual é a jornada ou processo atual?	**Externo:** outras empresas têm alguma solução que nos ajude? **Interno:** alguma área interna tem uma solução que pode ser aproveitada?	O que precisa ser incluído, excluído ou ajustado na jornada ou processo para que se torne o ideal?	Qual executivo será responsável pela formação do time ágil, pelo compartilhamento do propósito e pelas decisões estratégicas da iniciativa?	

A seguir, detalharemos alguns pontos de cada item que fazem parte do C.O.M.O., para que seja possível compreender melhor a sua utilização.

1. Missão, visão e valores

PERGUNTA A SER RESPONDIDA:
A missão, a visão e os valores estão adequados ao momento atual da empresa ou precisam ser revistos?

Antes de adotar o conceito ágil nas organizações, é recomendado fazer uma revisão da estrutura da empresa, para certificar-se de que esse caminho fará sentido. Em nossa atuação prática, temos percebido que o principal motivo de falha na adoção do conceito ágil é adotá-lo sem um contexto adequado.

O primeiro passo recomendado é fazer uma revisão dos principais pilares da empresa: missão, visão e valores. Falamos em detalhes sobre esses pilares no item "Missão, visão e valores" (página 122). Recomenda-se avaliar se a missão, a visão e os valores da empresa estão atualizados com os novos desafios da organização, do seu mercado de atuação, e alinhados ao que os acionistas esperam.

Caso não estejam atualizados ou a empresa não tenha uma definição de missão, visão e valores, então o primeiro passo será acertar esse ponto, para que os envolvidos na organização saibam para onde a empresa está indo, em um horizonte de longo prazo. Ou seja, para que a empresa exista e prospere, é preciso ter claro quais são as linhas de atuação que deve desenvolver e quais são os valores que os acionistas e o conselho de administração esperam que os colaboradores, os fornecedores e todos os *stakeholders* que orbitam em torno daquela empresa devem praticar.

2. Objetivos estratégicos gerais

PERGUNTA A SER RESPONDIDA:
Quais são as metas que a empresa precisa alcançar em um determinado período?

Com base nessa análise, inicia-se o desenho dos objetivos estratégicos e a definição de onde a empresa quer chegar, dentro de um horizonte de seis meses, um ano ou dois anos. Recomenda-se identificar e definir os objetivos estratégicos para um período predeterminado. A empresa define, por exemplo, quais são seus objetivos financeiros, seus objetivos em relação aos clientes, aos processos, às pessoas, e quais são os impulsionadores que ajudarão a atingir o que foi estabelecido.

Alguns objetivos estratégicos a serem definidos podem ser, por exemplo:

✓ Reduzir custos;

✓ Aumentar a receita.

✓ Aumentar a participação no mercado.

✓ Ser a melhor empresa para se trabalhar.

✓ Explorar novos mercados.

✓ Ampliar a atuação em setores ainda não explorados.

✓ Diversificar para diluir os riscos de investimentos.

Ao se fazer uma análise macro, definem-se os objetivos estratégicos que serão perseguidos, para que todos dentro da empresa saibam qual é o norte que os guiará. Aqui, devem ser levantados e definidos os parâmetros necessários de uma forma mais detalhada, conciliando-os com o que foi definido em relação à missão, à visão e aos valores.

Para ampliar o entendimento desse assunto, é recomendado rever o Capítulo "O planejamento estratégico ágil", seção "O *framework* OKR (Objectives and Key Results)" (página 116), em que o assunto está mais detalhado e é apresentado o "Mapa de objetivos estratégicos".

3. Objetivo estratégico que será trabalhado

PERGUNTA A SER RESPONDIDA:
Qual objetivo estratégico será escolhido para ser executado?

Com base na lista de objetivos estratégicos relacionados no item anterior, a equipe deve escolher um objetivo específico para ser tratado. A sequência a seguir deve ser adotada para o tratamento de cada um dos objetivos estratégicos, repetindo-a tantas vezes quantos forem os objetivos estratégicos selecionados.

Portanto, nessa etapa da jornada, a decisão principal é sobre a ordem em que cada objetivo estratégico será executado.

4. Análise da situação atual

PERGUNTA A SER RESPONDIDA:
Quais são os KPIs[67] de performance existentes para o objetivo estratégico escolhido? Existem ações em andamento?

Na abordagem de cada objetivo estratégico, o primeiro passo será relacionar todos os KPIs, ou seja, os indicadores de performance, que já existem dentro da empresa e que são utilizados para medir o desempenho desse objetivo que estamos analisando. Cada objetivo estratégico pode ter indicadores específicos. Por exemplo:

→ Se o objetivo estratégico é reduzir o custo operacional, os KPIs que a empresa utiliza podem ser: o SLA[68] de fornecedor, o tempo de produção de um produto, além de outros;

→ Se o objetivo estratégico é melhorar o atendimento ao cliente, os KPIs podem ser: o tempo de demora de resposta ao cliente, o tempo de pagamento de um sinistro em uma seguradora, o tempo de ressarcimento de um cliente, o tempo de reposição de um produto com defeito etc.;

→ Se o objetivo estratégico é melhorar a satisfação dos colaboradores, os KPIs podem ser: a pesquisa de clima organizacional, a definição dos melhores lugares para se trabalhar, o índice de retenção de talentos, o índice de *turnover* etc.

---

[67] KPI: *Key Performance Indicator*, ou Indicador-chave de Desempenho.

[68] O SLA (*Service Level Agreement*) contém a especificação, em termos mensuráveis e claros, de todos os serviços que um contratante pode esperar do fornecedor na negociação.

Jornada Ágil

5. Impactos positivos

PERGUNTA A SER RESPONDIDA:
Quais são os benefícios e resultados esperados atingindo-se o objetivo estratégico escolhido?

Ou seja, se for possível resolver o problema e atingir esse objetivo estratégico, qual será o benefício para a empresa? A ideia é listar os benefícios que virão com o fato de se ter sucesso nessa questão. Por exemplo, dependendo de qual seja o objetivo estratégico, é possível ter ganhos como:

→ Reduzir em **20%** o custo operacional da empresa.
→ Reduzir o *turnover*.
→ Aumentar a atração de talentos.
→ Investir em marketing para que a imagem da empresa esteja mais bem posicionada e avaliada pelos clientes e pelos futuros colaboradores.

Ao se detalhar o objetivo estratégico em estudo, será possível evidenciar quais são os pontos que podem agregar valor para a organização e, consequentemente, para os clientes e colaboradores.

6. Impactos negativos

PERGUNTA A SER RESPONDIDA:
Se nada for feito, o que pode acontecer com a empresa ou com as áreas envolvidas no objetivo estratégico escolhido?

A proposta aqui é antagônica à do item anterior, ou seja, se não for resolvida essa questão, se não for possível atingir esse objetivo estratégico, quanto isso será prejudicial para a empresa? Vejamos alguns exemplos:

- → Se não for reduzido o custo operacional em 20%, a operação se tornará inviável.
- → Se não for possível realinhar a produção, o preço terá reajuste e a empresa ficará mal posicionada perante a concorrência.
- → Se o parque tecnológico não for aperfeiçoado e ampliado, não será possível um crescimento de 10% ao ano.
- → Se a empresa não for modernizada, haverá dificuldade em crescer, por ela não conseguir atrair talentos.

Nesse item, é avaliado o lado negativo de não se atingirem os resultados esperados.

7. Análise externa

PERGUNTA A SER RESPONDIDA:
Existem oportunidades e ameaças de mercado?

Este é outro item importante para se analisar antes da adoção do conceito ágil. É necessário avaliar como está o mercado que cerca a empresa, tomando-se como base o que foi feito com relação à missão, à visão e aos valores e sobre quais são os objetivos da organização.

Para isso, recomenda-se o uso do Mapa de Contexto, que apresentamos no item "Análise externa" do Capítulo "O planejamento estratégico ágil", seção "O *framework* OKR (Objectives and Key Results)" (página 126). Com essa análise, os executivos da empresa podem ter uma noção de como está se movimentando a concorrência, se existe alguma tendência demográfica capaz de impactar o setor de mercado de atuação da empresa, se há alguma questão de legislação que está sofrendo ou pode sofrer e que impacte na rentabilidade ou na linha de atuação da organização. Também são avaliadas as tendências tecnológicas, se a empresa está atualizada ou se precisará investir muito para se atualizar, além de ser preciso levantar quais são as macronecessidades do cliente e se existe uma clareza quanto a isso. Todos esses fatores possibilitam uma noção melhor sobre qual o ambiente em que a empresa está inserida.

8. Análise interna

PERGUNTAS A SEREM RESPONDIDAS:
Temos pontos fortes? Quais são as lacunas técnicas e comportamentais que precisam ser trabalhadas?

Depois de identificar como a empresa está inserida no macroambiente, é hora de olhar para dentro da organização. Esse assunto também é tratado no Capítulo "O planejamento estratégico ágil", seção "O *framework* OKR (Objectives and Key Results)", cujo item "Análise interna" (página 129) orienta sobre como avaliar esse aspecto da organização.

Com base no cenário externo e em um olhar para dentro da organização, utilizamos a matriz Swot para identificar e trabalhar as forças, as fraquezas, as oportunidades e as ameaças que a empresa tem de resolver.

Basicamente, temos a seguinte situação:

- O que a empresa tem de fortaleza deve ser bem explorada para avançar no seu mercado.

- As fraquezas da organização têm de ser resolvidas – aquilo que se percebeu no cenário externo, em que a concorrência está mais evoluída, precisa ser trabalhado. Assim como há a necessidade de desenvolver as competências técnicas ou comportamentais do time de executivos e da equipe para explorar novos mercados, criar produtos e serviços.

- As oportunidades que foram percebidas no cenário externo precisam ser aproveitadas. Cabe à empresa, com base no que conhece sobre os clientes em potencial, ou mesmo de quem já é cliente, perceber se ela está conseguindo atender a todas as dores e necessidades desse público. Assim, será possível identificar oportunidades para lançar produtos e serviços novos e abrir novos canais de comercialização, para ampliar o faturamento.

- As ameaças precisam ser tratadas e eliminadas – ou, pelo menos, seu efeito nos resultados da empresa, amenizado. É preciso analisar se o concorrente está avançado em determinado segmento, a ponto de a empresa em análise correr o risco de perder a participação no mercado ou perder sua relevância. É importante analisar se o concorrente está atendendo melhor o cliente, se está utilizando uma tecnologia mais avançada, se ele já passou por uma transformação digital. A avaliação deve ser isenta de julgamentos, para identificar claramente tais ameaças.

9.1 Resultado-chave 1

PERGUNTA A SER RESPONDIDA:
Qual é o resultado-chave, qualitativo ou quantitativo, que deve ser obtido para impactar diretamente o objetivo estratégico selecionado?

Com base em todo esse cenário traçado, é possível visualizar para onde a empresa está indo e quais são seus objetivos estratégicos. Um objetivo é definido para detalhar e entender o patamar em que a empresa se encontra hoje. Percebe-se o que se ganha em benefícios e prejuízos se a questão for resolvida.

Resultados-chave são parâmetros que sinalizarão o sucesso, ou o fracasso, na busca pelos objetivos estratégicos. Esse assunto também é tratado no Capítulo "O planejamento estratégico ágil", seção "O *framework* OKR (Objectives and Key Results)", em que é abordado o item "Resultados-chave" (página 138). Quando os resultados-chave são atingidos, significa que se conseguiu alcançar o objetivo em foco. Alguns exemplos para ilustrar:

- Se o objetivo estratégico é reduzir os custos operacionais, um primeiro resultado-chave pode ser "a redução de 20% no custo de *backoffice*, ou nas áreas operacionais".

- Ainda dentro desse objetivo de reduzir custos operacionais, outro resultado-chave aqui pode ser "a redução de erros de produção em 50%". Se no processo de produção e de serviço há muito retrabalho, com falhas de produção que geram produtos com defeito, então é recomendado reduzir essa quantidade de erros para aumentar a eficiência.

- Outro ponto pode ser o objetivo de aumentar a receita da empresa em determinado produto ou serviço ao máximo já realizado em algum momento no passado, como elevar em 15% o nível de vendas atual.

Enfim, os resultados-chave deixam evidente para os colaboradores e líderes quais são os resultados que precisam ser alcançados – resultados tangíveis, que possam ser medidos – para se ter a certeza de que o objetivo estratégico está sendo atingido.

9.1.1 Áreas que precisam ser envolvidas

PERGUNTA A SER RESPONDIDA:
Quem precisa ser envolvido para alcançar o resultado-chave esperado?

Um mesmo objetivo estratégico pode gerar diversos resultados-chave, e cada um desses resultados pode, depois, gerar planos de ação diferentes. Portanto, será necessário também o envolvimento de pessoas diferentes em cada caso. É nesse ponto que entra a questão: "Para se atingir um resultados-chave específico, quais são as pessoas que precisam ser envolvidas dentro da organização?".

Dependendo de cada caso, será necessário identificar as áreas a serem alocadas ao processo, tais como área de operação, o RH, o jurídico, a contabilidade e assim por diante. Os dados que forem levantados até esse ponto é que definirão os especialistas que deverão atuar em equipe para que aquele resultado-chave seja atingido com sucesso e o objetivo estratégico, alcançado.

9.1.2 Como estamos hoje

PERGUNTA A SER RESPONDIDA:
Qual é a jornada ou o processo atual? O que não está funcionando como deveria?

Neste item, o objetivo é ter um ponto de partida para a melhoria do processo, assunto já abordado no Capítulo "Horizonte 1 – Inovação em processos", na seção "Evento *kaizen*" e, mais especificamente, no tópico "Mapa de processo e análise de dados" (página 169), em que falamos sobre como mapear o processo atual. Ou seja, é necessário esclarecer qual é a jornada do cliente e do colaborador, dentro desse processo, que faz com que o resultado esteja no patamar em que se encontra.

Por exemplo, se o problema é de reclamação do cliente, recomenda-se levantar o motivo, a causa-raiz. Para isso, mapeia-se o processo para identificar onde existem falhas, atritos, burocracias, atividades que não agregam valor e prejudicam a fluidez das atividades e das etapas do processo.

Em resumo, é preciso construir um mapa do processo e um mapa de fluxo de valor, para que se possa ter um cenário claro, uma visão processual desse resultado-chave, e sejam identificadas as reais oportunidades de melhoria.

9.1.3 *Benchmarking*

PERGUNTAS A SEREM RESPONDIDAS: (a) Externo: outras empresas têm alguma solução que nos ajude? (b) Interno: alguma área interna tem uma solução que pode ser aproveitada?

No decorrer desse processo de análise que está sendo desenvolvido utilizando o C.O.M.O., tem-se um cenário cada vez mais evidente sobre a forma de lidar com os problemas ou oportunidades que se apresentarão em um futuro próximo. Nesse ponto, é muito importante que as pessoas e as áreas envolvidas na busca por esses resultados-chave procurem identificar se alguém já traçou esse objetivo estratégico, se já almejou esse mesmo resultado-chave e se obteve êxito. Essa experiência bem-sucedida pode inspirar a solução para a nova situação que se está analisando.

Essa busca por experiências anteriores de sucesso tanto deve acontecer externamente, em outras empresas do mesmo setor, ou até de setores diferentes, como internamente à própria empresa, a partir de uma análise nas mais diversas áreas.

Benchmarking é exatamente isto: o olhar panorâmico, para buscar casos de sucesso nos quais os resultados desejados foram obtidos. As informações coletadas podem servir de caminhos para a solução.

9.1.4 Oportunidades de melhoria

PERGUNTA A SER RESPONDIDA:
O que precisa ser incluído, excluído ou ajustado na jornada, ou processo, para que ela se torne ideal?

Com base no mapa de fluxo de valor que foi criado no item 9.1.2 (página 176), no qual se inicia um entendimento do que está funcionando e do que não está, e com base no item 9.1.3, em que foi realizado um *benchmarking* para buscar algumas ideias, as oportunidades de melhoria surgirão para orientar como atuar para se conseguir atingir o resultado-chave almejado.

As oportunidades de melhoria normalmente aparecem nessa análise com a descoberta de pontos nos quais os processos falham ou ficam presos a atividades não produtivas ou mal aplicadas e mal planejadas.

Alguns exemplos:

→ Um excesso de exigências de aprovações está fazendo atrasar o ressarcimento do cliente.

→ Algumas etapas no processo de devolução estão fazendo com que não se atinja o SLA.

→ Uma etapa dentro do processo de recrutamento e seleção faz com que a empresa perca bons colaboradores.

→ Uma avaliação de desempenho mal formulada não está conseguindo capturar os resultados das pessoas, e a empresa está perdendo talentos.

9.1.5 *Business owner*

PERGUNTA A SER RESPONDIDA:
Qual executivo será responsável pela formação do time ágil, pelo compartilhamento do propósito e pelas decisões estratégicas da iniciativa?

O objetivo dessa designação é identificar quem será o guardião do objetivo estratégico, considerando que o processo não se encerra ao preencher o C.O.M.O.; é preciso ter em mente que haverá desdobramentos importantes dentro da organização e que, por isso mesmo, o *business owner* terá um papel relevante.

Ao designar essa função, a direção da empresa terá assegurado que o objetivo será "cascateado" para todos os níveis organizacionais, com a definição dos respectivos OKRs, definindo a árvore de vinculação entre OKRs "pais" e OKRs "filhos", e assim sucessivamente, até atingir toda a organização.

Nota: os mesmos comentários deste item 9.1 se aplicam também aos itens 9.2 e 9.3 citados no C.O.M.O., para dois outros resultados-chave. Também se aplicam a tantos outros resultados-chave quantos se mostrarem necessários, caso a empresa tenha mais do que três resultados-chave por objetivo estratégico.

10. Desenvolver as soluções

PERGUNTAS A SEREM RESPONDIDAS:
O que precisamos adotar como metodologia para permitir que esse objetivo estratégico seja plenamente atingido?

Para que essa etapa possa ser executada adequadamente, é recomendado adotar a forma de trabalho em times Scrum – tratado no Capítulo "Horizonte 2 – Inovação em modelos de negócio", seção "Projetos ágeis com Scrum", em que é abordado o item "Time de Desenvolvimento" (página 276) – para que as áreas da empresa possam estar devidamente representadas, trazendo a visão do *mindset ágil* na resolução de problemas.

Algumas perguntas auxiliam na tomada de decisão sobre qual metodologia adotar:

10.1 – A cultura organizacional atual estimula um ambiente ágil e colaborativo?

Essa situação requer definir o estágio atual em que a empresa se encontra, qual a cultura organizacional vigente, e adotar algumas das sugestões apresentadas no Capítulo "A jornada ágil começa pela mudança de *mindset*", seção "A cultura ágil" (página 58).

10.2 – O *mindset* dos líderes tem sido estimulado para ser inovador exponencial, *data driven*, *lean* e autoconsciente?

Nesse caso, recomendamos aplicar o *assessment* para entender o estágio de desenvolvimento das lideranças da empresa, conforme apresentado no Capítulo "O líder e o time na jornada ágil", item "O diagrama L.A.I.D.E." (página 85).

10.3 – Os times da organização são multidisciplinares, têm forte senso de colaboração, constroem ambiente de confiança, compartilham do mesmo propósito, cultivam uma comunicação fluida e transparente e são auto-organizados?

Conforme sugerido no item 3, nessa situação é recomendado identificar o perfil do time que compõe a empresa para diagnosticar que tipos de desenvolvimento pessoal serão necessários para que a empresa passe a contar com times colaborativos e ágeis.

10.4 – Quais ferramentas podemos utilizar para criar a solução?

Com base nesse cenário, a equipe consegue escolher quais ferramentas utilizará para criar projetos e tarefas para melhorar a situação atual e para atingir o resultado-chave esperado.

Em uma primeira análise, temos:

Melhoria de processos: *kaizen*

Por exemplo, se no mapa atual foi possível identificar que o processo não é bom, que precisa ser revisto para que etapas de desperdício sejam eliminadas e a produção seja puxada, será necessário construir um novo fluxo de valor, criar um novo processo mais enxuto, com menor quantidade de erros. Então, a solução é utilizar o *kaizen*, que tem todas as ferramentas de avaliação e melhoria de processos.

Novo produto ou serviço: Design Thinking e Scrum

Se temos uma situação nova, que ninguém conhece, uma situação inesperada, um mercado novo que se quer explorar, se é um produto ou serviço que não existe ainda ou uma dor que foi identificada em um grupo de clientes, mas ninguém sabe ainda como resolver isso, o mais adequado é utilizar o Design Thinking (página 203) para encontrar uma solução inovadora e diferente, para resolver essa necessidade e criar um diferencial para a empresa.

Novo negócio: Design Thinking, modelo de negócio, Lean Startup, Scrum

Quando a ideia é criar um novo modelo de negócio, totalmente diferente do modelo de atuação da empresa, com o objetivo de diversificar e minimizar os riscos da organização, recomenda-se utilizar o canvas apresentado em "*Value proposition design* ou proposta de valor", no Capítulo "Horizonte 2 – Novos Modelos de Negócios" (página 238), que facilitará o objetivo de desenhar esse novo modelo de negócio, antes de implementá-lo na prática.

Desenvolver um projeto para obter resultados rápidos: Scrum

Se o objetivo é desenvolver um projeto para a obtenção de resultados rápidos – sem ter que esperar até o final do projeto, para só então obtê-los –, a opção recomendada é o uso do Scrum como gestão de projeto ágil, em que é possível utilizar o conceito de MVP e entregar valor para o cliente, gradativamente (página 259).

FAZENDO PARTE DESSA TRANSFORMAÇÃO

Depois de toda a nossa jornada ao longo desta obra, acreditamos que as organizações precisam mudar para continuar a evoluir ou, pelo menos, para manter seu lugar no mercado. Porém, sentimos que poderíamos reforçar alguns pontos essenciais do contexto que abordamos, para que você reforce o seu entendimento, fortaleça sua motivação e consolide o seu compromisso com as transformações necessárias frente à atual realidade de mercado e também com aquelas que ainda virão pela frente.

O mundo está mais ágil a cada dia, os problemas estão mais complexos e os clientes (internos ou externos), mais conscientes, bem informados e exigentes quanto ao que realmente desejam de um produto ou serviço. As empresas, formadas por executivos, líderes e equipes, precisam atender a essas demandas, proporcionar experiências mais completas aos seus clientes e, ainda, se posicionarem na vanguarda da inovação, se desejam permanecer relevantes e competitivas.

Estamos, portanto, tratando da necessidade de preparar as organizações para se tornarem ágeis, para encontrar um equilíbrio sustentável entre as mudanças que acontecem a todo instante e a dedicação à criação de novos produtos e serviços para atender às altas expectativas dos clientes desta nova era.

Desse modo, fica cada vez mais claro que aqueles que não perceberem a necessidade de questionarem antigos paradigmas e de revisitarem seus processos, produtos, serviços e seus estilos de liderança, criação e de aprendizado tenderão a se tornarem obsoletos e descartáveis rapidamente. Afinal, não é novidade que o cenário em que vivemos nos apresenta concorrentes inovadores e que podem surgir de onde menos se espera, de qualquer lugar do mundo e em qualquer plataforma.

Não menos relevantes, os colaboradores também se destacam nesse cenário, pois, além de serem o contato da empresa ou da área com os clientes internos ou externos, também conhecem com profundidade o que está acontecendo no dia a dia e devem ter oportunidades para trazerem seus insights para alimentar a inovação.

Fato é que, para promover a agilidade na organização, não basta apenas cuidar da capacitação técnica dos profissionais. É fundamental também avaliar a forma como cada indivíduo pensa sobre as suas atividades, como reage aos estímulos e faz os ajustes necessários para que a mentalidade ágil se torne parte de seu modo de pensar.

Nesta obra, abordamos também os conceitos e os caminhos sobre os quais está estruturada a jornada ágil das empresas, dos líderes e das equipes, abordando justamente as características desejáveis para a liderança nesse contexto, pois sem ações orientadas a esse propósito as empresas ficarão eternamente presas a fazer mais do mesmo. Passamos também por diversos aspectos que consideramos essenciais para a transformação das organizações e dos indivíduos.

Colocamos em foco o compartilhamento do conhecimento e o desenvolvimento de um ambiente criativo, sempre buscando criar valor para o cliente. Trabalhamos no incentivo ao desenvolvimento de uma mentalidade ágil em toda a organização. Falamos sobre itens fundamentais para o perfeito entendimento e para a boa implantação das metodologias ágeis.

Neste ponto, consideramos de especial importância lembrar que a jornada ágil de uma empresa começa pela adequação dos modelos mentais relacionados ao crescimento pessoal e profissional dos colaboradores e passa pelo estímulo ao protagonismo e à atitude de mudança, buscando sempre motivar uma forma proativa de pensar ágil.

Procuramos trabalhar também o incentivo para a construção de uma liderança ágil e de times ágeis, além de promover um planejamento estratégico dinâmico, focado em três principais horizontes: a inovação dos processos, a inovação dos modelos de negócios e a inovação disruptiva. Por fim, detalhamos as ferramentas ágeis e buscamos deixar mais prática a identificação de oportunidades de aplicação de cada uma das ferramentas que apresentamos. Tudo isso visando construir uma Organização Ágil.

Reforçamos também que enxergar e implementar oportunidades não são privilégios exclusivos de grandes organizações. Pelo contrário, vimos que todas as empresas podem e devem inovar. Que é preciso estar com o olhar voltado para o futuro, porém sem ignorar os seus processos atuais que lhes possibilitarão investir em inovações, se diferenciando no mercado.

Cada organização tem uma realidade diferenciada, baseada em seus processos, no quanto de transformação ela está disposta a efetuar, em função do mercado em que atua ou deseja atuar, e também na mentalidade de seus líderes e equipes, além do conhecimento sobre as ferramentas a serem utilizadas a partir do seu planejamento estratégico. Ou seja, dentro desse contexto, cada empresa precisa criar a própria jornada ágil, embora deva sempre estar embasada nos princípios que aqui apresentamos.

A partir desses conceitos, destacamos que é fundamental dar atenção ao modo de pensar de executivos, líderes e equipes e preparar a mentalidade dessas pessoas para a transformação ágil. Seja qual for o perfil dos colaboradores, para implantar o método ágil a empresa precisa preparar as pessoas para essa transformação.

Mesmo dentro de um mercado que não perdoa a estagnação e a lentidão, notamos que atualmente não existem muitas organizações que executem a estratégia ágil de maneira integrada. Logo, há ainda muitas oportunidades de se alavancar os resultados tangíveis e intangíveis das organizações ao se orientar pelas estratégias que sugerimos.

Procuramos oferecer aqui uma abordagem completa e prática para uma empresa adotar e manter a agilidade, independentemente do seu segmento, porte ou estágio em que se encontra. Ao se integrar e combinar os métodos e as ferramentas que propusemos, a empresa e seus profissionais terão a oportunidade de identificar seu propósito, transformá-lo em objetivos estratégicos claros, realizar melhorias, criar produtos e serviços que surpreendam seus consumidores e converter sua visão em um futuro inovador.

Entretanto, para que isso aconteça de fato, é preciso mais do que o que compartilhamos aqui. É preciso transformar conhecimento em ação. É preciso atitude. A atitude de fazer acontecer a agilidade em todos os níveis hierárquicos, em todas as direções.

Depois de entender quais são as principais ferramentas ágeis e como são a mentalidade e as ações das empresas que conseguiram migrar do modelo tradicional para o modelo ágil, é hora de colocar tudo isso em prática na sua própria organização.

Convidamos você a fazer parte dessa transformação. Esperamos que o conteúdo deste livro lhe sirva como um guia e um motivador para a inovação e para fazer o que poucos ainda fazem: diferenciar-se.

Será uma jornada fácil? Com certeza, não. Mas trará resultados significativos e será gratificante!

Conte conosco na sua jornada ágil.

10
Referências bibliográficas

REFERÊNCIAS BIBLIOGRÁFICAS

5W2H: é hora de tirar as dúvidas e colocar a produtividade no seu dia a dia. *Endeavor*, 8 fev. 2017. Disponível em: https://endeavor.org.br/pessoas/5w2h/. Acesso em: 25 jan. 2021.

ABRANTES, Letícia. Entenda o que é e como funciona o método Kanban. *Rock Content*, 15 jan. 2018. Disponível em: https://rockcontent.com/br/blog/kanban/. Acesso em: 25 jan. 2021.

ANSOFF, H. Igor. *Corporate Strategy*: an analytic approach to business policy for growth and expansion. Nova York: McGraw-Hill, 1977.

ANSOFF, H. Igor. *A nova estratégia empresarial*. São Paulo: Atlas, 1990.

ANSOFF, H. Igor; MCDONNELL, Edward J. *Implantando a administração estratégica*. São Paulo: Atlas, 1993.

BAGHAI, Mehrdad; COLEY, Stephen; WHITE, David. *A alquimia do crescimento*: os segredos das 30 empresas que mais crescem no mundo. Trad. Vera Joscelyne. Rio de Janeiro: Record, 1999.

BARBOSA, Marco Antonio. Ao encontro da disruptura. *Mundo Corporativo*, jan./mar. 2017. Disponível em: http://www.mundocorporativo.deloitte.com.br/ao-encontro-da-disruptura/. Acesso em: 25 jan. 2021.

BERKUN, Scott. *The myths of innovation*. Sebastopol: O'Reilly, 2007.

BIZZOTTO, Carlos Eduardo et al. Ferramenta para auxiliar o processo de validação de hipóteses. *InovAtiva Brasil*, [s.d.]. Disponível em: https://www.inovativabrasil.com.br/wp-content/uploads/2015/08/Ebook-Quadro-de-Validação-de-Hipotese.pdf. Acesso em: 25 jan. 2021.

BLANK, Steve. Lean innovation management: Mmking corporate innovation work. *Site de Steve Blank*, 26 jun. 2015. Disponível em: https://steveblank.com/2015/06/26/lean-innovation-management-making-corporate-innovation-work/. Acesso em: 14 mai. 2018.

BLANK, Steve. *The four steps to the epiphany*: successful strategies for products that win. Hoboken: Wiley, 2020.

BLANK, Steve. Construir, medir, aprender? Entenda as formas de validar seu negócio. *Endeavor*, [s.d.]. Disponível em: https://endeavor.org.br/estrategia-e-gestao/construir-medir-aprender/. Acesso em: 25 jan. 2021.

BLANK, Steve; DORF, Bob. *Startup*: Manual do empreendedor – o guia passo a passo para construir uma grande empresa. Rio de Janeiro: Alta Books, 2014.

BOURDON, Muriel. Lifelong learning from the '70s to erasmus for all: a rising concept. *Procedia: Social and Behavioral Sciences*, v. 116, 21 fev. 2014. Disponível em: https://www.sciencedirect.com/science/article/pii/S1877042814007149. Acesso em: 25 jan. 2021.

BROWN, Tim. Design Thinking. *Harvard Business Review*, v. 86, n. 6, p. 84-92, jun. 2008.

BROWN, Tim. *Design Thinking*: uma metodologia poderosa para decretar o fim das velhas ideias. Rio de Janeiro: Elsevier, 2010.

BUCHANAN, R. Wicked problems in Design Thinking. *Design Issues*, v. 8, n. 2, p. 5-21, 1992. Disponível em: https://web.mit.edu/jrankin/www/engin_as_lib_art/Design_thinking.pdf. Acesso em: 18 jan. 2021.

BUZAN, Tony. *Mapas mentais*: métodos criativos pra estimular o raciocínio e usar ao máximo o potencial do seu cérebro. Rio de Janeiro: Sextante, 2009.

CAMARGO, Robson. Entenda o que é PMBOK: o guia que vai dar um up na sua carreira. *Site de Robson Camargo*, 25 nov. 2019. Disponível em: https://robsoncamargo.com.br/blog/PMBOK. Acesso em: 25 jan. 2021.

CARDOSO, Antônio Luiz Mattos de Souza; BURNHAM, Teresina Fróes. Construção colaborativa do conhecimento com objetos de aprendizagem em um ambiente virtual de aprendizagem. *Informática na Educação: Teoria & Prática*, Porto Alegre, v. 10, n. 1, jan./jun. 2007. Disponível em: https://repositorio.ufba.br/ri/bitstream/ri/1716/1/2897.pdf. Acesso em: 20 jan. 2017.

CHEN, Andrew. How to measure If users love your product using cohorts and revisit rates. *Site de Andrew Chen*, [s.d.]. Disponível em: http://andrewchen.co/how-to-measure-if-users-love-your-product-using-cohorts-and-revisit-rates/. Acesso em: 25 jan. 2021.

CHERIYAN, Anil. 3 keys to innovation: collaboration, architecture, and culture. *The Enterprisers Project*, 9 ago. 2018. Disponível em: https://enterprisersproject.com/article/2018/7/innovation-all-about-collaboration-architecture-and-culture. Acesso em: 18 jan. 2021.

CHESBROUGH, Henry. *Open innovation*: the new imperative for creating and profiting from technology. Brighton: Harvard Business School Press, 2006.

CHIESI, Alberto; MALINOWSKI, Peter. Mindfulness-based approaches: are they all the same? *Journal of Clinical Psychology*, v. 67, n. 4, p. 404-424, 2011.

CHUA, Celestine. 25 Useful braistorming techniques. *Personal Excellence*, [s.d]. Disponível em: http://personalexcellence.co/blog/25-brainstorming-techniques/. Acesso em: 25 jan. 2021.

COMO O SEIS Sigma pode ajudar sua empresa a alcançar a excelência. *Endeavor*, [s.d.]. Disponível em: https://endeavor.org.br/estrategia-e-gestao/seis-sigma/. Acesso em: 25 jan. 2021.

COMO SE TORNAR um líder ágil. *Mundo RH*, 5 jul. 2019. Disponível em: https://www.mundorh.com.br/como-se-tornar-um-lider-agil/. Acesso em: 25 jan. 2021.

CONNORS, Craig; SMITH, Tom; Roger; HICKMAN. O *princípio de Oz*: como usar o accountability para atingir resultados excepcionais. Rio de Janeiro: Alta Books, 2020.

CONTEXT canvas. *BMI*, [s.d.]. Disponível em: https://www.businessmodelsinc.com/about-bmi/tools/context-canvas/. Acesso em: 25 jan. 2021.

COUTINHO, Thiago. Veja como identificar problemas com Diagrama de Ishikawa! *Voitto*, 30 set. 2020. Disponível em: https://www.voitto.com.br/blog/artigo/diagrama-de-ishikawa. Acesso em: 25 jan. 2021.

CSIKSZENTMIHALYI, Mihaly. *Flow*: the Psychology of Optimal Experience. Nova York: Harper Perennial, 2008.

DAHL, Sonja; BALLANTYNE, Kimberley; INNES, Georgina. Creative enterprise toolkit. *Nesta*, [s.d.]. Disponível em: http://www.nesta.org.uk/publications/creative-enterprise-toolkit. Acesso em: 25 jan. 2021.

DEMING, William Edwards. *Qualidade*: a revolução da administração. São Paulo: Marques Saraiva, 1990.

DESIGN KIT: the Human-Centered Design Toolkit. *Ideo*, [s.d.]. Disponível em: http://www.ideo.com/work/human-centered-design-toolkit/. Acesso em: 25 jan. 2021.

DESIGN THINKING for Educators. *Ideo*, [s.d.]. Disponível em: http://www.designthinkingforeducators.com/. Acesso em: 25 jan. 2021.

DIAMANDIS, Peter H. 8 principles for leaders to make the most of the expotential age. *Singularity Hub*, 3 mar. 2017. Disponível em: https://singularityhub.com/2017/03/03/8-principles-for-leaders-to-make-the-most-of-the-exponential-age/. Acesso em: 25 jan. 2021.

DIAMANDIS, Peter H. 8 principles for leaders to make the most of the exponential age (Part 2). *Singularity Hub*, 9 mar. 2017. Disponível em: https://singularityhub.com/2017/03/09/8-principles-for-leaders-to-make-the-most-of-the-exponential-age-part-2/. Acesso em: 25 jan. 2021.

DOERR, John. *Measure what matters*: how Google, Bono, and the Gates Foundation rock the World with OKRs. Nova York: Portfolio, 2014.

DOERR, John. *Avalie o que importa*: como o Google, Bono Vox e a Fundação Gates sacudiram o mundo com os OKRs. Trad. Bruno de Menezes. Rio de Janeiro: Alta Books, 2019.

DRUCKER, Peter. *The practice of Management*. Nova York: Harper Business, 2010.

DWECK, Carol S. *Mindset*: a nova psicologia do sucesso. Rio de Janeiro: Objetiva, 2017.

ELLER, Daniel. O que são takt-time, tempo de ciclo e lead-time? *Velki*, [s.d.]. Disponível em: https://velki.com.br/pt/blog/novidades/o-que-sao-takt-time--tempo-de-ciclo-e-lead-time-. Acesso em: 25 jan. 2021.

Referências Bibliográficas

FARINAZZO, Rafael. Brainstorming: o que é e como preparar uma reunião com resultados reais. *Resultados Digitais*, 16 jul. 2019. Disponível em: https://resultadosdigitais.com.br/agencias/o-que-e--brainstorming/. Acesso em: 25 jan. 2021.

FLUXO contínuo: como reorganizar o trabalho. *Lean Institute Brasil*, [s.d.]. Disponível em: https://www.lean.org.br/workshop/51/fluxo-continuo----como-reorganizar-o-trabalho.aspx. Acesso em: 25 jan. 2021.

FORD, Henry. *My life and work*: an autobiography. Greenbook Publications, 2010.

GARTON, Eric; NOBLE, Andy. How to make agile work for the C-suite. *Harvard Business Review*, 19 jul. 2017. Disponível em: https://hbr.org/2017/07/how-to-make-agile-work-for-the-c-suite. Acesso em: 20 fev. 2018.

GEMBA walk: onde o trabalho realmente acontece. *Kanbanize*, [s.d.]. Disponível em: https://kanbanize.com/pt/gestao-lean/melhoria/o--que-e-gemba-walk. Acesso em: 21 jan. 2021.

GONÇALVES, Leandro. "Só se conhece o que se mede". *LinkedIn*, 28 nov. 2017. Disponível em: https://pt.linkedin.com/pulse/s%C3%B3-3-se-conhece-o-que-mede-leandro-gon%C3%A7alves. Acesso em: 25 jan. 2021.

GROVE, Andrew S. *High-Output Management*. Nova York: Random House, 1983.

HENRIQUE, Cláudio. Matriz Swot (análise): guia completo. *Sobre Administração*, 3 ago. 2010. Disponível em: http://www.sobreadministracao.com/matriz-swot-analise-guia-completo/. Acesso em: 25 jan. 2021.

HERSEY, Paul H.; BLANCHARD, Kenneth H.; JOHNSON, Dewey E. *Management of organizational behavior*. 10. ed. Londres: Pearson, 2012.

HOLLOWAY, Matthew. How tangible is your strategy? How design thinking can turn your strategy into reality. *Journal of Business Strategy*, v. 30, n. 2-3, p. 50-56, 2009.

IMAI, Masaaki. *Kaizen*: a estratégia para o sucesso competitivo. São Paulo: Imam, 1992.

IMAI, Masaaki. *Gemba kaizen*: uma abordagem de bom senso à estratégia de melhoria contínua. Trad. Altair Flamarion Klippel, José Antonio Valle Antunes Junior e Rodrigo Dubal. 2. ed. Porto Alegre: Bookman, 2014.

ISHIKAWA, Kaoru. *Guide to Quality Control*. Hamilton: Quality Resources, 1986.

ISHIKAWA, Kaoru. *Controle de qualidade total*: à maneira japonesa. Rio de Janeiro: Campus, 1993.

KAPLAN, Robert S.; NORTON, David P. *Mapas estratégicos*: convertendo ativos intangíveis em resultados tangíveis. Trad. Afonso Celso de Cunha Serra. Rio de Janeiro: Elsevier, 2004.

KUVIATKOSKI, Carol. Inovação aberta: o que é, quais os benefícios, e como aplicar na empresa. *Ideia no Ar*, 3 abr. 2020. Disponível em: https://www.ideianoar.com.br/inovacao-aberta-o-que-e-quais-os--beneficios-e-como-aplicar-na-empresa/. Acesso em: 25 jan. 2021.

LEAD, Jack. *Kanban*: the ultimate guide to manage a Lean production, plan and organize process with Kanban for agile projects management. Flint: Indalo, 2020.

LIKER, Jeffrey K. O *modelo Toyota*: 14 princípios de gestão do maior fabricante do mundo. Porto Alegre: Bookman, 2005.

LITTLE, Jason. *Lean change managment*: innovative practices for managing organizational change. Happy Melly Express, 2014.

MACHADO, Walmor. Entenda a diferença entre produção puxada e produção empurrada! *Voitto*, 7 jan. 2019. Disponível em: https://www.voitto.com.br/blog/artigo/producao-puxada-e-empurrada. Acesso em: 25 jan. 2021.

MAPEAMENTO do fluxo de valor: estado atual e futuro. *Lean Institute Brasil*, [s.d.]. Disponível em: https://www.lean.org.br/conceitos/72/mapeamento-do-fluxo-de-valor-(vsm)---estado-atual-e-futuro.aspx. Acesso em: 25 jan. 2021.

MARSDEN, Paul. The 10 business models of digital disruption (and how to respond to them). *Digitalwellbeing.org*, 26 ago. 2015. Disponível em: https://digitalwellbeing.org/the-10-business-models-of-digital--disruption-and-how-to-respond-to-them/. Acesso em: 25 jan. 2021.

MARTIN, Bella; HANINGTON, Bruce. Universal methods of Design: 125 ways to research complex problems, develop innovative ideas, and design effective solutions. Beverly: Rockport, 2012.

MEHRDAD, Baghai; COLEY, Steve; WHITE David. *The alchemy of growth*: practical insights for building the enduring enterprise. Nova York: Basic Books, 2000.

METODOLOGIA 5S: saiba tudo sobre esse conceito. *Mereo*, 21 jul. 2017. Disponível em: https://mereo.com/blog/metodologia-5s-saiba-tudo-sobre-esse-conceito/. Acesso em: 25 jan. 2021.

MOOTEE, Idris. *Design Thinking for strategic innovation*: what they can't teach you at business or design school. Hoboken: Wiley, 2013.

MOREIRA, Daniela (ed.). O que é uma startup? *Exame*, 3 fev. 2016. Disponível em: https://exame.com/pme/o-que-e-uma-startup/. Acesso em: 25 jan. 2021.

NAPOLEÃO, Bianca Minetto. 5 porquês. *Ferramentas da Qualidade*, 23 mai. 2019. Disponível em: https://ferramentasdaqualidade.org/5-porques/. Acesso em: 25 jan. 2021.

NIVEN, Paul R.; LAMORTE, Ben *Objectives and Key Results*: driving focus, alignment, and engagement with OKRs. Hoboken: Wiley, 2016.

O QUE É MAPEAMENTO DE FLUXO de valor? *Lucidchart*, [s.d.]. Disponível em: https://www.lucidchart.com/pages/pt/o-que-e-mapeamento-de-fluxo-de-valor#section_0. Acesso em: 16 jan. 2021.

O QUE É MAPEAMENTO DE PROCESSOS? *Lucidchart*, [s.d.] Disponível em: https://www.lucidchart.com/pages/pt/o-que-e-mapeamento--de-processos. Acesso em: 25 jan. 2021.

O QUE É O DIAGRAMA de causa e efeito ou "Ishikawa"? Onde é aplicado? *FM2S*, [s.d.]. Disponível em: https://www.fm2s.com.br/diagrama-causa-efeito-ishikawa/. Acesso em: 25 jan. 2021.

O QUE VOCÊ precisa saber para criar o mapeamento do fluxo de valor (MFV) em 4 passos. *Tecnicon*, 28 jul. 2020. Disponível em: https://www.tecnicon.com.br/blog/389-. Acesso em: 25 jan. 2021.

O SEGREDO do Design Thinking. *Blog.Mastertech*, 26 maio 2017. Disponível em: https://blog.mastertech.com.br/design/o-segredo-do--design-thinking-esta-na-diversidade/. Acesso em: 25 jan. 2021.

OLIVEIRA, Wallace. Matriz Sipoc: conheça esta metodologia de modelagem de processos. *Heflo*, 30 nov. 2018. Disponível em: https://www.heflo.com/pt-br/modelagem-processos/matriz-sipoc/. Acesso em: 25 jan. 2021.

ORGANIZAÇÕES exponenciais (ExOs): o que são e como criar uma. *Aevo*, 7 jan. 2021. Disponível em: https://blog.aevo.com.br/organizacoes-exponenciais-exos-o-que-sao-e-como-criar-uma/. Acesso em: 25 jan. 2021.

OROFINO, Maria Augusta. Canvas das organizações exponenciais: uma nova forma de avaliar seu negócio. *Maria Augusta Biz Innovation*, [s.d.]. Disponível em: http://publicacoes.mariaaugusta.com.br/canvas_organizacoes-exponenciais. Acesso em: 25 jan. 2021.

OROFINO, Maria Augusta. Context Map Canvas®. *Maria Augusta Biz Innovation*, [s.d.]. Disponível em: http://publicacoes.mariaaugusta.com.br/context-canvas. Acesso em: 25 jan. 2021.

OROFINO, Maria Augusta. Quadro de validação: Lean Startup Machine. *Maria Augusta Biz Innovation*, [s.d.]. Disponível em: http://publicacoes.mariaaugusta.com.br/quadro-de-validacao-lean-startup-machine. Acesso em: 25 jan. 2021.

ORTIZ, Chris A. *Kaizen e implementação de eventos kaizen*. Porto Alegre: Bookman, 2010.

OSTERWALDER; Alex; PIGNEUR, Yves. *Business model generation*: inovação em modelos de negócios. Rio de Janeiro: Alta Books, 2011.

OSTERWALDER, A. et al. *Value proposition design*: como construir propostas de valor inovadoras. São Paulo: HSM do Brasil, 2014.

PALAO, Francisco; LAPIERRE, Michelle; ISMAIL, Salim. *Transformações exponenciais*: evolua sua organização (e transforme o mundo) com um ExO sprint de 10 semanas. Trad. Ivo Korytowski. Rio de Janeiro: Alta Books, 2019.

PALAO, Francisco; LAPIERRE, Michelle; ISMAIL, Salim. Sumário do ExO Sprint: trechos selecionados de *Transformações exponenciais*. *ExO Works*, [s.d.]. Disponível em: https://www.exo.works/hubfs/Exponential-Transformation-Book/ExO_Sprint_Summary-(Portuguese).pdf. Acesso em: 25 jan. 2021.

PARKER, Geoffrey G.; ALSTYNE, Marshall W. van; CHOUDARY, Sangeet Paul. *Plataforma*: a revolução da estratégia. Rio de Janeiro: Alta Books, 2019.

PAZ, Joana. Métricas para web analytics. *Taller*, 11 maio 2014. Disponível em: https://blog.taller.net.br/metricas-para-web-analytics/. Acesso em: 25 jan. 2021.

PERIARD, Gustavo. Produção puxada e empurrada: conceito e aplicação. *Sobre Administração*, 18 mai. 2010. Disponível em: http://www.sobreadministracao.com/producao-puxada-e-empurrada-conceito-e-aplicacao/. Acesso em: 25 jan. 2021.

PIJL, Patrick van der; LOKITZ, Justin; SOLOMON, Lisa Kay. *Design a better business*: new tools, skills, and mindset for strategy and innovation. Hoboken: Wiley, 2016.

PMG ACADEMY. Curso preparatório para certificação *Scrum master*. São Paulo, 2017.

PORTER, Michael. *Competitive advantage*: creating and sustaining superior performance. Nova York: Free Press, 1998.

PRAVEEN, G. Seis sigma – Virtualmente sem estatística. Vida Econômica, 2012.

PRODUÇÃO PUXADA: veja 5 passos para implementá-la na indústria. *Senior Mega*, 30 jul. 2018. Disponível em: https://www.mega.com.br/blog/producao-puxada-veja-5-passos-para-implementa-la-na-industria-5755/. Acesso em: 25 jan. 2021.

QUEZADO, Marília. CEO: acompanhe somente as métricas para startups que importam. *Meetime*, [s.d.]. Disponível em: https://meetime.com.br/blog/gestao-empresarial/metricas-para-startups/. Acesso em: 25 jan. 2021.

REIMAN Joey. *Propósito*: por que ele engaja colaboradores, constrói marcas fortes e empresas poderosas. Rio de Janeiro: Alta Books, 2018.

RIES, Eric. *The Lean Startup*: how constant innovation creates radically successful businesses. Nova York: Portfolio Penguin, 2011.

RIES, Eric. *A startup enxuta*: como usar a inovação contínua para criar negócios radicalmente bem-sucedidos. São Paulo: Lua de Papel, 2012.

RIGBY, Darrell; SUTHERLAND, Jeff. Understanding Agile Management. *Harvard Business Review*, HBR IdeaCast, ep. 520 (podcast), 28m07s, 15 abr. 2016. Disponível em: https://hbr.org/ideacast/2016/04/understanding-agile-management.html. Acesso em: 20 fev. 2018.

RIGBY, Darrell K.; SUTHERLAND, Jeff; NOBLE, Andy. Agile at scale: how to go from a few teams to hundred. *Harvard Business Review*, maio/jun. 2018. Disponível em: https://performancefrontiers.com/leadership/wp-content/uploads/2018/06/Harvard-Business-Review-_-Article_-Agile-at-Scale.pdf. Acesso em: 10 jan. 2021.

RIGBY, Darrell K.; SUTHERLAND, Jeff; TAKEUCHI, Hirotaka. The secret history of Agile Innovation. *Harvard Business Review*, 20 abr. 2016. Disponível em: https://hbr.org/2016/04/the-secret-history-of-agile-innovation. Acesso em: 20 fev. 2018.

RIGBY, Darrell K.; SUTHERLAND, Jeff; TAKEUCHI, Hirotaka. Embracing Agile: how to master the process that's transforming management. *Harvard Business Review*, mai. 2016. Disponível em: https://hbr.org/2016/05/embracing-agile. Acesso em: 20 fev. 2018.

RUFFO, Ricardo. O que é a matriz CSD e quando usá-la? *Escola Design Thinking*, 14 ago. 2020. Disponível em: https://escola-designthinking.echos.cc/blog/2020/08/matriz-csd/. Acesso em: 25 jan. 2021.

SANCHEZ, Guilherme. Propósito transformador massivo. *Administradores.com*, 23 out. 2016. Disponível em: https://administradores.com.br/artigos/proposito-transformador-massivo. Acesso em: 25 jan. 2021.

SANTIAGO, Caio. Introdução ao Lean Manufacturing e WCM. *Slideshare*, 31 jan. 2017. Disponível em: https://www.slideshare.net/CaioSantiago3/introduo-ao-lean-manufacturing-e-wcm. Acesso em: 25 jan. 2021.

SAUTER, Cristine. Os quatro estágios do desenvolvimento do cliente. *Administradores.com*, 18 ago. 2016. Disponível em: https://administradores.com.br/artigos/os-quatro-estagios-de-desenvolvimento-do-cliente. Acesso em: 25 jan. 2021.

SAYER, Natalie J.; WILLIAMS, Bruce. *Lean para leigos*. 2. ed. Rio de Janeiro: Alta Books, 2015.

SCHULTZ, Felix. Mapeamento de processos: entenda o que é como aplicá-lo. *Bom Controle*, 30 abr. 2019. Disponível em: https://bomcontrole.com.br/mapeamento-de-processos/. Acesso em: 25 jan. 2021.

SCRUMSTUDY. *Um guia para o conhecimento em Scrum*: Guia SBOK™. 2016 ed. Phoenix: SCRUMstudy™, 2016.

SHINGO, Shigeo. *O sistema Toyota de produção*: do ponto de vista da engenharia de produção. Porto Alegre: Bookman, 1996.

SÍMBOLOS e ícones de mapeamento de fluxo de valor. *Lucidchart*, [s.d.]. Disponível em: https://www.lucidchart.com/pages/pt/simbolos-e-icones-de-mapeamento-de-fluxo-de-valor. Acesso em: 25 jan. 2021.

SINEK, Simon. *Comece pelo porquê*: como grandes líderes inspiram pessoas e equipes a agir. Rio de Janeiro: Sextante, 2018.

SNIUKAS, Marc. Four questions you need to ask about your business model – and how to answer them. *LinkedIn*, 17 out. 2018. Disponível em: https://www.linkedin.com/pulse/four-questions-you-need-ask-your-business-model-how-sniukas/. Acesso em: 21 jan. 2021.

SNOWDEN, Dave. *Cynefin*: weaving sense-making into the fabric of our world. Cognitive Edge, 2020.

SOBEK II, Durward K; SMALLEY, Art. *Entendendo o pensamento A3*: um componente crítico do PDCA da Toyota. Porto Alegre: Bookman, 2009.

SOLOMON, Lisa Kay. How the most successful leaders will thrive in an exponential world. *Singularity Hub*, 11 jan. 2017. Disponível em: https://singularityhub.com/2017/01/11/how-the-most-successful-leaders-will-thrive-in-an-exponential-world/#sm.000qsd3an8l3eit10z01agh3vftgm. Acesso em: 12 jan. 2021.

SUTHERLAND, Jeff; SUTHERLAND, J. J. *Scrum*: a arte de fazer o dobro do trabalho na metade do tempo. 2. ed. São Paulo: Leya, 2016.

TAKEUCHI, Hirotaka; NONAKA, Ikujiro. The game development new product. *Harvard Business Review*, em jan./fev. 1986.

TAKEUCHI, Hirotaka; NONAKA, Ikujiro. The new new product development game. *Harvard Business Review*, jan. 1986. Disponível em: https://hbr.org/1986/01/the-new-new-product-development-game. Acesso em: 25 jan. 2021.

TARAPANOFF, Kira (org.). *Inteligência organizacional e competitiva*. Brasília: Editora UnB, 2001.

THE Double Diamond, 15 years on: https://bit.ly/2IZxP50.

TOLEDO, Marcelo. Mapeamento do fluxo de valor. *Lean Six Sigma Brasil*, 29 fev. 2020. Disponível em: https://leansixsigmabrasil.com.br/mapeamento-do-fluxo-de-valor/. Acesso em: 25 jan. 2021.

TORRES, Patrícia Lupion; IRALA, Esrom Adriano F. Aprendizagem colaborativa: teoria e prática. *Agrinho*, [s.d.]. Disponível em: http://www.agrinho.com.br/site/wp-content/uploads/2014/09/2_03_Aprendizagem-colaborativa.pdf. Acesso em: 20 jan. 2017.

TUSHMAN, Michael L.; O'REILLY III, Charles A. Ambidextrous organizations: managing evolutionary and revolutionary change. *California Management Review*, v. 38, n. 4, p. 8-30, 1996. Disponível em: http://web.mit.edu/curhan/www/docs/Articles/15341_Readings/Organizational_Learning_and_Change/Tushman_&_OReilly_1996_Ambidextrous_Organizations.pdf. Acesso em: 25 jan. 2021.

ULWICK, Anthony. *Jobs to be done*: theory to practice. Idea Bite Press, 2016.

VIANNA, Maurício et al. *Design Thinking*: inovação em negócios. São Paulo: MJV Press, 2014.

WHAT does Design Thinking feel like? *Ideo Design Thinking*, 7 set. 2008. Disponível em: https://designthinking.ideo.com/blog/what-does-design-thinking-feel-like. Acesso em: 25 jan. 2021.

WILLIAMS, Mark; PENMAN, Danny. *Atenção plena*: Mindfulness – como encontrar a paz em mundo frenético. Rio de Janeiro: Sextante, 2015.

WOEBCKEN, Cayo. Entenda o que é o funil pirata e como aplicá-lo no seu negócio. *Rock Content*, 26 fev. 2020. Disponível em: https://rockcontent.com/br/blog/funil-pirata/. Acesso em: 25 jan. 2021.

WOMACK, James P.; JONES, Daniel T.; ROOS, Daniel. *A máquina que mudou o mundo*. Rio de Janeiro: Campus, 1992.

WOMACK, James P.; JONES, Daniel T.; ROOS, Daniel. *The Machine That Changed the World*. Nova York: Free Press, 2007.

ZENG, Ming. *Alibaba*: estratégia de sucesso. São Paulo: M.Books, 2019.

Sites consultados

Agile Alliance Brazil - https://www.agilealliance.org/pt

Ferramentas da Qualidade - https://ferramentasdaqualidade.org

Frog Design - http://www.frogdesign.com/collective-action-toolkit

Lifelong Learning Council Queensland (LLCQ) - http://www.llcq.org/about-us/

Manifesto para Desenvolvimento Ágil de Software - https://agilemanifesto.org/iso/ptbr/manifesto.html

Mike Cottmeyer - https://www.leadingagile.com/guides/mike-cottmeyer/

Proto.io - http://proto.io/

Salim Ismail - http://www.salimismail.com

Service Design Tools - http://www.servicedesigntools.org/

This Is Service Design Thinking - http://thisisservicedesignthinking.com/

DVS EDITORA

www.dvseditora.com.br

Impressão e Acabamento | Gráfica Viena
www.graficaviena.com.br
Santa Cruz do Rio Pardo - SP